대통령가의 사람들

吳炅煥 著

명 지 사

머 리 말

　뉴프런티어의 기수이며 새로운 미국의 희망이었던 J.F. 케네디 대통령은 그의 인기만큼이나 화제도 만발했다. 그 중에서도 그가 대통령으로 당선되기까지 케네디가(家) 전가족이 전국을 돌며 펼친 '케네디가 파티'는 그 후 미국 대통령 선거 전략의 신병기로 등장했을 만큼 유명하다. 선거 기간 동안 케네디가 사람들 모두가 'J.F. 케네디 분신'으로 나서 각 지역을 분담, 매일 대중 집회와 파티를 열어 후원금을 모으고 유권자들의 표를 긁어 모았다. 케네디가 3대가 이룩한 위대한 걸작품인 것이다.

　우리 헌정 45년사에 청와대의 주인공은 여섯번이나 바뀌었다. 그러나 미국처럼 성숙한 민주주의의 바탕에서 진정한 민의에 의한 청와대의 주인공을 뽑은 적이 없다는 게 대다수 국민들의 한결 같은 목소리다.

　제5공화국의 주역 전두환 대통령은 그가 청와대 주인공으로 입성할 때만큼이나 왕좌에서 물러나서도 국민의 비난과 따가운 눈총을 피하지 못했다. 그가 대통령직에서 물러나자 그의 형제들과 친인척이 권력남용 비리와 이권 개입 등의 혐의로 줄줄이 구속됐다. 드디어 그 자신도 부인 이순자 여사와 함께 강원도 백담사로 유배(?)길에 오르는 비운을 맞게 된다. 케네디가 사람들의 깨끗하고 멋진 '대통령 만들기 플레이'와는 너무나 대조적이다.

　박정희 대통령은 고향 형제들의 이권 개입을 막기 위해 경찰관을 신분 보호란 명목으로 고향집에 상주시켜 외부와의 접촉을 차단했다는 후문도 있다. 또 노태우 대통령은 재임 기간 중 그의 친인척이 국가 주요 자리에 앉는 것을 말렸으며, 심지어 민선 국회의원 출마까지 저지시켰다고 전해지고 있다. 이처럼 부분적으로 일부 왕좌의 주인공들이 친인척 관리에 세심한 주의를 기울였던 경우도 있었지만 대부분의 청와대 주인들의 친인척들은 '대통령가의 사람들'이란 이유 하나만으로 권력의 주요 자리를 점령했고 각종 이권에 개입, 재산을 축적한 사례도 허다하다. 헌정 반세기 동안 일부 독재자들의 왕좌를 지키기 위한 개헌 파동, 군사 독재의 출현, 체육관 집회 투표 등 갖가지 부정과 폭력, 모순투성이로 얼룩져 왔다. 독재자들은 권좌를 오래 유지하고 철옹성을 쌓기 위해 권력 주위에 친인척을 끌어들였고 한술 더 떠서 정계 거물이나 재벌 그룹과 혼맥을 이어 정경 밀착의 도구로 활용하기도 했다.

이 책은 구성의 편리상 제1부 '대통령가의 사람들'과 제2부 '대통령을 향해 뛰는 사람들'로 나누었다.

제7공화국을 이끌고 갈 청와대의 새로운 주인공을 뽑기 위한 대선이 연말로 다가왔다. 김영삼, 김대중, 정주영을 비롯한 대권을 노리는 대선 후보 진영에선 밤과 낮을 가리지 않고 뛰고 있다. 대통령의 자리에 앉아서 국가를 깨끗하고 공정하게 경영하는 것도 중요하지만 선거 기간 중 민주적인 방법으로 국민에게 희망을 주고 미래의 청사진을 제시하는 정책 대결도 펼쳐야 할 것이다.

최근 양김 진영의 아들이 각각 사조직 캠프를 지휘하고 있다는 이야기 등 후보들의 친·인척이 선거전에 뛰어들고 있다는 소식이다. 아무튼 이번 대선에선 성숙한 민주주의 나라 미국, 영국 등 선진국처럼 깨끗하고 명쾌한 선거 분위기를 조성, '케네디가의 대통령 만들기'식의 '한국판 민주적 대통령 만들기'는 없을까?

이 책은 그 동안 필자가 신문과 잡지 등에 게재했던 대통령가의 혼맥, 인맥, 주위 사람들의 이야기와 또 최근의 취재 메모를 총집결시켰다.

수백명의 인물을 등장시키다 보니 최근의 직업, 연령 등에 다소 차이가 있는 실수를 저질렀을지도 모른다는 두려움이 없지 않다. 또 각계 인사들의 인명에 예우를 갖추지 못했음을 밝혀둔다. 재판을 내놓을 때는 보다 완벽하고 재미있는 책을 간행할 것을 약속드린다. 끝으로 이 책을 출판해주신 명지사 박명호 사장님께 감사드린다.

1992년 초여름

저자

대통령가의 사람들

차 례

◇ 盧 泰 愚

"정치인은 우리 집안에서 나 하나면 족하다."
취임 후 노태우 대통령이 국민들에게 던진 선언
이었다. 기라성 같은 주위의 친·인척을 권력의
핵에서 추방했다. 그는 "힘겹게 대통령 몇년
했다는 소리를 듣는 이보다 국민들이 바라는
큰 일을 했다는 정치인으로 평가받고 싶다"고
말한다.

盧泰愚家 가계도

김당한
박철언
김영한
홍무경
김진동
노병수
김태향
김익동
노병상
유영재
노병도
노병태
김복동
노성우
노태우
김옥숙
노용우
이말선
노재우
김정숙
금진호
최종현
박계희
최태원
노소영
송인상
신명수
송길자
신정화
노재헌

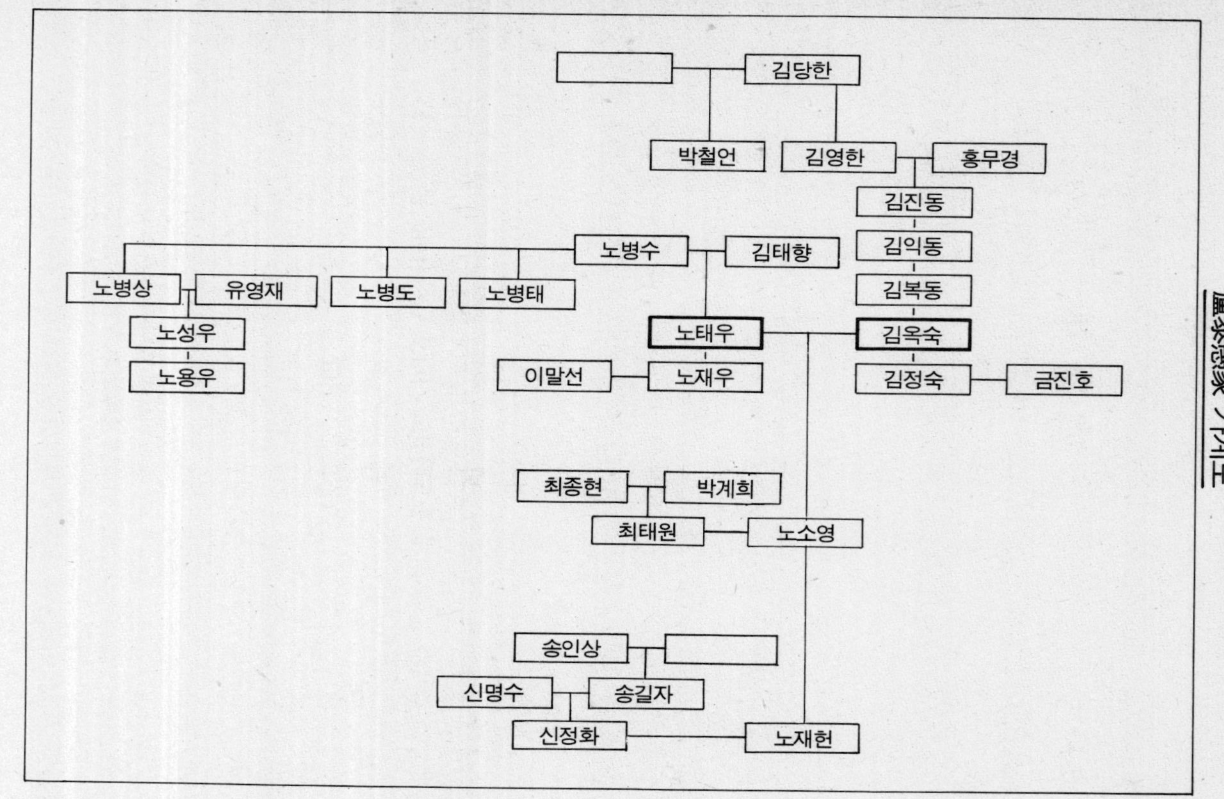

盧 泰 愚

87년 4월 13일, 국민 여론의 무게에 밀려 개헌에 대한 논의를 개진해 오던 5공 정권은 이날 돌연 「개헌논의 유보조치」를 발표했다. 이로부터 정국은 들끓기 시작했고 6월 10일의 범국민대회를 정점으로 한치 앞을 내다볼 수 없는 경색 국면으로 접어들었다.

학생과 재야 단체에 의해 주도되던 호헌 철폐 요구 시위에 시민들의 자발적인 참여가 눈에 띄게 두드러졌고 거리로 쏟아져나오는 인파가 갈수록 늘어났다. 또 한번의 군병력 투입에 의한 시위 진압이 고려되고 있다는 기미가 설득력 있는 풍문으로 떠돌았고, 시민들은 불안하기만 했다.

그 6월 10일, 노태우 민정당 대표위원은 민정당 차기 대통령 후보로 지명받았다. 81년 7월 15일 군복을 벗은 이래 정무장관, 체육부장관, 내무부장관을 거치며 4년여 행정을 익히고 85년 12대 국회에 진출함으로써 정치 무대에 등장해 민정당 대표위원까지 지낸 그에게 지명된 대통령 후보 자리는 누가 봐도 당연하고 그러므로 영광된 자리였다.

그러나 시국은 풍전등화였다.

노후보 지명자에겐 일생일대의 고난에 찬 시간이었다. 민정당 대표위원직에 있던 2년여의 가시방석 같던 시간을 생각하면 안타까움은 더 깊어갔다.

대표위원 재직 기간 그에게 향한 평가는 바람직스러운 것만은 아니었다. '허세의 2인자' '결단력 없는 대표'라는 말이 항간에 떠돌고 있음을 그도 잘 알고 있었다. 국회 진출 초선의원이 민정당 대표위원직을 맡게 되었을 때 그것이 차기 대통령 후보로 이어지는 당연한 수순이라는 것은 누구나 알 수 있는 정황이었지만 하루 앞을 내다보기 어려운 게 정치판의 속성이었다. 따라서 노대표는 외부로부터 불필요한 오해를 사지 않아야 된다는 생각을 실천으로 옮겼고, 자기 중심으로 사람들이 모이는 인상을 주지 않으려 조심성을 보였다. 그런 그에게 쏟아지는 어느 정도의 비난은 감수해야 할 부분이었지 드러내놓고 반박할 성질의 것은 아니었으리라. 그 같은 사려 깊은 처신 끝에 획득한 대통령 후보의 위치가 바로 그 위상을 세워준 5공 정권의 애매한 태도로 뒤흔들리게 된 것이다.

그로부터 19일 후인 6월 29일, 벼랑에 섰던 정국이 아연 진정되면서 활기를 띠게 된다. 이른바 '6·29선언'이 그의 입을 통하여 발표된 것이다.

대통령 직선제를 골자로 하는 개혁 의지가 '고독한 결단' 끝에 표방되자 혼미를 거듭하던 정국은 일순 진정 국면을 맞았다. 국민들의 시선은 현대사의 물줄기를 돌리는 그 선언의 미래와 그 선언을 주도한 노태우 대표에게 집중되었다. 국민 화합의 새 국면을 맞게 될 이 선언과 그 주도자에게 외국의 언론도 지대한 관심을 보였다.

대통령 직선제로 전환된 선거전에서 노대표가 승리한다는 보장은 없었다. 이른바 '체육관 대통령'이라 불리며 정통성에 대한 끊임없는 시비에 휘말렸던 전두환 당시 대통령의 5공 정권과 같은 뿌리를 가진 노대표에 대한 국민의 심판은 뚜껑을 열어보기 전에 누구도 예측할 수 없는 것이었다.

그러나 노대표는 자신의 당락보다도 민주화가 가장 절실한 과제였다. 그는 6·29선언의 배경을 설명하는 자리에서 그 점을 분명히 했다.

6·29선언의 결단이 있고 나서 6개월 후에 치러진 대통령 선거에서 그는 3김을 제치고 제13대 대통령에 당선된다.

12월 17일, 밤새 개표 상황을 지켜보던 그는 당선이 확정되자 관훈동 민정당사에 들러 기자 회견을 가졌다. 그는 회견 자리에서 6·29선언의 실천과 맥을 같이 히는 당선 소감을 딤딤하게 읽어 내려갔나.

"존경하는 4천2백만 국민 여러분, 참으로 감사합니다. 저는 당선이 확실시되고 있다는 소식을 듣는 순간 기쁨에 앞서 책임감이, 환희보다는 엄숙함이 가슴에 와 닿고 있음을 느낍니다."

그는 이어서 6·29선언에 담았던 "국민적 갈등과 대립을 해소시키는 전국민의 화합 정부를 만들 것"을 약속했다.

6·29는 한국 현대사의 지난한 과제였던 민주화를 풀어나가는 역사적 분수령이었다. 그 평가가 후세에 어떻게 내려질지 모르나 답보하던 민주화의 발걸음에 박차를 가하는 계기가 됐던 것만은 분명하다.

6·29선언은 그처럼 한국 정치사의 장에서 두고두고 거론될 테마이기도 하지만 노태우 개인사에 있어서도 빼놓을 수 없는 테마다.

6·29선언의 주체에 대한 시비가 14대 국회의원 선거전에서 쟁점으로 부각됐었다. 6공 내내 세인의 관심사로 이어지던 이슈였다. 그 핵심

은 과연 노대통령의 개인적 결단이냐, 아니면 5공 실세, 더 구체적으로 전두환 전대통령의 작품이냐 하는 것이다.

이 시비를 가름할 만한 결정적 근거는 어느 쪽에서도 발설되지 않고 있다. 다만, 이 시비 자체가 상대방에 대한 반목에서 생겨난 터무니없는 것일 수도 있다는 추측을 가능케 하는 몇 가지 일화가 전해진다. 6·29 결단을 앞두고 노대표가 가족들과 상의하는 과정에서 오갔던 대화를 내용으로 하는 이 일화들은 6·29주체 진위를 미루어 짐작하게 하는 근거이기도 하지만, 한편으로는 노대통령의 가족에 대한 관심과 태도의 일단을 엿보게 하는 일면이 있어 소개해 본다. 이 이야기는 대통령 선거 당시 노후보의 사조직에서 선거 운동을 돕던 K씨의 증언이다.

돌파구를 찾기에 고심하던 노대표는 그의 정치적 측근들과의 의견 교환을 끝낸 뒤 마지막 결단을 내리기에 앞서 가족회의를 열었다. 그는 가장의 자격으로 가족들에게 물었다.

"후세에 힘겹게 대통령 몇년 했다는 소리를 들어야겠느냐, 아니면 국민들이 바라는 큰 일을 한 정치인이었다는 소리를 들어야 하느냐."

이 말은 직선제 개헌을 포기하고 소위 체육관 선거 당선 대통령이 되어 대통령 자리에만 연연하기보다는 설사 대통령이 되지 못하더라도 국민 화합과 나라 발전을 위한 개혁의 결단을 내려야 한다는 그의 비장한 심경을 내포하고 있다.

또 하나의 일화. 6월 29일 노재우 부부는 형님인 노대표의 은밀한 부름을 받았다. 심상치 않은 예감으로 긴장하고 있는 그들에게 노대표는 세 개의 저금통장을 내놓았다.

"이게 뭡니까?"

노재우씨의 목소리가 떨려나왔다. 통장엔 각각 얼마간의 돈이 예금되어 있었다. 형님과 형수의 얼굴엔 비장감이 서려 있었다.

"내일 중대한 일이 있다. 만약의 경우…… 두 남매를 부탁한다. 우리 애들을 너에게 맡긴다. 이건 그 동안 공직 생활을 하며 모은 돈이다. 얼마 되지 않지만 만약을 위해 네가 지니고 있거라."

노대표의 말은 낮고 비장했다. 재우씨는 형이 마치 죽음을 앞둔 사람과 같은, 움직일 수 없는 어떤 결심을 하고 있음을 알 수 있었다.

노대통령의 가족에 대한 관심의 일단을 엿볼 수 있는 일화들이다.

그는 가족 구성원의 서로에 대한 애정을 매우 중요하게 생각하는 것으로 알려졌다. 그것은 그가 자라온 환경과 무관하지 않다.

노태우가의 사람들은 그다지 잘 알려지지 않은 편이다. 특히 직계 존속들은 현실 정치나 사회 활동에 두드러지게 표출된 사람이 없다. 노대통령은 지나칠 정도로 내부 단속을 하는 것으로 알려졌다. 전 전대통령의 일가가 5공의 숱한 비리와 연결되어 국민의 따가운 질책을 받은 경험이 단속을 강화한 일면도 있겠지만, 그보다는 그의 가족사가 '보통 사람들'의 보통 삶에 더 가치를 두어 온 전통 때문일 것이다.

일국의 대통령이 되어 보통 사람을 위한 정치 철학을 세우게 되기까지 그의 주변에 존재하면서 그의 성장 인자에 영향을 미친 그의 가족들을 살펴본다.

노대통령이 태어난 곳은 대구의 영봉이라 일컬어지는 팔공산의 서쪽 자락 큰 계곡인 불당골 들머리에 자리잡은 용지(龍池)라는 작은 마을이다. 현재 행정 구역상으로는 대구시 동구 신룡 1동에 속하는데, 본래는 달성군 공산면 신룡동이던 것이 81년 7월 대구가 직할시로 승격될 때 그곳으로 편입되었다.

지금은 50여 가구가 살고 있는 이 마을은 용이 또아리를 틀고 있는 형상으로 마을 뒤로는 산자락이 병풍처럼 둘러쳐져 있고 앞쪽으로는 널따란 분지가 펼쳐진 전형적인 농촌 풍경이다. 지금도 직할시라는 행정 지명에 어울리지 않는 시골 풍광이 간직되어 있다.

노대통령의 생가는 마을의 맨 위쪽에 자리잡고 있는데 본채와 아래채로 나뉘어진 전통 가옥이다. 노대통령의 어머니 김태향(金泰香) 여사가 아직도 그곳을 지키고 있다.

노대통령은 이곳에서 노병수씨와 김태향 여사의 맏아들로 태어난다. 일제의 군국주의가 한창 기승을 부리던 1932년 12월 4일이었다.

그의 아버지 병수씨는 190㎝라는 훤칠한 키에 준수한 용모를 지녔으며 힘도 장사였다. 면서기 재직시 군수가 초도순시를 나오면 혼자 넘기도 힘들다던 파군재를 군수를 자전거 뒷자리에 태우고 거뜬히 넘어다녔다. 병수씨는 근대 문물에 관심을 가져 가난한 생활 형편임에도 불구하고 바이얼린이나 유성기, 퉁소 등을 사다가 스스로 깨우쳐 불고 듣던 낭만적인 사람이었다. 유성기나 바이얼린의 이름조차 모르던 이웃을 위해 흔쾌히 판을 걸어주고 퉁소를 불어 흥을 돋우던 넉넉한 정을 가진 사람이었다.

병수씨는 그의 나이 열여섯에 그보다 한 살 많은 신부 김태향 여사와 결혼했다. 김태향 여사는 시골 선비 김영호씨의 5남매 중 맏딸로 그녀가 태어난 곳은 지금은 대구직할시에 편입돼 있는 동구 인진3동의 당골동으로 팔공산의 동쪽 기슭이다. 용지 마을과는 정반대의 골짜기다.

아버지 김영호씨는 글도 읽고 농사도 짓는 시골 선비로 논 열 마지기와 밭 다섯 마지기를 경작하며 근근히 살았었다. 어머니 고근응 여사는 전통적인 부덕에 충실한 분이었다. 당시의 풍습은 "여자는 담 밖에 나가지 않는다” 해서 김여사는 학교에 다닐 수 없었다.

그러나 그녀는 글을 배우고 싶은 생각에 오빠를 졸라 한글을 익혔으며, 종이가 없어서 분판(접는 작은 흑판)을 구해 백묵으로 글을 배웠다.

시집은 친정과 비슷한 생활을 영위하고 있었으므로 크게 위화감이 생기지 않았다. 땅도 비슷한 열 마지기 남짓이었다. 남편 병수씨는 중학생이었으므로 그가 학교에 가고 나면, 김여사는 농사일까지 거들어야 했다. 그러나 그 일은 당시라면 누구라도 하는 일이었고, 또한 몸에 익은 일이라 큰 어려움이 없었다.

문제는 시집온 며느리가 갖춰야 할 큰 덕목 중의 하나인 아기가 생기지 않는다는 것이었다. 3~4년이 지날 때까지는 조마조마한 마음이었으나 그로부터 나시 몇 해가 흐르게 되자, 마치 죄인이 된 심정이었다. 남편은 내색하지 않는 눈치였으나, 시부모님 뵙기는 여간 면구스러운 게 아니었다. 아무리 거센 일을 하고 거친 밥을 먹더라도 어봐란 듯 아들을 낳을 수만 있다면 그것이 무에 그리 고통스러우랴.

그러나 사려 깊은 시어머니는 있을 법한 씨앗 이야기는 비추지도 않고 오히려 “불심이 모자란 탓이다. 부처님이 아직 때가 오지 않았기에 주시지 않음이다”며 며느리를 위로했고, 당신은 인근 파계사에서 살다시피 불공을 드렸다. 김여사도 새벽마다 몸을 정갈히 하고 두 손 모아 기도드리기를 잊지 않았다.

그러기 8년만인 1932년 12월 4일(음력), 김태향씨는 드디어 꿈에도 그리던 아들을 낳았다. 김태향씨가 24세던 해로 건넌방에서 들려오던 아기의 울음소리는 오랫동안 어두웠던 노씨댁에 희망과 웃음을 가져다 주었다.

김태향씨와 파계사에서 살다시피 하며 불공을 드리던 시어머니의 기쁨이야 말할 것도 없고, 엄하고 자기 표현이 없던 시아버지 노영수씨의 탄식과도 같은 안도의 한숨이 이 댁의 경사를 단적으로 보여주는 것이었다.

정말 오랜 기다림이었다. 자손을 안아보고 싶던 시부모의 마음은 어떠했으며, 그 품안에 아이를 안겨드릴 수 없었던 며느리의 마음은 어떠했을까?

모두가 기쁨의 눈물과 환희로 득남을 기뻐했다. 아이는 부처님의 은공과 팔공산의 정기를 받고 태어나 그런지 조용하고 점잖았다. 갓난아기의 이름은 태우라고 지어졌다. 하지만 시대는 점점 어려워만 갔다.

바야흐로 우리나라는 전쟁에 필요한 인력과 식량과 군수품을 조달해야 하는 군수창이 되어가고 있었던 것이다. 심각해진 수탈로 추수를 마치고도 쌀밥 한 번 제대로 먹을 수 없었던 시기였으나, 노병수씨 일가는 총명하고 야무진 아들, 손자 재미에 시름을 잊을 수 있었다. 갓난이를 면한 어린아이를 무릎에 안고 당시로서는 귀하던 바이얼린, 유성기, 퉁소를 불어주던 아버지 노병수씨는 이 아들을 극진히 사랑하여 퇴근하기 무섭게 아이를 받아안고 온갖 아름다움과 희망, 그리고 사랑을 심어주었다. 병수씨는 당시 면서기로 일하고 있었다.

장남 태우가 태어난 지 2년 후 김태향씨는 두번째 출산을 하였다. 아들이었다. 그 아이가 바로 노태우 대통령의 유일한 동생인 재우씨이다. 갓난 아기를 품에 안고 젖을 빨리며, 이제 말을 배우며 재롱을 피는 장남을 바라보는 김태향씨의 마음은 평화 그것이었으며 천국이 따로 없었다.

둘째 재우가 태어난 2년 후 그녀는 또 다시 아들을 출산하였으나,

2세 되던 해 이름도 잘 모르는 병에 걸려 죽고 말았다. 노대통령의 삼촌인 병상씨는 그 아이의 죽음에 대해 "죽은 아이가 6개월만에 걷고 눈빛이 형형했던 것이 보통 아이와는 달라 동네에서 화제가 되곤 했었다"고 회고했다. 그 아이의 죽음은 김태향씨에게는 견디기 힘든 일이었다. 그러나 그녀는 남편과 시어른을 모신 며느리, 두 아이의 어머니로서 마냥 그 슬픔에만 빠져 있을 수는 없었다.

다행히 큰아들과 작은아들 둘은 건강하게 잘 자라고 있었고 둘의 우애가 보통 아이들보다 더한 것에 김태향씨는 늘 만족과 기쁨을 느꼈다. 이렇게 어린 시절부터 깊었던 두 형제의 우애는 노태우씨가 대통령이 된 지금도 계속 이어지고 있다.

어린 아들 태우는 불심으로 낳은 탓인지 방바닥에 기어다니는 개미 한 마리도 밟지 않았다. 또 밭에서 일하던 김태향씨를 위해 차가운 물을 살그머니 놓고 사라지기도 하는 효성스런 아이였다. 이런 그의 효성은 성장하여서도 계속되어 저녁에 귀가하면 어머니의 거처에 들러 인사를 한 후 코트나 양복을 그 방에 걸어둔 채 나갔다. 그리고 아침 출근시 다시 아머니 방으로 가 양복을 챙겨입고 방구들이라도 꼭 확인하고 출근을 했다. 이것은 30의 젊은 나이에 혼자 되신 어머님이 외로워할까봐 조금이라도 많은 시간을 어머니와 같이 있고 싶은 심정에서였다고 한다.

김여사의 행복은 그러나 순간이었다. 김여사의 나이 30세, 큰아들 태우가 여섯살 되던 해, 남편 노병수씨가 뜻밖의 사고로 세상을 떴던 것이다. 병수씨는 막내동생인 병상씨가 중학교 입학 시험을 치르게 되어 그 뒷바라지를 해 주려고 버스를 타고 시내로 나가다, 그 버스가 철도 건널목에서 기차와 충돌하여 비명에 세상을 하직하게 된 것이다.

어린 태우는 고사리 같은 손으로 눈두덩을 부비며 한없이 울었다. 도대체 어떻게 그런 일이 일어날 수 있을까…… 김태향씨는 서른의 청상과부가 되었다는 사실보다도 더 억울했던 것은 '하늘 같은 남편'이 뜻도 제대로 펴지 못하고 눈을 감았다는 것이다. 그만큼 능력이 남다른 남편이었다. 그러나 김태향씨는 이를 악물었다. "당신의 자취, 당신의 혈육을 내가 당당하게 키울 겁니다. 염려 말고 편히 잠드소서"라며. 어린 나이에 아버지를 잃은 소년 태우의 심정은 우울해져 갔다. 그때부터 소년 태우는 아버지의 유품 중 하나인 퉁소를 즐겨 불었다. 그가 돌아가신 부친을 생각하며 구성지게 퉁소를 불 때면 동네 친구들이 주위를 에워쌌다. 이처럼 어려서부터 음악에 길들여진 노대통령은 고등학교 시절에는 자작의 노래를 불렀고, 군에서 부대장으로 재직할 때는 「연대가」를 비롯, 백마사단가인 「백마혼」 등을 직접 작사, 작곡할 정도의 기량을 보여주었다.

집안은 나날이 기울어갔고 어떤 날엔 먹을 것이 없어 아이들이 솔잎을 너무 많이 먹어 죽을 고비를 넘긴 적도 있었다. 그 암울함과 절망 속에서도 아들은 휘파람을 불었다. 아버지의 재능을 이어받은 듯 아들의 휘파람 소리는 명쾌했고, 그런 만큼 김태향 여사의 가슴에 끓는 그리움과 아픔은 커져갔다.

남편 사후, 급격히 기우는 가세를 보다 못한 남편의 형제들은 비통에 잠긴 채 돈을 벌기 위해 만주로 떠났다. 그들이 만주로 떠난 뒤 용지골 집에서 시부모와 자신, 그리고 두 아들만이 남게 되었다.

한편 소년 태우는 부친이 작고한 이듬해 집에서 6km나 떨어진 공산 국민학교에 입학했다. 그때 그는 비좁고 거친 들길과 "늑대가 나온다"는 산길을 등하교하며 강인한 심장과 다리 그리고 담력을 다졌다.

그가 국민학교를 졸업할 때 학교 성적은 상위권에 속했지만 자신이 원하는 경북중학에는 못 들어가고 대신 대구공업중학에 입학했다. 마냥 어린애로만 보였던 아들의 중학교 교복을 입은 모습을 보는 어머니 김태향씨의 마음은 메어왔다. 아들 태우의 늠름한 모습엔 남편의 체취가 고스란히 깃들어 있었다. 중학교 진학생들을 위한 과외로 밤 늦게 학교에서 돌아오던 아들, 한낮에도 늑대 같은 짐승들이 출몰하곤 해 10명이 모여야 고개를 넘었다던 열릿재를 그 어린 아들은 삭정이로 횃불을 만들어 오르내렸다. 늦도록 불이 켜진 아들의 방 앞을 지키며 마주했던 밤, 아침이면 훌쩍 한 모금 마시면 없는 멀건 죽을 먹여 보내던 쓰리고 아리던 어미의 마음…… 급히 보리쌀을 꾸어 가슴에 안고 아들이 돌아오기를 기다리던 시간들……. 그런 어려움 속에서 드디어 아들은 중학생이 되었던 것이나.

태우가 중학생이 될 수 있었던 데는 삼촌 병상씨의 도움이 절대적이었다. 그때의 형편으로는 도저히 학자금 마련하기가 어려웠기 때문에 김여사는 중학 진학을 준비하는 어린 아들을 보면서 내심 불안했었다. 시부모는 연로했고, 일제의 공출 독촉은 성화 같았다.

그런데 마침 만주로 떠났던 시동생 병상씨가 7년만에 집으로 돌아왔다. 자신의 입시날, 교통사고로 형이 세상을 떠나자 죄책감에 중학 진학을 포기하고 만주로 갔던 병상씨는 남만금속이란 제강공장과 잉크, 복사지, 인주 등 사무용품을 제조하는 공장을 운영, 크게 성공을 거두고 금의환향한 것이었다. 그의 출현은 가뭄 끝의 단비였다.

귀국해서 대구 시내에 공장과 저택을 마련한 병상씨는 운명을 달리한 형에 대한 사랑과 큰조카에 대한 책임감으로 교육을 책임지겠다고 나섰다. 그리하여 태우 소년은 삼촌집에서 중학교에 다닐 수 있었다. 그때부터 막내삼촌 병상씨는 그에게 아버지와 같은 존재가 되었다.

중학 2학년 때는 말라리아를 앓아 1년간 휴학해야 했다. 그리고 이듬해인 1948년에는 그렇게도 원하던 경북중(경북고) 4학년 편입 시험에 10대 1의 경쟁을 뚫고 당당히 합격했다. 경북중에서의 성적은 중상위권이었고, "온순 착실하고 열심히 노력하며 책임감이 강하다"고 당시 학적부는 증언한다. 고교 동창들은 노당선자가 휘파람을 특히 잘 불었고 온화하고 과묵한 학생으로 기억한다.

노대통령의 중·고교 시절, 이 땅은 좌우익 사상 대립으로 미증유의 갈등을 보이고 있었다. 그러나 그는 좌우 어느쪽으로도 치우치지 않고 백범 김구 선생의 가르침에 탐닉하는 한편, 의사가 되고자 공부에 열중했다.

의사가 되어 돈 없는 이들에게 인술을 베풀고자 했던 그의 꿈은 6·25가 터짐으로 해서 일대 전환을 맞았다. 그는 전쟁이 터지자 몸으로 조국을 지켜보겠다는 신념으로 눈물로 만류하는 어머니를 뒤로 하고 18살이라는 어린 나이에 학도병으로 헌병학교에 자진 입대했다. 이 학교를 1등으로 졸업한 그는 학교의 기간요원으로 남았다가 2등중사(병장)로 진급한 지 얼마 되지 않아 신문광고를 보고 육사 응시를 결심, 군인으로서의 장래를 설계하게 된다. 이어 그해 9월 육군사관학교 후보생 모집에 응시해 20대 1의 치열한 경쟁을 뚫고 정규 육사 1기생으로 입교했다.

육사 시절 그는 고된 훈련을 잘 견디어냈고 학업 성적도 우수한 편이었다. 교우 관계도 원만해 그의 주변에 생도들이 많이 모여들었다. 그는 운동에도 열심이어서 육사 럭비부를 창설하여 선수로 활약했다. 졸업 후인 59년 미국의 특수전투학교에 6개월간 유학 갔을 때 그곳 럭비팀

코치가 그를 선수로 스카웃하려고 했을 정도로 그는 뛰어난 선수였다. 그런가 하면 헤르만 헤세와 홍사용의 시를 읊조리고 톨스토이의 소설을 즐겨 읽으며 정서를 다져갔다.

1955년 10월 4일, 상위권 성적으로 육사를 졸업한 노태우 생도는 소위로 입관되어 광주보병학교의 초등군사반을 이수한 후, 이듬해 봄부터 전방 사단에서 일선 소대장 생활을 시작했다.

59년 미국 특수전투학교에 6개월간 유학을 다녀온 노중위는 착실히 진급을 계속하여 60년 9월 대위로 승진하면서 서울대 사대에서 잠시 ROTC 교관을 지내던 중 '5·16'을 맞았다. 62년에는 11기 이후의 육사 출신 동창회인 '북극성회'의 회장으로 선출될 만큼 동기와 후배들에게 신망이 두터웠다. 67년에 중령으로 진급하고 그 이듬해에는 월남전 대대장으로 참전한다. 월남전 퀴논 전투에서 전공을 올린 노중령은 귀국 후 훈장을 받았다. 그 후 70년에 대령으로 진급했고, 하늘의 별 따기만큼이나 어렵다는 별을 어깨에 단 것은 그로부터 4년 후인 74년 그의 나이 42세때였다.

78년 소장으로 진급하면서 청와대 경호실에서 근무하다 전방부대 사단장으로 나갔다. 이때 대통령은 현대사를 뒤흔드는 큰 소용돌이의 한가운데로 들어선다. 1979년의 '12·12'가 바로 그것이다. 그 이튿날 곧바로 요직인 수도경비사령관을 맡았고 이듬해 국보위 상임위원이 되면서 중장으로 진급했다. 수도경비사령관으로 있을 때 YMCA 위장 결혼식 사건 군법회의 결과에 대해 그는, "유신에 저항하고 투쟁한 인사들을 이해해 주어야 한다"며 윤보선, 함석헌씨 등을 형집행정지로 풀어주는 단안을 내릴 정도로 앞뒤 사리가 분명한 면모를 보여주기도 했다. 12·12사태 후인 81년 7월 15일 대장으로 군복을 벗었다. "군인은 모름지기 충성 한 가닥에 목숨을 걸고 몸과 마음을 철석같이 닦아야 한다는 일관된 신념으로 군생활을 해왔다"고, 만 29년 6개월만에 군문을 떠나는 감회를 피력했다.

전역 후 그는 곧바로 외교 안보담당 제2정무장관에 취임하면서 정치권에 첫발을 들여놓았다. 이때 대통령의 특명에 따라 올림픽 유치 작업에 뛰어들어 단 30일의 노력 끝에 일본 나고야를 누르고 '바덴바덴의 기적'을 낚아냈다.

그 후 국내 정세가 불안하자 IOC에서는 한국의 올림픽 개최를 취소할 수 있다는 여론이 일었다. 이에 놀란 노장관은 IOC본부로 날아가 각국 대표가 모인 자리에서, "만약 한국의 올림픽 개최를 취소한다면 이 자리에 내 무덤을 만들고 말겠다"면서 올림픽 개최에 대한 더 이상의 논란을 중지시키기도 했다.

이어 초대 체육부장관으로 부임, 서울 올림픽의 초석을 다진 뒤 그해 (82년) 의령 총기난동 사건이 발발하면서 국내 치안의 총책임자인 내무부장관 자리로 옮겨앉는다. 내무부장관 재직 시절 그는 '4무 장관'으로 통했다. 무사명, 무책임, 무소견, 무기력을 추방하자고 역설했기 때문이다. 그리고 퇴근 시간 후에도 상사의 눈치를 살피느라 퇴근 못하는 풍토를 없애기도 했다.

81년 전역 후 4년간을 정부 기관에서 행정을 익힌 노대통령이 정치무대에 한발 더 다가선 것은 85년 12대국회의원이 되면서였다. 민정당 전국구 3번으로 금배지를 단 노대통령은 대표위원직도 겸임함으로써 민정당의 차기 대통령 후보로 실세를 드러냈다.

2년간 대표위원직에 있으면서 그는, "친화력도 없고 정을 주는 체취도 없다"는 일부 비판도 받아왔다. 이에 대해 한 측근은 말한다.

"노총재가 2년간의 대표위원 시절 외부로부터 불필요한 오해를 사지 않으려는 생각에서 그랬을 것이고, 특히 자기 중심으로 사람들이 모이는 인상을 주지 않으려는 의도가 있었지 않겠는가."

또 대표위원 재직 기간 동안 항간에서는 노대표를 가리켜, "허세의 제2인자"나 "우유부단하고 결단력이 없는 대표"라고 몰아세우기도 했다.

그러나 이런 항간의 관측을 어느 날 갑자기 뒤엎었다. 온 국민의 민주화의 열기가 절정에 다다를 무렵인 87년 6월 10일 민정당 차기 대통령 후보로 지명을 받은 그는 그로부터 꼭 19일만에 현대사의 새장을 여는 '고독한 결단'을 내리기에 이르렀다. 6·29선언이 그것이었다.

이렇게 아슬아슬한 권력의 2인자에서 일국의 최고 통치권자가 되기까지에는 그 자신의 부단한 노력이 무엇보다 많았겠지만, 거기에 못지않게 부인 김옥숙 여사의 내조 또한 상당한 보탬이 되었음을 부인할 수 없다. 그녀는 남편인 노대통령이 어려운 고난에 처해 있을 때마다 그를 따스하게 감싸주고 이해하고 용기를 주었다.

김옥숙 여사는 김영한(80년 작고)씨와 홍무경씨의 3남2녀 중 맏딸로 태어났다. 김영한씨의 본관은 안동으로 그의 부친은 책을 곁에 두고 일생을 마친 선비여서 집안이 부유하지는 않았으나 학구적인 가풍이 강했었다고 전한다.

김영한씨는 부친이 일본어로 공부시키기를 싫어해 중학교 중퇴의 학력에 그쳤는데 해방 후에는 경찰에 투신, 경감의 직위까지 올라 전주 등지에서 근무하기도 했다. 그러나 피치 못할 사정으로 그만둔 후에는 막걸리 들고 찾아다니며 가난한 친지들을 도와주는 것을 낙으로 삼아 주위에 항상 친구가 많았으며, "가족과 친지들이 서로 화목하게 어울려

지내기"를 생활 신조로 삼았다고 한다. 김여사의 어머니 홍무경 여사는 현재 장남인 진동씨가 모시고 있는데 고령에도 건강이 좋고 귀도 밝다고 한다.

김옥숙 여사가 태어나 자란 곳은 대구시 삼덕동이다. 그녀는 부친의 성격을 닮았는데 매우 내성적이고 수줍음을 많이 타는 편이다.

그녀는 국민학교 2학년 때 폐렴을 앓아 죽을 고비를 한번 넘긴 적이 있는 등 약한 편에 속하지만 청와대에 들어간 후부터는 상당히 좋아졌다고 한다.

김여사는 처녀 시절 상당히 미인이었다고 한다. 경우가 바르고 성격이 깔끔하여 그녀의 아름다움이 더욱 돋보였는데, 당시 대구에 있던 「마야」미장원에서는 김여사에게 미스 코리아에 나가라고 권하기도 했다고 한다.

1952년 노태우는 육군사관학교 후보생이었고 김옥숙양은 경북여고 1학년이었다. 그해 여름 둘은 처음 만나게 된다. 이 무렵은 전쟁의 외중이어서 물자난이 심각했다. 사관학교 식당의 식단도 그 시대를 대변하듯 빈곤하기만 했다. 생도들은 여름이나 겨울 휴가 때면 각자 자기 집의 맛난 음식을 소개했고, 가까운 친구끼리 돌아가면서 친구를 초대하는 게 일종의 풍습이었다. 1학년 첫 여름 휴가 때, 김복동 생도집에 모이는 차례가 되었다. 노태우 생도는 김복동 생도 집에 도착해 친구 어머니에게 큰절로 인사를 드리고 방밖으로 나와 앉았다. 그때 김생도가 부엌에 대고 소리쳤다.

"옥숙아, 뭐 좀 시원한 거부터 내놔라."

이윽고 대답 소리와 함께 가벼운 물색 원피스에 앞치마를 두른 여학생이 수정과 그릇을 받쳐들고 방에 들어왔다. 나이는 열여섯, 유난히 흰 피부가 깨끗한 인상을 주었으며, 두 갈래로 따내린 머리가 탐스러웠다. 갸름한 얼굴의 그녀는 부끄러워 어쩔 줄 몰라했다.

"뭐하노? 인사 않고? 내 밤낮 얘기 않드나?"

오빠의 농담에 겨우 목례만 한 소녀는 도망치듯 그 자리를 떴다.

3년 후 4학년 여름 휴가 때 노생도는 다시 한 번 김생도의 집에 들러 옥숙양을 다시 만났다.

그녀는 3년 전의 소녀가 아니었다. 한 명의 아름다운 숙녀였다. 이미 경북대학교 사범대학 가정과의 대학생이었다. 지난번 휴가 때 만나 옥숙양의 졸업식 이야기를 하면서 라이너 마리아 릴케의 시집을 건넸을 때, "오빠, 기뻐요. 소중하게 곁에 두고 늘 읽겠어요"하고 당황하던 단발머리가 아니었다.

만나면 친오빠에 대하는 것과 똑같이 별로 부끄러워도 하지 않고 이야기도 잘 나누었는데 종종 서먹서먹한 분위기가 되곤 했다. 그녀 가슴에도 역시 '이성 노태우'가 느껴졌는지 부끄러워했다. 휴가가 끝나고 학교로 돌아와 태릉숲을 거닐 때에도, 차이코프스키의 「안단테 칸타빌레」를 들을 때에도 노태우 생도의 눈앞에는 볼자위를 붉히며 웃는 김옥숙양이 어른거렸다.

이들이 다시 얼굴을 마주한 것은 1955년 10월, 노태우 생도가 졸업하고 육군 소위로 임관되던 날이었다. 노소위의 가족들은 어머니와 아우, 숙부가 왔고, 친구 김복동 소위 가족들은 모두 올라왔는데 그 안에 김옥숙양도 있었다. 그러나 노소위가 김양과 급속히 가까와진 것은 3년 후였다.

노소위는 임관된 지 2년 후 중위로 진급함과 함께 전방 사단을 떠나 광주보병학교 구대장으로 전보되어 근무하게 되었다. 이 무렵 대구에서 공무원으로 근무하던 김옥숙양의 아버지도 전주로 전근해 왔다. 옥숙양은 아버지의 옷, 음식, 필요한 물건 등을 싸서 대구와 전주를 오가며 아버지의 뒷바라지를 맡았다.

그 동안 편지로만 안부를 묻던 그들은 전주와 광주의 중간 지점인 이리에서 만날 수 있었다.

이리에서의 첫 만남이 가져다 준 기쁨은 컸다. 노중위는 깊은 포옹을 하고 싶었으나 손만 잡았다. 옥숙양도 마찬가지였다. 노중위의 팔에 매달린 채 아이처럼 웃었다. 사랑의 시작이었다. 이날 전주로 가는 차 안에서 노중위는 사랑을 고백해야겠다고 몇번이나 마른 침을 삼켰으나 결국 덮어두고 말았다. 주말마다 만났다. 서로의 마음은 이미 한 뜻이 되어 있었고 사랑은 깊었다.

어느 날 전주로 가는 밤차 안에서 노중위가 결혼 이야기를 꺼냈다.

"우리 결혼해요."

옥숙양의 두 눈에 반짝 눈물이 비쳤다. 그것은 뜻을 따르겠다는 의미와 군인의 아내로서의 어려움을 견디어내겠다는 뜻이었다.

1959년 5월 31일, 대구에서 두 사람은 결혼식을 올렸다. 양가의 친척 친지들이 모두 축복을 해 주었다. 특히 기뻐한 사람은 노중위보다 6개월 빠르게 결혼식을 올린 김복동 중위였다. 사관학교 동기생들도 빠짐없이 모였다. 동기생들은 '북극성회'를 만들어 영원한 우정을 맹세했다. 신혼 여행지는 부산 해운대였다. 노중위는 부산으로 떠나는 차 안에서 잠시 지난 날을 생각하며 앞날을 설계했다.

"난 군인, 국가에 맡긴 몸이오. 군인의 아내도 마찬가지오. 국가가 원하면 언제든지 사생활도, 내 가정도 뿌리치고 그 뜻에 따라야 하오. 그것을 감수할 수 있겠소?"

"네……."

꿈 같은 신혼의 밤은 앞날에 대한 각오와 함께 여물어 갔다.

그러나 신혼의 꿈은 길지 않았다. 신혼 여행에서 돌아오자 난데없는 이별의 소식이 기다리고 있었다.

「도미 유학 결정. 6월 4일 아침 9시 미8군 영내 집결.」

신부보다도 당황한 쪽은 노중위였다. 결혼식과 동시에 헤어져야 하다니. 노중위는 9월이나 되어야 떠나리라 여겼던 것인데 신부를 대체 어떻게 달래야 할지 그로서는 막연했다.

"상심 마세요. 이미 모든 것을 견디기로 약속드렸잖아요. 저는 무운을 빌겠어요."

신부는 그러나 돌아서서 손수건을 꺼내 눈가를 덮었다. 노중위는 신부의 어깨에 손을 얹었다.

"고맙소. 모든 일에 최선을 다하겠소."

미국 샌프란시스코에 내려 1주일간 기차로 대륙 횡단을 하면서도 노중위는 신부에게 매일 편지를 썼다. 편지 쓰기는 6개월 유학 가 있는 동안에도 거르지 않았다.

노후보가 미국에서 귀국하고 첫살림을 차린 곳은 청파동이었다. 산꼭대기의 4백원짜리 사글세 방에서 신혼 살림을 시작했다. 수도 시설이 없어 물도 사먹어야 했고, 부대에서 나오는 결식미를 더불백에 담아와 그것으로 양식을 했으며, 건빵을 가져다 구멍가게에 가서 다른 것과 바꿔 먹기도 했다.

노중위는 경제적 어려움 속에서도 언제나 아내의 마음을 어루만져 주었다. 그러는 가운데 첫딸 소영과 아들 재헌이 태어났다. 장교로서의 틀이 잡혀가도 경제적 어려움은 여전했다.

김여사의 자녀 교육 방침은 스스로 자신의 일을 알아서 처리케 하는 것이었다. 무슨 일에서든 스스로 결정토록 하고 김여사는 어머니로서 그 결정에 따르는 책임이나 미처 생각치 못한 의미를 일깨워 주기만 한다는 것이다.

그녀의 가정에 대한 평소의 생각은 남편에게 있어 언제나 충분한 휴식을 취할 수 있는 재충전의 장소이며, 아이들 역시 집안에선 늘 즐겁게 웃을 수 있는 곳이어야 한다고 믿고 있었다.

아내로서의 극진한 정성은 겨울날 새벽 7시면 어김없이 집을 나서는 남편을 위해 하루도 거르지 않고 흙 묻은 군화를 방에 들여다 놓아 따뜻하게 신게 했다는 것 하나만 봐도 알 수 있다. 또한 시어머니 김태향씨에 대한 노태우 대통령의 효성만큼 김여사는 맏며느리로서의 몫을 단단히 해내고 있다. 한복을 즐겨 입는 어머니를 위해 수시로 옷을 마련하고 손질하면서 늘 가식이나 꾸밈없이 대하기 때문에 옆에서 보면 고부간이라기보다 친어머니와 딸 같은 관계 같다고 한다.

이처럼 소박하고 평범했던 보통 주부로서의 행동과 말은 그녀가 청와대 안주인이 되고 나서도 마찬가지였다.

김옥숙 여사는 영부인이 되고 나서 자신의 역할 가운데 가장 중요하게 생각하고 양보하지 않는 것은 한 지아비의 아내, 시어머니를 모시는 며느리, 두 아이 어머니로서의 역할이라고 생각했다. 그래서 이른 새벽 남편과 함께 일어나 테니스나 수영으로 대통령의 몸을 풀게 하고 깨죽·잣죽·호박죽 등의 간단한 아침 식사는 직접 자신의 손으로 챙긴다. 청와대 생활을 그다지 즐거워하지 않는 시어머니의 식사 벗이 되어 드리는 것도 그의 커다란 소임 중의 하나이다.

그 외의 개인 시간에는 어학 공부나 붓글씨를 즐겨하는데 그녀의 일본어 · 영어 실력은 상당한 것으로 알려져 있다. 책 읽기를 좋아하지만 딱딱한 고전보다는 베스트셀러류를 많이 읽는다. 늘 세상 돌아가는 일에 헤아림을 가지고 있어야 하는 처지라 신문 · 잡지 등도 빼지 않고 읽는다.

김옥숙 여사는 '청와대 생활'로 상징되는 영부인의 위치가 그렇게 명예롭기만 한 것은 아니었다. 오랜 인연을 가졌던 이순자씨의 허망한 뒷모습을 보아야 했고, 바로 손아래 동생의 남편인 금진호씨, 그의 오빠 김복동씨 등을 희생양으로 만드는 아픔을 겪어야 했다.

그것은 역으로 자신 때문에 '소신'을 못 펴는 주변 사람들에 대한 미안함의 이중고가 되기도 했다.

한편으로 김여사는 이런 가정사 외에도 사회봉사활동을 하는 데도 인색하지 않았다. 김옥숙 여사가 88년 2월 청와대에 들어가 처음 초대한 첫손님이 나자로촌의 나환자들이었다. 그 후로도 장애자를 비롯 부랑아, 술주정뱅이, 병든 노인들 등 그 누구를 만나도 스스럼없이 손을 잡고 친해지는 것은 어머니를 닮은 천성에서 연유한다.

그녀의 어머니 홍무경 여사는 대구에서도 유명한 '보살 할머니'로 그 불심의 깊이가 상당한 것으로 알려져 있다.

처녀 시절 김여사는 동인동 근처에 살았는데 방과 후 귀가길에 친구들을 끌고 오면 그녀의 어머니는 옹색한 살림에도 뭔가 먹여 보내려고 애썼다고 한다. 그녀의 어머니의 후덕함은 대통령 사위를 맞아들인 후에도 대문을 열어놓고 사는 인심이라고 한다.

또한 김옥숙 여사는 위로 세 명의 오빠 밑에서 자라 자기를 낮추는 몸가짐이 배어 있다. 경북대 사범대 가정학과 3학년 때 지방 공무원을 하는 아버지가 타도로 전출하게 되었다. 둘째오빠 익동씨와 김여사가 대학 재학 중이었고 여동생 정숙씨까지 서울의 이화여대에 합격함으로써 한꺼번에 세 자녀의 학비를 댈 수 없는 상황이 되었다.

이때 김여사는 자진해서 휴학을 하고 전근간 아버지를 따라가 시중을 들었다고 한다. 이렇듯 어려서부터 몸에 밴 자기를 낮추는 습성이 청와대에 들어가서 그녀의 개성으로 나타난 것이다.

김옥숙 여사가 불우 시설을 방문한 자리나 청와대로 그들을 초대한 어느 자리에서도 그녀는 그들이 호소한 민원의 해결을 '언약'하는 바가 없다. 그녀는 늘 추워하는 이들에게 다만 따뜻한 마음을 전하는 것으로 그녀의 소임을 다할 뿐 그들의 복잡다양한 민원을 해결할 능력도 위치도 아니라는 생각을 분명히 한다. 실제 청와대 비서진들은 영부인의 '해결사'적인 지시를 받아본 적이 없다고 한결같이 말한다.

한때 청와대의 비서진들 사이에서 김여사도 많은 소외된 지역 중에 어느 한 관심 주제를 중점적으로 지원하는 것이 좋지 않겠느냐는 의견이 심각하게 거론되었다. 88년 장애자 올림픽이 서울에서 열리면서 자연적으로 장애자 문제가 확대되었고 김여사 역시 장애자에 특별한 관심을 보이기도 했다.

김여사는 직업의 귀천을 따지지 않고 여러 사람을 청와대로 초청하여 고충을 들어주기도 한다.

89년 4월, 어느 날 김여사는 서울 시내 여성 집배원들을 청와대로 초청한 일이 있다. 이때 한 아가씨가 이런 걸쭉한 부탁을 했다.

"나는 30이 넘은 노처녀인데 이집저집 돌아다니다 보니 남자를 만날 수가 없습니다. 영부인께서 저를 앉아서 근무할 수 있도록 하시면 시집을 갈 수 있을 것 같습니다."

이 노처녀의 딱한 사연은 자못 김여사를 감격시켰던지 영부인은 담당

자에게 드물게 인간적인 부탁을 했다는 것. 그 일로 이 처녀 집배원은 내근을 하게 되었고 그 때문인지 시집도 가게 되었다고 한다.

얼마 지나서 주부가 된 이 여인은 장문의 편지로 영부인에게 살아가는 소식을 들려주었다.

김여사의 서민적인 면을 엿볼 수 있는 일화가 또 하나 있다. 부산 자갈치 시장을 방문했을 때의 일이었다. 비릿한 생선 냄새와 여기저기서 지독한 경상도 사투리로 악다구니치는 사람들의 살아 있는 인정이 있는 시장 한 구석에서 한 40대 중년 남자가 소리를 질러댔다.

"여기 보세요, 여기 보세요."

허름한 옷차림의 그는 자갈치 시장에서 10수년간 지게만 져 온 삼돌이라는 사람이었다. 이 질퍽한 시장에 높으신 분이 온다니 얼굴 한 번 보고 싶은데 경호원이라는 건장한 사나이들이 눌러싸 버티고 있으니 가까이 갈 수는 없고 해서 소리만 지른 것이다. 멀리서 이를 알아본 김여사가 그를 불러 인사를 나누었다.

그 일이 있은 지 얼마 후 청와대에는 한 통의 편지가 날아왔다. 발신은 자갈치 시장의 삼돌이. 자기를 그렇게 반갑게 맞아준 분에게 감사한다는 편지와 함께 고운 색의 스카프도 함께 포장되어 있었다. 여사는 이 선물을 받고는 후일 임기를 마치고 청와대를 떠나 사저로 갈 때도 스카프만큼은 꼭 챙겨 가겠노라고 감격해했다.

4년여의 청와대 시절을 거치면서 이제는 다소 여유와 자신의 자리를 의식한 권위를 비칠 만도 한데 김여사의 태도는 한결 같다. 청와대의 바깥 주인은 때로 '물태우'에서 '불태우'가 되기도 하고 '보통 사람'에서 '특별 대통령'이 되기도 하는데, 안주인은 세월이 가도 똑같은 모습의 '보통 여자' '보통 주부'의 자리를 지킬 모양이다.

하지만 김여사도 흐르는 세월은 어쩔 수 없는 듯 4년이라는 시간 사이에 장모와 시어머니 그리고 할머니가 되었다. 노대통령 부부의 자녀인 소영양과 재헌군이 결혼을 하여 각각 딸 1명씩을 두었기 때문이다.

맏딸인 소영양은 노태우 김옥숙 부부가 결혼한 지 2년 뒤인 1961년 3월 31일에 태어났다. 소영양은 예일여중을 거쳐 77년에 수도여고를 졸업했다. 재학 시절 소영양은 3년 내내 반장과 부반장을 지냈다.

소영양은 80년 3월 서울대 공대에 입학한다. 당시 공대에 입학한 학생 중 여학생은 모두 5명이었다. 자연히 소영양은 여학생들은 물론 남학생들과도 친해 막역한 우정을 나누었고 같이 수업을 받다 보니 단체 활동에도 참여했는데, 친구들은 그녀를 '적극적이고 쾌활한 성격의 소유자'로 기억하고 있다.

장남 재헌군이 지난 87년 대통령 선거 당시 활발한 유세 활동을 펼친 반면, 장녀 소영양은 지니고 있는 역량에 비해 많은 제지를 받았다. 아버지의 선거를 돕기 위해 87년 9월 귀국했던 소영양이 본격적으로 아버지의 유세에 참여하지 못한 것은 '모양이 좋지 않다'는 가족들의 만류 때문이었다. 그래도 소영양은 옛동창이나 친구 등을 통해 소중한 한 표를 모았다. 또 6·29 이전에는 미국에서 공부하면서 소영양은 장문의 긴 편지를 아버지에게 띄웠다. 그 편지에는 자신이 가진 민주화에 대한 소견이나 미국이나 외지에 살고 있는 교포들의 바램 등 아버지에게는 하기 어려운 고언들이 적혀 있었다.

아버지보다는 어머니 김여사를 더 많이 닮은 이지적인 미인형의 소영양은 귀국 후 아버지와 함께 연극 관람을 하는 등 아버지가 들을 수 없는 '밖의 소리'와 민심을 읽게 하는 데도 노력했다.

노대통령 자신도 어느 자리에선가 "눈에 넣어도 안 아플 소중하고 예쁜 딸"이라는 말을 하여 딸에 대한 아버지의 지극한 사랑을 보여 주었다.

고언을 서슴지 않는 자녀를 둔 노총재는 결국 자녀들 세대인 젊은 층의 목소리와 가장 신랄한 비판을 들을 수 있다는 점에서 행운이고 집안에 가장 큰 야당을 두고 있는 셈이다.

소영씨는 서울대 공대 2년 재학 중 도미, 월링엄 대학에서 학부 과정을 마치고 시카고 대학에서 경제학박사 과정을 밟았다. 이때 같은 유학생인 선경 그룹의 장남 최태원씨를 만났다. 85년이었다. 두 사람은 테니스 친구로 만나 평범한 관계를 유지했다. 그러다 소영양이 건강이 나빠져서 방학 중 귀국을 하게 되었다. 한 달 동안 요양을 하고 다시 만나게 되면서부터 두 사람 사이는 급속도로 가까워졌고, 정식으로 데이트가 이루어졌다. 그들은 1년여의 교제 끝에 5만원짜리 금반지를 하나씩 교환하고 장래를 언약하는 사이가 되었다.

대통령 선거 운동차 일시 귀국한 소영양을 태원군이 자기의 집으로 데려가 최회장에게 결혼 약속을 했음을 고백했다. 최회장은 혹시 정경유착이라는 일반의 비난이 있을까 몸을 사리기는 했지만, 시카고 대학을 다닐 정도의 재원인 소영양을 반대할 이유가 없었다고 한다. 노대통령 후보 또한 걱정을 많이 하다가 그들의 만남이 아무런 전제가 없는 자연스러운 것이라는 이유로 흔쾌히 승낙했다.

이 커플은 88년 9월 13일 청와대 영빈관에서 국무총리를 지낸 적이 있는 이현재씨의 주례로 이루어졌다. 이날 결혼식은 장소도 장소려니와 양가 부모의 뜻에 따라 가까운 친지를 제외하고는 일반 손님을 참석시키지 않은 조촐한 결혼식이었다. 그들은 결혼 후 다시 미국으로 가서 남은 공부를 계속하다 89년 7월 소영씨의 출산 관계로 귀국했다.

귀국 한 달만인 8월에 소영씨는 대통령 부부에게는 첫손녀가 되는 윤정양을 낳았다. 양가를 통틀어 첫아이가 태어나자 남편 최태원씨는 "첫딸은 살림 밑천"이라며 기뻐했고, 최종현 회장은 "첫딸은 복딸"이라며 만면의 미소를 지었다고 한다.

귀국 후 최태원씨는 현재 선경 계열사의 한 회사에서 경영자 수업을 받고 있으며, 소영씨는 91년 7월부터 12월까지 「'93 대전 엑스포」미래 예술 기획팀 단장으로 활동하다가 언론에 이 일이 알려지자 그만두었다. 그녀는 여기서 일할 때 노소영이라는 이름 대신 남편의 성을 따서 최소영이라는 이름으로 일했는데 결국 언론에 알려지고 말았다.

소영씨보다 4살 아래인 재헌군은 1965년 11월 3일생으로 청운중학을 거쳐 84년 2월 경복고를 졸업했다. 경복고 재학 때는 반장, 부반장을 지냈으며 3학년 때에는 학생회장을 지내기도 했다.

고교 때 친구들은 재헌군이 공부를 잘했을 뿐 아니라 통솔력이 있었고 테니스를 잘 쳤다고 말한다. 재헌군은 때론 어머니 김옥숙 여사의 상대가 되어 테니스를 치기도 한다.

그는 조부와 부친을 닮아 체격이 좋을 뿐 아니라 운동도 잘한다. 그래서 연희동에 있는 사저 차고 쪽 벽에는 농구골대가 달려 있는데 이것은 재헌군이 그의 친구들과 함께 운동을 즐기기 위해 만들었다고 한다.

서울대학교 경영학과에 진학한 재헌군은 남다른 갈등을 겪게 된다. 집을 나서 거리를 걸을 때나 학교 안, 심지어 버스 안에서도 아버지는 그가 지니고 있는 아버지의 모습을 잃어가고 있었다. 매일 계속되는 데모 속에 교정을 걸으며 최루 가스에 우는 것이 아니라 아버지와 그 아버지를 사랑하는 자신 때문에 울었다.

격렬한 토론들, 아버지를 성토하는 구호 속에서 아들의 마음은 상처받았고 이런 아픔들은 아버지에 대한 불만으로 쌓여 갔다.

그러던 어느 날 선배들과의 술자리를 갖고 그들의 고통스러운 탄식 소리에 가슴을 저몄던 그는, 마침 현관 앞에서 마주친 아버지를 못 본척 외면하고 성난 걸음으로 자신의 방으로 향했다.

노총재는 근심스러워하는 김여사를 안심시키며 술상을 준비해 달라고 부탁했다. 술상을 마주한 아들은 당황했다. 아직 한 번도 아버지와 마주 앉아 대작해 본 적도 없었고, 자신 스스로도 꿈도 꾸지 않은 일이었기 때문이다.

"자, 들자. 내가 널 어린애로만 생각하고 있었다. 이젠 널 성인으로 인정하마."

노총재는 아들의 고충을 충분히 알고 있었다. 그래서 술자리를 마련하여 함께 허심탄회하게 성인으로서 아버지에게 할 말을 털어놓을 수 있도록 기회를 주었던 것이다.

이날 늦도록 부자간은 자신이 지닌 생각을 서로에게 설명하고 서로를 이해했다. 그날 이후 더욱더 아버지를 존경하게 되었다는 말을 재헌군은 측근을 통해 털어놓았다.

그는 87년 대통령 선거가 한창일 때 그의 사촌인 준호(노재우씨의 아들)씨와 함께 '한마음회'를 조직하여 대학생들의 지지를 얻기 위해 열심히 뛰었다. 뜻을 같이하는 대학생들이 함께 활동했는데, 이들은 노대통령의 캐리커처며 홍보물을 기획했고 대학가와 서울의 아파트촌에서 지지 활동을 벌였다.

재헌군은 졸업 후 미스탠퍼드대에서 국제정치학 석사과정을 마치고 90년 9월 미국제전략문제연구소(CSIS)에서 연구 활동을 하다가 91년 11월에 귀국했다. 귀국한 지 한 달 후인 91년 12월 9일부터 그는 박준규 국회의장의 국제담당비서관(4급 서기관급)으로 특채되었다. 그가 국회에 취업하려 했을 때도 노대통령을 비롯한 모든 가족이 만류했으나, 본인이 현실 정치를 가까이에서 경험해 보기를 강력히 희망해 의장 비서관 자리를 물색하게 됐다는 것이다.

이에 앞서 그는 90년 6월 20일 동방유량 신명수 회장의 외동딸 정화양과 청와대 영빈관에서 결혼식을 올렸다. 이날의 결혼식 주례는 강영훈 전국무총리가 봤는데 18분 동안 결혼식이 진행되는 동안 대통령 부부는 시종 흐뭇한 표정을 감추지 못했다고 한다.

이날의 결혼식도 신랑의 누나 소영씨가 결혼할 때처럼 조촐히 치르려 했으나, "국가 원수의 외아들 결혼식인데 당당하게 치러야 한다"는 측근들의 지적에 따라 2백여 명의 하객들을 초청했다.

이들은 지난 87년 정화씨가 대학 1학년 때 미팅으로 만나 교제하기 시작하였다. 특히 재헌씨가 졸업하고 유학가 있을 때는 국제전화와 편지로 사랑을 나누었다고 한다. 신부 정화양은 1968년생으로 서울대 음대 기악과(하프 전공)를 91년 졸업했다.

현재 이 부부에게는 92년 1월 27일에 낳은 딸 하나가 있다.

이처럼 두 자녀를 출가시켜 이제는 어엿한 할아버지, 할머니가 된 대통령 부부에게는 또 한 분 잊을 수 없는 사람이 있었다.

광복절 다음날인 90년 8월 16일 오전 8시 30분, 서울 서대문구 연희동 413의 116호에서는 퍽이나 검소한 장례식이 치러졌다. 유족들은 슬픔을 안으로 새기는 듯 눈물을 감추었고 영결식은 서둘러 끝났다. 운구 행렬은 영정을 모신 선도차와 영구차 그 뒤로 전세 버스 두 대가 뒤따랐다. 웬만한 집이면 으레 뒤따르는 승용차도 눈에 뜨이지 않았다.

빈소도 조촐했는데 주변에 놓여 있는 9개의 조화만이 고인의 신분이 특별했음을 시사해 주었다. 삼부 요인과 4개 정당의 총재가 각각 하나씩, 나머지 두 개는 '교하 노씨 종친회'와 대구 향우회에서 보낸 것이었다. 노태우 대통령의 삼촌인 고 노병상씨의 장례식이었다. 노병상씨는 노대통령의 아버지 역할을 한 분이었다. 아버지를 잃은 조카를 맡아 학비를 대주고 자신의 집에 기거시키면서 뒷바라지를 해주는 동안 부자지간의 정이 생겼던 것이다. 그는 조카가 대통령이 된 뒤에도 조금이라도 누가 되지 않도록 배려해 온 속깊은 사람이었다.

고 노병상씨의 깊은 속마음을 가장 잘 헤아린 사람은 미망인 유영재 여사다. 조금 더 살아주었으면 하고 바랬지만 남편이 그 마음을 밀쳐두고 가버렸어도 여사는 실컷 울지 못했다. 장례식처럼 눈물도 검소 (?)해야 할 것 같았던 것이다. 이승에서의 67년간을 열심히 살았고, 헤놓은 일도 많고, 돈도 번 만큼 벌고, 또한 5남2녀를 실패 없이 모조리 결혼시켜 잘 살고 있는 텃수로 보면 마지막 길이 조금 성황스러워도 됨직했다.

그러나 여사는 그게 아니라고 마음을 달랬다. 영감은 당신이 일으켜 놓은 사업체가 자연적으로 성장되고 있는 것도 대통령 조카를 생각하며 억지로라도 신장율을 늦추도록 자식들에게 당부하지 않았던가. 그뿐이 아니었다. 조카가 대통령이 된 후로는 당신이 예금해 놓은 은행에도 가지 않을 만큼 나서기조차 꺼려했다.

유여사는 그것이 무엇을 의미하는지 잘 알고 있으며, 그 사업체를 이어받아 하고 있는 자녀들도 잘 알고 있었다.

그래서 그녀는 미망인으로서의 슬픔을 안으로 간직하고 자녀들과 상의해 영결식도 30분이나 앞당겼다. 혹 문상객이 많이 오는 것도 청와대에 사는 조카에게 누가 될지 모른다고 생각했기 때문이다. 부부는 일심동체라던가. 미망인은 당신의 슬픔보다도 청와대 조카의 슬픔을 생각하며 안스러워했다. "그런 자리에 있으니 맘 편히 장례식에도 참석하지 못하고…… 내놓고 울지도 못할 테니 그 마음이 오죽할 텐가." 그걸 생각하면 마음이 아팠다.

미망인 역시 그 조카에게는 각별하게 마음이 간다고 한다. 사람이 정이 드는 데 한 솥밥 먹고 사는 그 이상이 어디 있겠는가. 그것도 어린이에서 소년으로, 그리고 청년이 되는 시기를 함께 살며 손수 밥을 해준 그 살뜻한 정으로 치면 배 아파 낳은 자식만 못할 것도 없었다.

사실 미망인은 신혼 초에는 왜 영감이 조카를 훌륭하게 키워야 한다는 말을 자신에게 강조했는지 이해할 수 없었다. 그 말을 처음 들은 것은 만주 봉천에서 아홉 달을 살다가 해방이 되어 대구로 왔을 때였다.

"우리는 조카를 잘 키워야 하오. 당신도 잘 알아두어야 하오"라고 말했을 때 유여사는 속으로 이렇게 말했었다. "참, 얄궂데이. 와 우리 자식보다 조카를 더 훌륭하게 키워야 한다고 말하는고."

태우 조카가 대구공업중학 3학년을 수료하고 경북중학 4학년에 들어갔을 때 대구 칠성동의 집 식구는 평균 열세 명에서 열다섯 명이었다. 삼촌 직계 식솔이 아홉 명(자녀 5남2녀), 태우 조카 생질 외에 부엌일을 돌봐주는 사람 등등 해서 그야말로 일개 소대가 되었다.

조카는 삼촌을 따르며 좋아했으나 어려워하는 구석이 있었다. 삼촌이 야단을 칠 때는 눈물이 쏙 빠지게끔 야단치기 때문인 듯했다. 그러나 숙모는 그렇게 야단치는 광경을 목격하지는 못했다. 삼촌은 야단칠 계획(?)이 있으면 밖으로 불러내 음식을 먹어 가며 야단치신다는 말을 얼핏 들은 것도 같았다.

나중에 들은 이야기지만 삼촌은 조카뿐만 아니라 조카 친구들도 호통 칠 일이 있으면 여지없이 호통을 쳤다고 했다. 어디 그뿐인가. 모두들 결혼을 해서 어엿한 가장이 되었을 때도 야단칠 일이 있으면 치셨다고 하니, 숙모는 속으로 기가 찰 일이었다.

미망인은 내색은 하지 않으나 한 가지 안타까움이 있었다. 영감의 병은 2, 3년 전부터 은밀히 시작되고 있었다. 건강에는 워낙 자신이 있었던 터라 종합진찰 같은 건 받아보지 않았고 받아볼 생각도 않는 분이었다. 그러나 주변 친구들이 암 등 고질병으로 하나씩 둘씩 세상을 떠나 가자 가족들이 한 번 종합진찰을 받아보도록 권했다. 그렇게 해서 종합진찰을 받게 되었는데 좁쌀만한 혹이 있다고 했다. 아주 초기니까 수술만 하면 완쾌될 수 있다고 했다.

그러나 영감은 입원을 거부했다. 너무나도 할 일이 많고 아플 시간도 없을 만큼 바쁠 때였기 때문이다. 왜냐하면 그렇게도 아끼던 조카가 대통령 후보가 되었던 것이다. 일단 후보로 결정되니 영감은 할 수 있는 모든 것을 다해 밀어줘야 한다고 결정한 듯했다. 영감은 겉으로 나서지 는 않았으나 노씨 문중을 비롯해 고향 사람들, 크고 작은 모임까지 선이 닿으면 열심히 쫓아다녔다.

가족들도 그런 성품을 아는지라 입원을 권하는 대신, 그들도 모두 선거 열기에 휩싸여 들어갔다. 병상씨는 사람의 한계를 뛰어넘는 경지의 초인적 힘을 발휘했다. 숙모 역시 가슴이 뛰었다. 결혼 초부터 귀에 박히 듯이 들어온 소리, "태우는 훌륭하게 키워야 해." 그 말이 꽃을 피우고 열매를 맺으려 한다는 기대감이 생겼던 것이다. 또한 그렇게만 된다면 영감 가슴 속 깊이에 아직도 자리하고 있을지도 모를 형과 조카에 대한 마음의 빚이 비로소 승천(?)할 수 있을 것이 아닌가.

미망인은 그런 마음이었기에 영감이 고질병을 갖고 있다는 생각을 당분간 잊기로 했었던 것이다. 영감은 잠시 눈을 붙이며 쉬다가도 선거일로 어디에서 나오라고 하면 그 즉시 달려나갔다.

그로부터 며칠 후 제6공화국을 이끌어갈 새로운 대통령이 당선되던 날 삼촌 노병상씨는 2층 자신의 서재, 흔들의자에 깊이 파묻혀 있었다. 미망인은 차를 들고 올라갔다가 그 모습을 보았는데, 어찌나 숙연한지 말을 꺼내지 못하고 그대로 내려왔다. 그래도 뭘 좀 드시게 해야 할 것 같아 다시 올라갔는데 역시 말을 꺼내지 못하고 말았다.

조카가 대통령에 취임한 후 병상씨는 웬만해서는 외출하지 않았다. 거의 사람을 만나지 않았다고 하는 것이 맞는 말이다. 자신은 물론 자녀들에게도 각별히 조심할 것을 이르곤 했다.

본래 병상씨는 사업 능력이 뛰어난 사람이었다. 청년 시절 만주에서도 그랬고 고향으로 와서도 실패라는 걸 몰랐다. 대구에서는 식품 납품업을 해서 많은 식솔을 넉넉하게 다스렸고 모두 공부를 시켰다. 그는 68년 5월에 대구 살림을 처분하고 상경했다. 그리고 종로에 자본금 5백만원을 들여 한성 보일러라는 회사를 차렸다. 그것이 지금의 한성기공의 전신이다. 그가 경영하고 있는 회사는 무리라는 법이 없었으므로 은행에 아쉬운 소리를 해본 적이 거의 없다.

아니, 할 필요가 없었다. 병상씨는 조카가 정계 요인으로 부각된 후는 거래 은행의 임원실에조차 들어가지 않았다. 은행에 볼일이 있으면 일반 고객처럼 창구에서 줄을 섰다가 일을 보고 조용히 돌아가곤 했다. 병상씨의 처신이 그러했으므로 특별 대우를 받는 것을 원치 않았고 대통령이 문안 오는 것도 원하지 않았으므로 그의 병상 생활은 지극히 조용히 보내졌다.

그가 노대통령 삼촌이라는 사실을 아는 사람도 드물었다. 이러한 그의 처신은 조카가 대통령이 되면서 더욱 강화되었다.

병상씨는 그가 이끌던 사업체를 조카 재우씨에게 물려주고 자신은 고문으로 있으면서 신변을 정리했다. 그리고 이제는 시간이 났으므로 주변의 권유대로 병원에 입원, 수술을 받기로 했다. 그러나 몸을 돌보지 않고 몇 달을 뛴 탓인지 좁쌀만하던 혹은 예상보다 더욱 커져 있었다.

8월 14일, 미망인은 병상씨가 운명한 시간을 저녁 6시 50분으로 추정하고 있다. 그는 자신이 언제 죽더라도 대통령 조카를 생각해 검소하게 장례식을 치를 것을 유언처럼 당부했었다. 그리고 할 말은 다 했다는 듯 그날은 아무런 말도 남기지 않고 즐겨 앉는 흔들의자에 편한 자세로 앉아 조용히 눈을 감는 것으로 이승을 하직했다.

병상씨가 조카 노대통령을 얼마나 위하고 아꼈는지는 앞에서도 밝혔지만, 다음의 일화를 보면 그 정도가 어떠했는지를 알 수 있다.

그는 조카가 육군대장으로 전역한 뒤 정계에 뛰어들어 5공화국 시절 전두환 전대통령 밑에서 '불안한' 2인자 생활을 하고 있을 때, 조카의 앞날이 잘 되기를 축원하는 마음에서 7층석탑을 짓는 불사를 일으켰다.

병상씨가 7층석탑 건립에 뛰어든 것은 84년이다. 이 무렵 병상씨 입장에서 볼 때 조카의 정치적 행보를 어렵게 만드는 조짐이 두 건이나 생겼다. 이 중 하나가 83년 3월말에 발생한 '한일합섬 김근조 이사 고문 치사사건'이다. 김근조 이사 고문치사사건은 한일합섬이 정부의 방침에 따라 보유하고 있던 비업무용 부동산을 팔았다가 이를 다시 사들이는 부정을 저지르다 적발된 것으로, 수사에 나선 치안본부가 관련자를 조사하다가 숨지게 한 사건이라는 점에서 당시 사회에 큰 파문을 일으켰다.

사건 당시에는 일체 드러나지 않았지만 이 사건이 실은 노대통령 집안과 다소 연관이 있었기에 병상씨를 걱정스럽게 했다고 한다. 사건에 연루된 한일합섬은 엄밀히 따져 노내무부장관과 사돈간이었고, 또 내무부 산하기관인 치안본부 특수대가 이를 수사하면서 당시 내무부장관에게 전혀 보고하지 않았다는 점에서 충격이 컸다는 것이다.

치안본부 특수대는 기구 조직상 내무부 산하에 있지만 실제론 청와대 특명을 받아 움직이는 관계로 직속 상관인 내무부장관에게 세세한 일까지 보고하지 않을 수도 있을 것이다. 하지만 전두환 전대통령이 노장관과 한일합섬과의 관계를 모르고 있지 않다는 점에서 섭섭한 감정이 들지 않을 수 없고, 나아가 전 전대통령의 무서운 일면을 보게 되었다고 한다.

노병상씨는 이 사태를 전후해서 조카가 어떤 위태로움에 처해 있다는 짐작을 하게 되고 따라서 불사를 일으켜 그에게 힘을 줘야 한다고 생각하게 된다. 또 하나 병상씨에게 근심을 끼친 사건은 5공 정부의 팔공산 개발사업이다. 팔공산 개발은 정부가 83년부터 대구를 새로운 선진 도시로 만든다는 계획의 일환으로 추진한 것으로 주내용은 대구의 명산 팔공산을 자연공원으로 개발한다는 것이다.

노병상씨가 충격을 받은 것은 다름아닌 팔공산의 훼손이었다. 특히 팔공산에 골프장을 짓는다면서 그 위치를 갓바위 부처(정식 명칭은 관봉석조여래좌상, 보물 제431호) 자리에서 정면으로 내려다보이는 곳을 선택했다는 점이다.

노대통령이 팔공산 갓바위 부처의 영험을 얻어 태어났다는 이야기는 대구 사람치고 모르는 이가 거의 없고 육사 동기생들 사이에서도 널리 알려져 있다. 노대통령과 그만큼 인연이 깊은 팔공산과 갓바위 부처 일대를 지목해 개발한다는 점에서 노병상씨는 분노했다고 한다. 팔공산에 서려 있는 노대통령의 기를 의도적으로 죽이기 위한 행위로 여겼다는 것이다.

5공 시절 있었던 팔공산 골프장 건설은 6공 들어 '5공 비리'의 하나에 포함됐는데, 5공 정부가 그 곳에다 골프장을 지은 정확한 의도는 드러나지 않았다.

김근조 이사 고문치사사건이 있고 팔공산 골프장 건설이 시작된 바로 그 무렵에 7층석탑 불사를 일으켰다. 이때 노대통령은 내무부장관을 그만두고 서울 올림픽 조직위원장이란 한직으로 옮겼다. 노대통령이 한직에 있으면서 '고급 정보'에 목말라 했을 때 인척인 박철언 의원이 이를 충족시켜 주었듯이, 삼촌 병상씨는 조카의 앞날을 축원하는 일을 한 것이다.

현불사라는 절에 7층석탑을 짓는 일은 노병상씨와 법명이 설송이란 사람에 의해 추진됐다. 설송은 불교의 한 갈래인 불승종 지도자로 현불사를 창건한 사람이다. 그는 80년 초부터 인간의 미래를 내다보는 혜안이 대단한 사람으로 정계, 재계, 학계, 관계 등에 이름을 날렸다. 주로 현불사와 수원 일광사, 대구 선원 등에 머물렀는데 소문을 듣고 전국 각지에서 사람이 몰려와 한 곳에 오래 머물지 않고 떠돌고 있다 한다.

그는 불경 중에서도 묘법(묘법 연화경의 준말)을 가르치며, 조계종과는 약간 다른 길을 걷고 있다. 때문에 경북 봉화군에서 발행한 「봉화군지」에는 설송이 창건한 현불사를 무소속 종단으로 기록하고 있다.

신자들은 그러나 설송이 언제 출생했는지, 과거 어떤 삶을 살다가 무슨 연유로 불교에 귀의하게 되었는지 등은 정확히 모르고 있다.

노병상씨와 설송에 의한 7층석탑 건립은 외부에 노출되지 않은 채 극비리에 진행됐다. 건립 목적은 "일제 때 징용으로 끌려가 만주나 태평양 등지에서 이름을 남기지 않고 죽었거나 6·25때 산화한 무명 용사들의 혼을 달래기 위한 것"이라고 주위에 퍼졌다. 구천에 떠도는 이들의 혼을 달래는 보시를 통해 노대통령의 앞날을 축원한 셈이다.

조카를 위한 삼촌의 이 같은 정성은 87년 대통령 선거 때 나타났다. 불승종 전신자들이 노태우 후보 선거 운동에 적극 앞장선 것이다.

병상씨와 부인 유영재씨는 슬하에 많은 자녀를 두었다. 5남2녀로 88년 3월 15일 노기우씨의 결혼을 끝으로 모두 출가시켰다. 큰아들 성우씨는 한양대 출신으로 한성기공 사장으로 재직하다가 91년 10월 경영 악화의 책임을 지고 물러나 지금은 쉬고 있다. 그러나 언젠가는 다시 회사로 돌아갈 것으로 측근들은 보고 있다. 둘째아들 용우씨는 고려대를 졸업하고 한성기공 부사장으로 일하다가 형 성우씨와 같이 물러났다. 셋째아들 진우씨는 미국 LA에서 보험회사를 다니다 그만두고 개인 사업을 하며, 넷째아들 일우씨와 다섯째 기우씨는 여행사와 무역회사를 함께 경영하고 있다.

노대통령에게는 앞에서 언급한 병상씨 외에 2명의 삼촌과 고모 1명이 더 있다. 또 당숙 노병룡씨가 대구에서 경원건설 회장으로 있다. 노대통령의 부친과 4촌간인 병룡씨는 성격이 사교적이어서 가끔 노대통령에게 제재를 받았다고 한다. 결코 번다하다고 할 수 없는 집안이나 대체적으로 좋은 교육을 받은 뒤 중산층으로서의 기반을 닦고 살아온 건전한 상식과 양식을 지닌 사람들로 구성되어 있는 것이 특색이라면 특색이다.

큰삼촌 노병도씨는 지금 대구에서 노후를 보내고 있다. 최근 건강이 좋지 않다고 전해진다. 부인 서갑영씨와의 사이에 2남3녀를 두었는데 모두 출가했다. 평범하게 살아온 것으로 알려진 병도씨의 이력은 잘 알려져 있지 않은데, 젊어서는 만주에서 동생 병상씨와 함께 사업을 했었고 귀국 후 두드러지지 않은 삶을 살았다.

노병도씨의 큰아들 용수씨는 몇년 전까지 경남 진주의 모 건설회사 과장으로 근무했으나 회사가 부도 나서 현재는 개인 사업을 하고 있다. 둘째아들 남수씨는 서울에서 조그마한 사업을 하고 있다. 딸은 셋을 두었는데 모두 출가했으며, 사위 중 한 명이 현역 영관급 장교라고 전해진다. 병도씨 내외는 대구를 떠날 생각이 없고 평범한 소시민으로 토박이로 살아가겠다는 생각을 하고 있다.

한편 고모인 노병태씨는 현재 서울에 살고 있다. 지난 87년 대통령 선거 당시 지방 유세 도중 조카 노대통령이 달걀 세례를 받자 친히 부적을 만들어주며, "앞으로 그런 일이 없을 것"이라고 격려하기도 했다.

88년 전경환씨의 '새마을 왕국' 비리 사건이 세간의 관심을 끌며 함께 떠올려진 인물이 노대통령의 동생인 노재우씨였다.

노재우씨는 1935년 1월 경북 달성군 신룡리에서 태어났다. 아버지의 사망으로 기울어진 집안에서 둘째아들인 재우씨에게 상급학교 진학은 형 노대통령만큼이나 어려웠던 시절이다. 뜻밖에도 재우씨가 서촌국민학교 4학년 때 실질적인 아버지 역할을 맡은 노병상씨가 귀국했다. 태우, 재우 형제는 삼촌의 도움으로 학업을 계속할 수 있었다.

재우씨는 공부를 잘해 명문 경북중학에 들어갔다. 중학 2학년 때 학제가 바뀌어 고교 시험을 다시 치러야 했는데 그는 경북고 대신 대구상고로 진학했다. 이유는 삼촌 병상씨의 부담을 덜기 위해서였다. 빨리 직장을 가져 집안에 보탬을 주겠다는 의중이었다. 재우씨는 낮 동안은 삼촌

병도씨가 운영하던 대구 동성로 부근의 문방구에 나가 점원일을 하고 밤에는 학교에 나갔다. 대구상고 시절의 몇몇 동창은 "극히 평범한 학생이었고 웅변반에서 웅변을 익혀 훗날 형의 대통령 선거를 돕는 과정에서 웅변 솜씨를 발휘했다"며, "자기 이야기를 조리 있게 하는 말솜씨를 가지고 있었으면서도 남의 이야기를 잘 들어주는 편이었다"고 말한다.

대구상고를 졸업한 그는 영남대 경제학과에 진학, 68년 주택은행에 입사했다. 그런 노재우씨가 숙부 회사인 한성기공과 인연을 맺게 된 것은 1976년으로, 그는 주택은행 대구 송동지점에서 평범한 은행원으로 일하고 있었다.

68년 주택은행에 입사, 8년째 은행원 생활을 하고 있던 그에게 삼촌 병상씨가 찾아왔다. 병상씨가 68년 5월 자본금 5백만원으로 설립한 한성기공은 76년 당시 보일러 제작사업이 기술 축적이 안 돼 실패하고 설비업으로 바꾼 뒤 고전하고 있을 때였다. 병상씨는 경리업무에 밝은 조카 재우씨에게 자기 사업을 도와주기를 부탁했다. 병상씨의 아들들은 그때 나이가 어려 부친을 도울 형편이 아니었기에 재우씨는 그 뜻을 흔쾌히 받아들였다. 자신을 철들고부터 가르치고 길러준 아버지 같은 어른이었기 때문이다.

재우씨는 한성기공에 입사하면서 바로 광주 공사 현장에 내려가 공사 대금을 정리하는 일부터 시작했다. 또 은행원 출신답게 회사 경리업무를 정상화시키면서 도산 직전의 회사를 회생시켰다. 그가 입사한 76년 11월 한성기공은 일반 건설면허를 취득, 오늘날 주된 사업 업종인 위생 냉난방설비 전문업체로 사업 영역을 넓혔다.

시간이 지날수록 기술 축적이 이루어진 한성기공은 상업은행 전산센터, 강남성모병원, 여의도 성모병원 등의 설비공사를 완벽하게 끝내

'하자 보수가 필요 없는 업체'로 업계의 인정을 받고 있다. 어려운 여건이었지만 착실하게 성장하던 한성기공에서 노재우씨는 81년 사장으로 취임하여 회사의 경영을 맡았다. 그가 경영을 맡은 한성기업은 매년 10% 남짓 성장을 거듭해 중견 업체로 자리를 굳혔다. 노대통령이 민정당 대표위원 시절 한성기공은 설비업에서 종합건설업으로 업종을 바꾸어 확대 성장을 시도했으나 노대통령이 만류했다는 후문이다. 노병상 회장, 노재우 사장 체제의 한성기공은 노태우 후보가 대통령에 당선되자 노병상 고문, 노재우 회장, 노성우 사장의 체제가 되었다. 노성우씨는 노병상씨의 큰아들로 노재우씨에게는 사촌동생이다. 재우씨는 친형님이 현직 대통령인데 하청업체의 사장으로서 건설업체를 다니며 수주하는 일이 대통령에게 누가 될 것 같아 경영 일선에서 물러났다.

이후 노재우씨는 한 달에 한두 번 부정기적으로 회사에 들러 자금 등 중요한 사안만을 결재했다. 한성기공의 관계자에 따르면 대구의 동창들 이외에는 외부 인사와의 접촉도 애써 삼가며 등산 등으로 소일한다고 한다.

노대통령이 청와대에서 집무를 시작하면서 한성기공은 관급 공사의 하청을 맡지 않았다. 설비업은 주로 인력에 의존하는데 정부의 노임 일당 지급액이 현실의 노임과는 엄격히 차이가 나기에 설비업체에서의 관급공사는 그리 인기가 높지 않다고 한다.

노성우 사장의 경영 이후에도 한성기공은 기본적인 성장을 유지했다. 91년 매출액은 1백20억원 정도. 회사의 정식 직원은 본사 상근 직원 25명과 전국 17개 공사 현장에 근무하는 40여 명을 포함 70명 정도이다. 난립이라고 표현해도 좋을 전국의 설비업체 가운데 20위권을 유지하고 있다.

겉모습은 별탈 없이 운영되고 있던 한성기공이었지만, 이 회사의 경영 상태를 잘 알고 있는 한 회사 관계자에 따르면 경영에서 누수 현상이 나타났다고 한다. 이는 설비업의 전문가인 노재우씨가 회장으로서 경영 일선에서 물러나자 긴장의 끈이 풀어진 분위기 때문이라고 진단하기도 한다.

지난 87년 12월 대통령 선거 당시 노재우씨는 형님인 노태우 후보의 당선을 위해 몇몇 단체를 조직하여 일선에서 뛰었다. 하나밖에 없는 동생이 팔짱 끼고 가만히 있는 것은 차라리 욕을 먹을 일이었다. 그러나 형님의 당선 확정과 함께 그는 현실 정치 일선에서 미련 없이 물러났다. 노태우 대통령이 당선되자 그는 한때 회사와 집에도 들르지 않고 잠적을 하기도 했다. 그 이후부터 여태까지 일관된 태도를 유지하고 있다. '청와대 가족 모임'이 시중에 화제가 될 때에도 노재우씨의 이름이 거론된 적이 없는 것으로 보아 그의 태도는 분명해 보인다.

한성기공이 위치한 서울 서초동의 한 빌라에서 노재우씨는 부인 이말선씨와 살고 있다. 슬하에는 호준, 준형 2남이 있다. 호준군은 미국 유학을 마치고 귀국해 한 회사에 근무 중이고, 준형군은 군복무 중이다. 한성기공의 부도 사태 이후 노재우씨의 회사 출근은 잦아졌다. 부정기적이긴 예전과 마찬가지이지만 회사에서 자주 회의를 주재한다고 한다.

지난 5공화국의 통치권자였던 전두환씨는 백담사로 떠나기 전에 발표한 대국민 사과문에서 자신의 재임 중 친인척의 비리를 단속하지 못한 데 대해 국민 여러분께 사과한다고 했다. 그가 가리키는 친인척이란 직계 동생도 있지만 그보다는 처가 쪽을 가리키는 부분도 상당히 많았다. 실제로 그는 처가 쪽의 비리 관련으로 인해 그 명예에 많은 손상을 입었던 것 또한 사실이었다.

6공의 노태우 대통령 처가 쪽 또한 세인의 관심의 대상이 아닐 수 없다. 노대통령의 처가는 어느 집안 못지않게 유명 인사가 많다. 그러나 노대통령이 재직시 직계 존속의 현실 정치 참여를 단속해 왔던 것처럼 처가 쪽 인사들의 정치 참여에도 비교적 자제해 주기를 원했던 것으로 알려졌다. 이들은 대통령의 임기 만료 1년을 남긴 제14대 총선에서 비로소 국회의원에 입후보하게 된다. 김복동, 금진호, 박철언씨 등이 그들이다.

노대통령의 큰처남인 김진동씨는 대구 계성고와 영남대학 경제학과를 졸업하고 현재 대구 종로학원 원장으로 있으며, 노모 홍무경 여사를 모시고 있다. 그는 교육계에서 친하게 지내던 현 소유주의 권유로 월급 장이 원장 노릇을 하고 있는데 주변에서 자꾸 실제 소유주로 오해하는 바람에 괴롭다고 한다. 그는 현재 민촌동의 평범한 30평짜리 집에 살고 있으며 부인 이은화씨와의 사이에 4남을 두고 있다. 큰아들 상현씨는 대위로 근무하다 예편하여 올림픽 조직위원회에서 근무했었고, 둘째인 주현씨는 청구주택 건축기사이다. 셋째 준현씨는 대우전자에서 일하며, 막내는 대학 재학 중이다. 김진동씨는 이들 네 명의 아들이 보통 사람으로 평범하게 살아주기를 바라고 있다. 누구의 비호에 의해서가 아닌 개인의 역량을 스스로가 개척해 나가기를 당부하곤 한다. 그런 의미에서 그들의 가정이 매스컴에 오르는 것을 극구 사양하고 있다. 오히려 장래가 촉망되는 아들들이 대통령의 인척이라는 이유로 능력을 발휘할 수 있는 기회가 줄어들까봐 걱정이라고 한다.

노대통령의 둘째처남인 김익동씨는 경북고, 경북의대를 졸업하고 현재 경북대 보건대학원장으로 있는 의학박사이다. 82년에 정형외과학 회장을 맡기도 했던 정형외과학계의 권위자로 80~82년에 걸쳐 경북의 대학장을 지내기도 했다.

의학계에서는 그에 대해 학문이 탄탄할 뿐 아니라 품위 있는 신사로 인품면에서도 존경할 만하고 누구에게도 부담감을 안 주는 사람이라고 평하고 있다. 87년에는 경북대 총장 물망에 오르기도 했으나, 노대통령과의 관계로 잡음이 들릴 것을 우려해 본인이 고사했다는 후문이다.

부인 김경숙씨 또한 의사로 영남대학교 임상병리학과 교수로 재직 중이다. 김씨 부부는 1남2녀를 두었는데 큰아들인 보현씨는 서울의대 출신으로 서울대학병원에서 인턴 과정을 밟고 있으며, 맏딸인 영주양은 서울대 기악과 출신으로 대학원에 재학 중이고, 막내딸 역시 대학 재학 중이다.

김익동씨 또한 그의 형 진동씨와 마찬가지로 정치적 관심사는 무관해 보인다. 아들 보현씨마저 의사로 입신하고 있는 것을 보면 그들은 사회봉사적 가훈에 충실한 삶을 영위하고 있는 것이다.

노대통령의 셋째처남인 김복동씨는 매스컴이 집요하게 관심을 갖고 있는 것이 입증하듯 6공 이후의 정치 판도에 중요한 변수로 작용할 것으로 예측되는 인물이다. 그가 5공화국 출범 이후부터 정치계에 큰 영향력을 미쳐 왔음은 세간에 알려진 일이다. 특히 그는 노대통령의 6·29선언에 결정적 영향을 준 것으로 전해지고 있다. 6·10대회 이후 시위가 격렬해짐에 따라 군동원설이 파다해지자 그는 6월 19일 아침 연희동으로 노태우 대통령 후보 지명자를 찾아가 사태를 진정시킬 획기적 개혁 조치를 위한 결단의 필요성을 강조하고, "필요하다면 심부름도 할 수 있고 예비역 장성들의 결단 촉구 서명도 받아줄 수 있다"고 설득한 것으로 알려지고 있다.

그런데 그는 6공 초반인 88년 5월 5일 13대 총선 불출마 의사를 표명하고 공식적인 정치에 참여하지 않음으로써 표면적으로는 매제인 노대통령의 정치 행보에 부담을 덜어주었다. 그러나 정치계 내부와 여론은 그가 완전히 정치계를 떠난 것이 아니라 기회를 노리고 있음을 짐작하고 있었는데, 과연 14대 총선에 대구에서 출마, 금배지를 달게 됨으로써 6공 이후의 정치판에서 그의 위상이 관심의 대상이 되고 있다.

알려진 대로 그는 노대통령과 경북고, 육사 11기 동기다. 또한 김옥숙 여사의 오빠로 노대통령과 김여사 사이에 다리를 놓아준 장본인이기도 하다.

55년에 육사를 8등으로 졸업한 그는 주월사 보안대장, 육사생도대장, 3군사 작전참모를 거쳐 77년 2월에 5사단장을 맡게 된다. 그 2년 후인 79년 초 청와대 경호실 작전차장보로 전임된다. 한 마디로 그의 군생활은 '참군인'이라는 일반적 평가가 가리키듯 군인 정신에 투철한 것이었다.

청와대 경호실 시절의 김복동 장군은 '나는 새도 떨어트릴' 정도의 막강한 권력을 갖고 있던 차지철 경호실장과 정면 대결한 일화로 군내에선 더욱 유명해지게 된다.

경호실에 전보된 지 4개월째 되는 79년 5월 차지철 실장은 군의 통수계통을 송두리째 무시하는 새로운 지휘 체계를 마련키 위한 작업에 착수했었다. 수도권 지역에 주둔하는 부대는 대간첩작전 지휘시뿐만 아니라 정규전일 경우에도 경호실장이 지휘해야 된다는 것이 그 골자였다. 당시의 군수뇌부는 처음에는 반대했지만 이 방안을 추진하고 있는 장본인이 차실장임을 알고는 하나 둘씩 물러서기 시작했다고 한다.

이 방안은 드디어 경호실 간부회의에 회부됐는데, 이 회의 석상에서 김장군이 "대간첩작전 지휘를 위한 대통령령 28호에도 민간인(경호실장)이 정규군을 지휘할 수 있다고 규정한 대목은 존재하지 않습니다"고 반론을 펴자, 차실장은 "지금껏 관계 부처가 연구 검토해서 내린 결론인데 왜 당신은 안 된다고 해!"라면서 역정을 냈다. 이 일로 해서 김복동 장군은 군복을 벗을 각오마저 하게 된다. 그러나 차지철은 뜻밖에도 그에게 사과를 해 왔다. 김장군의 말에 일리가 있다는 게 차실장의 말이었다. 그런 그였기에 군내부에서는 그에 대한 신망이 두터웠다. 그것을 증명하는 일화 하나가 있다.

5사단장 이임식장에서 있었던 일이다. 당시 상황을 부인 임금주 여사는 이렇게 전한다.

"사단장 이임식이 시작된 79년 2월 초순, 사단 보안대장이 와서 '사단장님 이임식이 얼마나 감격스러운지 사모님이 직접 보셔야 됩니다. 아마 만년에 두고두고 추억거리가 될 것입니다'하고 이임식 동행을 권해요. 그래서 다음날 따라가 봤지요. 이 양반이 장병이나 장교 가족들 간에 인기가 있다는 것을 알고는 있었지만 이임순찰 광경을 보고는 깜짝 놀라고 말았습니다. 최전방 부대를 차례로 순찰하게 됐는데, '나는 너를 믿는다는 신화를 남긴 우리 사단장님'이라고 쓴 머리띠를 두른 장병들이 이임사를 끝낸 아빠를 무동 태우고 철조망을 따라 옆 대대에 인계했고 옆 대대 장병은 또 다른 옆 대대에 인계하는 식으로 작별을 했습니다. 사단장의 이임을 진심으로 아쉬워하는 것 같았어요. 전방 순찰을 마친 아빠가 사단 사령부로 가기 위해 지프차에 오르자 또다시 도열했던 장병들이 달려들어 지프차에서 끌어내리곤 차례차례로 목마를 태워 사단까지 배웅했습니다. 아침부터 저녁까지 계속된 이 같은 이임 광경을 지켜보면서 감격에 얼마나 울었는지 모릅니다. 그때 아빠를 수행했던 부관과 보안대장도 줄곧 눈시울을 적셨던 기억이 납니다.”

이렇게 군내에서 참군인으로 알려진 김복동씨였으나 결국에는 정치적 힘에 밀려 군복을 벗어야 했다. 그 정확한 원인은 알려지지 않았으나 79년 12·12 당시 주도 세력과의 알력 때문인 것으로 전해지고 있다. 그는 12·12 주도 세력으로부터 거사에 동참할 것을 권유받은 자리에서, “군인이 정치에 참여하는 것은 5·16 하나로 족하다”고 거절했다고 한다. 12·12 사태의 주도자들이 현실 정치의 표면에 나타나기 시작한 80년 7월 그는 한직인 육사교장으로 물러났고, 그 2년 후 중장으로 예편해야만 했다.

55년 임관 이래 ‘정치 군인’보다는 ‘직업 군인’을 줄곧 지향해 온 김복동씨의 좌절은 가닥이 잡혀지지 않은 우리의 정치 현실의 틈바구니에서 어쩌면 피할 수 없는 숙명이었는지 모른다.

김복동씨는 광주보병학교 구대장으로 있을 때인 58년 봄 동기생인 이석명, 이우혁 중위의 소개로 알게 된 임금주씨와 결혼했다. 임금주씨는 당시 이화여대를 졸업하고 전라도 화순에서 교편을 잡고 있었다.

중위 봉급 가지고 살림을 꾸려나가기가 어려워 결혼 후에도 교단에 섰다고 한다. 큰애를 가진 뒤 8개월만에 사표를 냈는데, 주수입원이 끊긴 신혼 생활은 말할 수 없이 어려워져 갔다.

“62년 9월 소령으로 진급되고서도 한동안 전세방을 전전하고 있었는데 참 괄시가 많았어요. 그래서 어떻게든 집을 장만해야겠다고 마음먹고 있던 중 나이 많은 운전병 아저씨가 아주 변두리로 나가면 전세돈에 은행 융자만 조금 보태면 집을 지을 수 있다고 해요. 그런 귀띔을 받고 버스도 들어가지 않는 보광동 변두리땅을 평당 2천원씩에 주고 사서 13평집을 지었습니다. 새 집이 완성됐을 때의 기쁨은 말로 표현할 수 없었습니다. 세상의 어떤 부자도 부럽지 않았어요. 그러나 은행 융자금의 상환이 문제였습니다. 그래서 방 3칸 중 2칸에 하숙을 치기로 했습니다. 당시 총각으로 하숙 생활을 하던 정호용 소령이 우리 집에 놀러 왔길래 하숙을 쳐야겠다고 무심중 얘기했더니 '그러면 내가 여기 와서 있지요'하고 선뜻 응해서 한동안 우리 집에서 하숙을 하신 일이 있지요. 그래서 우리 가족은 하숙으로 먹고 살고 월급은 고수란히 은행으로 들어갔습니다."

항상 모든 면에서 민주화를 역설해 온 김씨는 학구적인 면모도 강해 82년 8월 서울대 경영대학원 최고경영자 과정을 수료했고, 85년 8월 연세대 행정대학원을 졸업함과 동시에 외교안보석사 학위를 따냈다. 또 85년 동대학원 고위정책결정자 과정을 수료했고, 87년 6월에는 고대 경영대학원 최고경영자 과정을 수료했다.

김복동씨는 아들은 없고 딸만 넷을 두었는데, 이대를 나온 큰딸 미희씨는 강성진 전삼보증권 사장의 둘째아들(개인 사업)에게 출가시켰고, 둘째딸 미경씨는 한일합섬 창업주인 고 김한수 회장의 넷째아들 중원씨에게 출가시켰다. 셋째딸 지수양은 이화여대를 졸업했으며, 막내딸 소연양은 한양대에 재학 중이다.

노태우 대통령의 유일한 처제인 김정숙씨는 경북여고와 이화여대 약화과를 졸업했으며, 그녀의 남편은 상공부장관과 소비자보호원장을 지낸 6공화국 경제계의 '황태자'로 불리는 금진호씨이다.

금진호씨도 김복동씨와 마찬가지로 13대 총선 출마를 유보했다가 14대에서 영주-영풍 지역구에 민자당 공천을 받아 출마, 압승을 거두고 국회에 진출했다. 경제계에서는 그를 이론과 실무, 또한 세력을 드러낼 수 있는 인맥을 지닌 인물로 평가하고 있는데, 이에 따라 6공 이후의 정치계에서 그의 역할 또한 클 것으로 분석되고 있다. 또한 친김영삼 계열로 분류되고 있기도 한데, 그와 관련 그의 추후 행보가 관심거리로 떠오르고 있다.

1932년 경북 영주 태생인 금씨는 대구 대륜고와 서울대 법대를 졸업했다. 노대통령, 김복동씨, 박철언씨 등이 모두 경북고 출신인 점에 비해 비경북고 출신이라는 점이 그의 활동을 자유롭게 해주는지도 모른다.

그는 58년 법대 졸업 후 한국무진(현 국민은행)에서 사회생활을 시작했다. 그러다가 61년 당시 국가재건최고회의 법사위원이었던 길재호씨의 눈에 들어 법사위 조사관으로 발탁됐다. 은행원이었던 금씨가 '정조유감'이라는 제목으로 세태를 비판하는 글을 사보에 실었는데, 이 글을 우연히 읽은 길씨가 금씨를 불러들였다는 것. 그는 65년 미 남캘리포니아 주립대 행정대학원을 졸업한 뒤 총무처를 거쳐 73년 상공부 관리가 되었다.

금씨가 고속 승진의 길을 달린 계기는 80년 국보위 상공분과위원장으로 기용되면서부터였다. 이때 그는 중화학 투자 조정의 기초를 닦았다는 평을 들었지만, 후일 이 때문에 현대그룹 등으로부터 원성을 사기도 했다.

훤칠한 키에 귀품인 금씨는 83년 상공부장관에 오를 당시 박충훈씨 이래 차관이 장관에 바로 승진하는 경사를 창출했다는 평을 들었다. 국장 시절엔 성품은 온화한 편이나 일에 부딪치면 매섭다는 평가를 받기도 했다. 지나치게 자기 관리적이라는 평가도 없지 않다. 테니스를 즐기고 새벽이면 헬스 클럽에 나가 체력을 관리하는 열성파이며 소문난 멋쟁이이기도 하다.

금씨는 장수 상공부장관이었던 만큼 업적도 많다. 특히 중소기업 창업

지원법을 만들고 유망 중소기업 지원 등 중소기업 육성정책에 심혈을 기울였다고 평가된다. 또 생산성본부를 조직적 체계를 갖춘 기구로 확대시켰으며, 무역 센터 건립도 그의 작품이다. 업계의 많은 반대를 무릅쓰고 기업의 자기 책임과 경영을 강조, 기존의 개별사업 육성지원책을 통합하여 공업발전법을 입안해낸 장본인이기도 하다. 공업발전법은 오늘날 석유화학 분야에서 과잉 투자 문제가 거론되는 등 비판을 받고 있기는 하다.

그는 대외통상 분야에서도 활발한 활동을 펼쳤다. 차관 시절부터 선진국의 수량 규제, 덤핑 제도, 불공정 거래 규제 등 다양해지기 시작하던 규제 형태가 장관이 된 이후 더욱 급속하게 밀어닥쳤다. 그는 미국의 대한 컬러 TV 덤핑 사건, 철강제품에 대한 201조 청원, 시장개방압력 등이 거세어지자 대규모 통상 사절단을 파견하는 등 정력적으로 헤쳐나갔다. 그의 재임 시절 상공분야는 비약적 발전을 했다.

상공부장관에서 물러난 뒤 그는 소비자보호원장, 무역협회 고문, 국제회계학회 이사장 등 한직에 만족해야 했다. 대통령의 친인척 배제 방침 때문이었다. 따라서 그의 능력과 활동력을 아는 주변 사람들은 "아까운 인재가 썩고 있다"는 말을 하기도 했다. 금씨 자신도 내색은 안 하지만 무척 갑갑해했던 것으로 알려졌다.

14대 총선에 나서기 위해 민자당 공천 경합에 나섰을 때 친김 대표 기류 때문인지 박철언 의원과는 달리 그의 지역구 출마에 민자당 민주계의 반발이 없었다. 금씨는 88년 봄 13대 총선 때도 고향인 경북 영주에서 출마하려 했으나 대통령 친인척 배제 원칙 때문에 뜻을 굽혀야만 했었다.

당시 금씨는 자신의 둘도 없는 고향 친구였던 김창근 전공화당 의원을 후원했으나 김보영 민정당 후보에게 패배하고 말았다. 그 후 13대 국회가 구성되고 야당 출신에게도 장관직의 일부를 할애했을 때 김창근씨는 교통부장관으로 기용됐는데, 관가에서는 금씨가 영향력을 행사했다는 소문이 나돌았다. 지역구 출마 준비를 앞두고 "최근 타계한 김창근 전장관이 살아 있었으면 많이 도와주었을 텐데……"라고 아쉬워했다고 한다.

금씨는 향후 대권 구도에 관여하면서 새로운 변신을 꿈꾸고 있는 것으로 알려졌다. 그의 정치권 진입 의욕도 그런 의사의 표현으로 분석하고 있다. 그가 최근 김영삼 대표에게 경사된 것도 앞으로 요직을 맡기 위한 포석이 아니냐는 관측이 정가에서 들리는 것도 같은 맥락으로 해석된다.

그가 앞으로 계속 중요한 역할을 할지, 아니면 그의 후광인 노대통령의 퇴임과 함께 빛을 잃을지는 현재로서 헤아리기 어렵다. 한 가지 확실한 것은 앞으로의 그의 행로는 스스로 헤쳐나가지 않으면 안 된다는 점이다.

금씨 부부 사이에는 2남이 있는데 큰아들 한태씨는 미국에서 경제학을 공부하다 귀국하여 91년 말 박준형 신라교역 회장의 장녀인 민정씨와 결혼하였다. 이날 결혼식은 무려 1천5백명의 저명한 하객이 몰려 식장 일대의 교통이 마비되었다고 한다. 둘째아들은 성균관대에 재학중이다.

요즘도 노대통령, 김복동씨, 금진호씨 부부는 청와대에서 중대 사안이 생기거나 주말이면 모여 식사도 하고 테니스도 치며 서로의 정을 나눈다고 한다.

◇ 全斗煥

그가 대통령 자리에 앉을 때 터져나온 비난의
함성만큼이나 7년 단임 권좌에서 물러날 때도
성토의 함성이 천지를 진동했다. 그것은 재직
중의 비리, 그 중에서도 전두환가의 사람들이
저지른 비리는 치욕스럽기까지 했다.

全斗煥家 가계도

전상우 · 김점문
전열환
전규곤
전기환 · 최수자
전두환 · 이순자
전경환 · 손춘지
전점학 · 조석윤
전명렬 · 허성황
전용희
전승규
전종규
전명희
전재국 · 정도경
전효선 · 윤상현
전재용 (이혼) 박경아 / 최정애
전재만
전창규
전유정
전유신
이규동 · 이봉연
이규광
이규승
이순자 · 전두환
이신자 · 홍순두
이정순 · 김상구
이창석 · 홍정녀

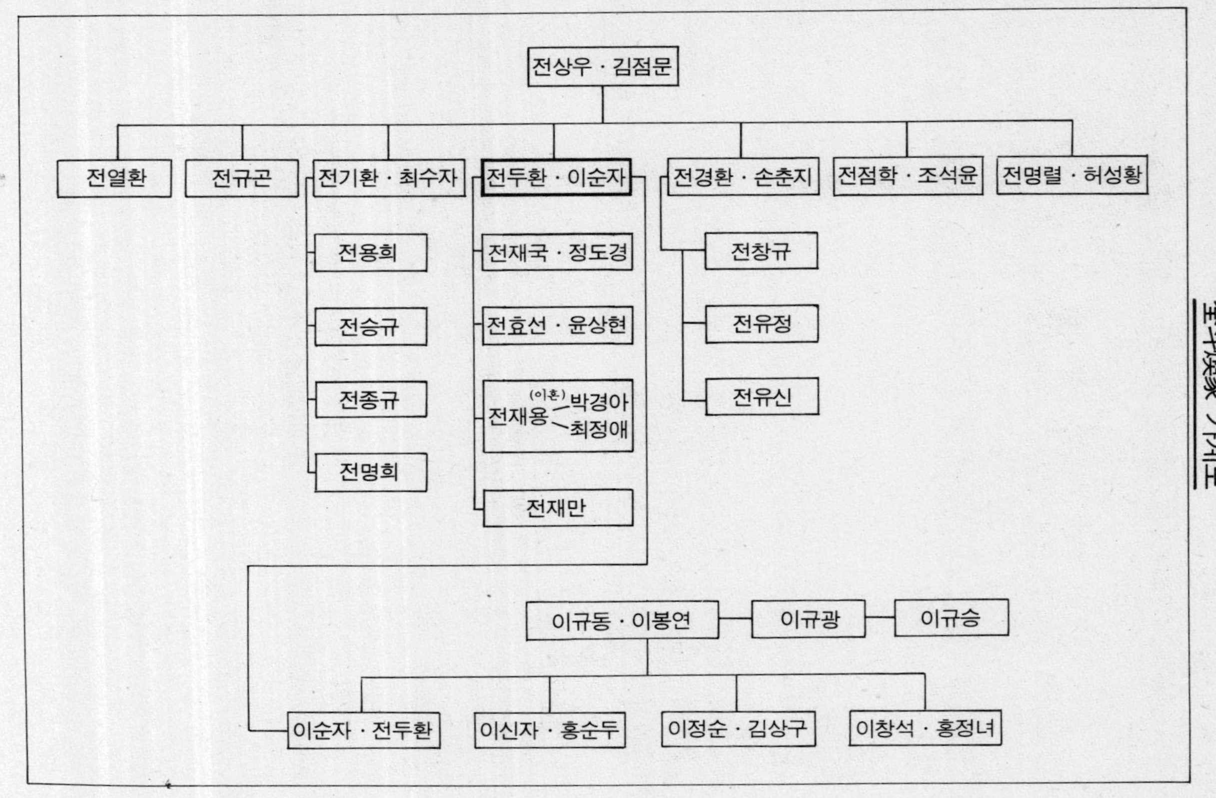

全斗煥

79년 10월 26일 저녁, 궁정동에서 울린 몇 발의 총소리는 이 나라 역사의 물줄기를 급격히 돌려세웠다. 유신통치로 장기 집권을 포석하던 박정희 정권을 단순간에 와해시켰으며, 그로부터 정권의 이어짐은 정통성을 잃고 전혀 뜻밖의 세력에 돌아갔다.

박대통령 시해 사건의 수사를 맡았던 전두환 보안사령관(합동수사본부장)의 모습이 처음 TV를 통해 국민들에게 모습을 드러냈을 때만 해도, 누구도 그가 차기 대권의 자리를 차지하리라고는 생각치 못했다.

그러나 12·12사태를 계기로 하여 정권의 향방은 신군부 세력과 그 핵심인 전두환 합수부장 쪽으로 급격히 기울고 있었다. 그리고 마침내 5·17, 5·18 등 우리 역사에 영원히 지워지지 않을 상처를 남긴 채 제5공화국이 탄생하게 된 것이다.

신군부 세력의 핵심이었던 전두환 합수부장은 중앙정보부장, 국보위 상임위원장을 거쳐 대통령 자리에 앉는다. 그는 7년 단임의 대통령직에 있으면서 그의 아킬레스건의 전통성 부재에 끊임없이 고통받으며 강압 정치로 그를 반대하는 목소리를 눌러 왔다.

7년의 임기를 끝내고 물러난 그에게는 그가 대통령 자리를 탐할 때 터져나온 비난만큼 큰 비난이 쏟아졌다. 그것은 재직 기간 중의 비리, 친인척에 얽힌 비리 등 치욕스럽기만 한 것이었다. 그로써 전직 대통령으로는 처음으로 그는 국회 청문회에 출두하여 비리를 추궁당하고 부도덕을 비난받아야 했다.

자신의 말처럼 평화적 정권 교체를 이룬 최초의 대통령이라는 평가와는 달리, 그의 각종 비리는 결국 그와 그의 부인을 설악산의 백담사로 유배시키는 결정적 원인이 되었다.

그를 처참한 구렁텅이에 빠트린 요인 중의 하나인 친인척 비리는 그로서도 가장 괴로운 부분이었을 것이다. 특히 어려운 유년 시절을 함께 보낸 형제들과 초급 장교 시절 그에게 힘이 돼준 처가의 인척들이 저지른 비리들은 어느 정도 자신의 몫이기도 했기 때문이다.

전두환가의 사람들은 어떤 사람들이었기에 계속해서 사람들의 입에 오르내리는 것일까.

전두환 전대통령은 1931년 1월 23일 경남 합천군 율곡면 내천리에서 아버지 전상우씨와 어머니 김점문씨의 6남매 중 넷째로 태어났다.

부친 상우씨는 가계를 겨우 이끌어가던 빈농의 농부였다. 상우씨는 전두환씨가 여덟살 때인 1939년 동네 노름꾼의 빚보증을 서주면서 종토를 저당잡혔다가 이를 넘겨받은 사채업자의 사주로 합천 읍내 주재소 순사부장의 소환을 받게 되었다.

이 때문에 상우씨는 계속 피신해 다니다 그해 겨울 어느 날 마을 어구 용덕뜸 낭떠러지에서 순사부장과 마주치게 돼 엉겁결에 낭떠러지 아래로 그를 밀어버리고 그 길로 식솔을 이끌고 만주 길림성의 '툰'이라는 마을까지 피신했다. 이때 그의 가족은 기환씨, 두환씨, 그리고 부인 김점 문씨였는데 경환씨는 뱃속에 있었다.

그러나 전씨 가족은 낯선 만주에서 모진 추위와 배고픔, 그리고 마적 단 출몰에 견디지 못하고 1년 남짓만인 41년 봄 귀국하여 대구시 내당 동에 정착했다.

이런 과정 때문에 전두환씨가 대통령이 되자 부친 상우씨는 권력 주변의 아첨꾼들에 의해 일약 독립 운동가로 둔갑돼 항일운동에 일익을 담당했던 것처럼 소개되기도 했다. 부친 상우씨는 64년, 모친 점문씨는 76년에 각각 사망했다.

가난과 무명의 유년 시절을 보낸 전두환씨는 대구공고를 졸업하고 보병학교에 들어갔다가 51년 육군사관학교 모집공고를 보고 지원, 무난 히 합격했다.

당시는 전쟁 중이라 입학 자격의 기준이 따로 없었다. 누구나 시험에 만 합격하면 생도가 될 수 있었다. 이 때문에 진해 육사 1기 가운데에는 고교 1년 수료자에서 대학 1년 수료자까지 있어 지금처럼 학력이 고르 지 못했다.

육사 시절 그는 공부는 뛰어나지 않았지만 스포츠 분야에서는 발군의 실력을 보였다. 특히 축구 실력이 뛰어나 축구부 주장을 맡기도 했다.

55년 육사를 졸업한 그는 육군대학, 수경사, 중앙정보부 등에서 활동 했으며, 특히 78년 1사단장 시절에는 북한의 제3땅굴을 발견하여 그해 5·16민족상을 받기도 했다.

이후 그는 79년 3월 보안사령관에 임명되고, 그 7개월 후에 일어났던 10·26사태의 수사본부장을 맡았다. 이때부터 그는 국내의 언론에 얼굴 을 비추기 시작했고, 그해 12월에 있었던 12·12사태와 이듬해 있었던

5·17, 5·18을 통해 정권을 잡게 되었다.

80년 8월 22일 대장으로 예편한 그는 5일 후에 이른바 체육관 선거로 11대 대통령에 당선되었다.

그가 9월 1일 취임식에서 내건 통치철학은 한 마디로 엄숙한 것이었다. "우리 정치 풍토에 맞는 민주주의를 이 땅에 토착화하고, 진정한 복지국가를 건설 이룩하며, 정의사회를 구현하고, 교육혁신과 문화창달로 국민정신을 개조함으로써 민주복지국가를 지향한다"는 4대 국가지표가 바로 그것이었다.

이 무렵 일부 언론은 그를 '국운 개척'의 사명감에 찬 '새 시대의 기수'로 부각시켰다.

매체를 통해 소개된 대로 본다면 전씨의 인간상은 정직, 성실, 정의감과 도덕적 엄격성을 갖춘 신념과 의지의 상징이었고 청렴하고 서민적이면서도 충효에 투철하고 리더십이 강한 인물이었다.

또 81년 3월 3일 7년 단임의 12대 대통령 취임 때는 "국민의 자유와 복리 증진에 노력하겠다"고 선언하고 "정치적 탄압과 권력 남용으로부터의 해방"을 강조했다.

그러나 '절대권력의 절대부패'를 실증하듯 대통령 일가의 각종 비리가 그로부터 반 년도 채 안 돼 드러나기 시작했다.

4촌동생 전우환씨가 8월 19일 사기 단체에 업혀 장관 등을 찾아다니며 청탁을 하고 금품과 향응을 받은 혐의로 구속된 것이다. 그것을 시작으로 전두환씨의 친인척 비리는 그 후에도 독버섯처럼 돋아났다.

그래서 그는 대통령직을 물러난 그날부터 각종 부정부패와 비리의 원흉으로 국민의 지탄을 받아야 했으며, 급기야는 88년 11월 23일 대국민 사과문을 발표하고 769일간 백담사 유배생활을 떠나야 했었다.

전두환씨가 대통령의 권좌에 앉아 위세가 등등했을 때 많은 사람들은 전씨의 부인 이순자씨를 필리핀의 이멜다와 비교하곤 했었다.

당시 두 퍼스트레이디는 호화와 사치를 좋아하는 점에서 공통점을 지닌데다 독재자인 남편을 능가해 정치, 사회 전반에 막강한 영향력을 끼쳤기 때문이다.

이씨는 지난 74년 8·15 기념식장에서 저격돼 별세한 고 육영수 여사와도 곧잘 대비됐다.

고 육여사가 '청와대의 야당' 역할을 하면서 독재자인 남편의 부정적 이미지를 희석시키는 데 크게 기여한 반면, 이씨는 자신의 부덕과 친정 식구들의 분별없은 행동으로 가뜩이나 통치 기반이 취약하고 위압적인 이미지를 가진 남편에게 더욱 부정적인 영향을 주었던 것이다.

이씨는 1939년 3월 24일 만주에서 이규동 씨의 1남5녀 가운데 둘째로 태어났다. 그러나 언니가 일찍 세상을 떠나 집안의 맏딸 구실을 해왔다.

어린 시절 이씨는 대단히 총명했고 학업 성적도 뛰어났던 것으로 알려져 있다.

아버지의 임지를 따라 대구연합중, 논산여중, 진해여중 등으로 학교를 옮겨 다니던 이씨는 육군사관학교가 진해에서 태릉으로 옮겨지면서 아버지를 따라 서울로 와 경기여중 3학년에 복교하게 된다.

전두환·이순자씨가 처음 만난 것은 이순자씨가 진해여자중학교 2학년 때였다. 당시 이규동 장군은 육사 참모장으로 진해에서 근무했다. 전두환 생도가 이장군의 집을 찾아왔고, 이때 이순자씨와 처음으로 만나게 된 것이다.

1954년 6월, 전두환씨가 중위 계급장을 달고 여고생인 이순자씨 앞에 나타났을 때 이씨는 전중위에게 연정을 느꼈다. 전중위의 요청으로 두 사람은 영화를 보기 위해 극장에 들어갔다. 그때 전중위는 결혼을 하고 싶다고 프로포즈를 했다.

"부모님께 여쭤 봐요. 순자씨가 다 클 때까지 결혼을 안 하고 기다려도 되느냐고……."

이순자씨는 극장에서 받은 프로포즈를 혼자 가슴 속에서 삭일 수 없어 어머니에게 이 사실을 털어놓았다. 이 말은 이장군에게까지 전달되었다. 이장군은 "전중위 정도면 훌륭한 사윗감이지……"라고 말했다.

이순자씨는 1958년 이른 봄에 이화여대 의과대학 1학년에 입학했다. 전두환씨는 이순자씨의 대학 입학을 축하해 주기 위해 학교를 찾아갔다가 입학 기념으로 영화 한 편을 이순자씨에게 보여주었다. 스카라 극장에서는 이탈리아에서 제작, 수입된 「지붕」이란 영화가 상영되고 있었다.

영화를 보는 순간, 전씨는 괴로워했다. 영화 「지붕」은 가난한 연인들의 신혼 생활을 그린 것이었다. 사랑을 나누기 위해 철로 가를 헤매는 내용을 보면서 자신의 입장을 떠올렸기 때문이다.

전두환씨는 애인인 이순자씨를 집까지 바래다 줄 생각도 잊고 혼자서 태릉까지 45리길을 군화발로 걸어갔다.

"가난하기 그지없는 군인인 내가 그녀와 결혼한다는 건 있을 수 없는 일이다. 내가 과연 저 사랑스러운 여인을 감당할 책임을 질 수 있을까……."

이런 생각이 그의 전신을 감싸고 있었다. 부대로 돌아온 전두환씨는 '다시는 만나지 말자'는 간단한 글을 적은 엽서를 이순자씨 앞으로 띄웠다.

절교 편지를 받아든 이순자씨는 눈물이 앞을 가렸다. 그녀의 눈물은 전두환씨를 포기할 수 없다는 표시였다. 아픈 마음으로 서울 효창동의 이모 집에서 생활을 하던 이순자씨는 어느 날 갑자기 병석에 눕게 되었다.

급성맹장으로 입원을 하게 된 것이다. 이순자씨는 이모에게 "대구에 계시는 어머니와 제2훈련소 27연대에 있는 전두환 중위에게 전보를 해달라"고 부탁했다. 이 전보를 받은 전중위는 쏜살같이 병원으로 달려갔다. 그렇게 해서 둘 사이는 다시 끈끈하게 연결되었다.

전두환·이순자씨는 1958년 12월 16일(음력) 결혼했다. 이순자씨 집안이 불교를 믿고 있었으므로 한 스님이 택일을 해 주었다.

이순자씨가 먼저 결혼 날짜를 정했다. 전두환씨에게는 이 사실을 알리지 않고 있다가 결혼 1주일 전에 알렸다.

이순자씨가 결혼 말을 꺼냈을 때, 전두환씨는 깜짝 놀랐다.

"네에——, 결혼을요?"

"그래요."

"아무래도 군인인 나는 순자씨의 남편으론 어울리지 않아요. 자신이 없어요. 가난한 군인이…… 능력 있는 사람을 더 찾아보세요."

"전 당신에게 짐을 지우지 않을 거예요. 벌써 미용사 자격증도 따놓고, 편물도 배워 놓은걸요……."

"결혼식 때 입을 양복도 제대로 없는 처진데……."

"걱정 마세요."

그녀는 음력 12월 16일(양력 1월 24일)과 대구 제일예식장을 가르쳐 주며 "예식장에서 기다릴게요. 꼭 오세요"라고 말하면서 전씨 곁을 떠나갔다. 전씨는 예식장에 나타났다.

신혼여행은 경주로 떠났다. 한 친구는 전·이 부부가 신혼여행을 떠날 때 "차비 있나?"라고 묻기도 했다. 그때 전씨는 "차비 없으면 걸어서 갔다 오지"라고 여유 있는 답변을 했다.

이순자씨는 자신이 좋아했던 남자인 전두환씨와 결혼하기 위해 중도에 대학도 포기한, 사랑을 위해서 자신을 희생한 러브 스토리를 가지고 있다.

여고 시절, 아저씨라고 부르던 남자를 자신의 반려자로 삼기까지의 스토리는 그녀의 사랑의 집념이 어느 정도였는가를 단적으로 증명해 주고 있다.

전씨는 결혼 후 8년여 동안 처가살이를 했으며, 그 뒤 군생활에서 이규동 장군의 사위라는 후광을 톡톡히 받아 동기생들 가운데 선두 그룹에서 달리기 시작했다.

1970년 초반까지 이씨는 남편의 임지를 따라 전후방으로 여러 차례 생활 근거지를 옮겨 다녔다. 생활력이 남다른 그녀는 미용, 편물학원을 수료하고 한때 미용실을 경영했을 정도로 활발한 생활인이었다.

1970년 11월 말, 백마부대 29연대장으로 부임한 남편이 송금해 오는 돈을 모아 71년 연희동에 대지 1백20평의 단층집을 마련했다. 장화를 신고 다녀야 할 정도의 진흙바닥에 직접 나서서 지은 집이었기 때문에 그녀의 연희동 집에 대한 애정은 남다른 것이었다. 집을 새로 지은 지 얼마 안 가 동교동에서 홍은동으로 넘어가는 도로가 뚫리면서 집값은 두세 배로 껑충 뛰었다.

그때 자녀들의 교육비가 많이 들었고 남편은 장군 진급을 눈앞에 둔 때여서 생활비가 많이 들게 됨에 따라, 이씨는 차차 부동산에도 눈을 돌리게 된다.

군경력의 대부분을 병참 재무관리 분야에서 보냈던 아버지를 닮아서인지, 이씨는 재산을 늘리는 데도 남다른 수완을 발휘했다.

이씨가 청와대에 들어가기 직전 연희동 집은 대지 2백50평에 건평 1백20평으로 규모가 늘어났다. 이 집이 한때 학생들의 시위 대상이 되었던 '연희동 아방궁'이다. 현재의 대지는 4백82평이며 건평은 2백평.

전 전대통령과 이씨를 접촉해 온 사람들은 전씨가 73년 1월 1일자로 대령에서 장성으로 진급을 하고 나서부터는 이씨가 차차 부동산에서 손을 떼기 시작했다고 말하고 있다. 특히 전씨가 특전사의 여단장을 거쳐 76년 6월 대통령 경호실 작전차장보에 임명되고 나서부터는 활동 영역을 스스로 좁히고 행동면에서도 눈에 띄게 조심하기 시작했다는 것이다.

12·12에 이어 5·17을 거쳐 권력을 거머쥐고 전씨 부부가 청와대에 들어간 뒤 이들 부부를 가까이에서 접했던 인사들의 말을 종합해 보면, 청와대 근무자들은 대통령에게 불려가는 것보다 영부인에게 호출당하는 것이 훨씬 더 두려워했다고 한다.

전 전대통령은 화가 나면 불호령을 내릴 때도 있지만 곧 풀어지는 것이 보통이고 반드시 혼을 낸 사람을 불러 달래 주는 성격인데 반해, 이씨는 변명을 하고 빠져나갈 수 없을 정도로 꼬치꼬치 따지고 야단을 치는데다 한 번 눈밖에 나게 되면 만회한다는 것은 사실상 불가능한 것이 상례였기 때문이었다는 것이다.

한 측근은 "전 전대통령 내외간 금슬은 더할 나위 없이 좋았다"며, "대통령은 영부인에게 꺼뻑 죽는 것같이 대했으며, 영부인이 고집을 부리면 대통령도 어쩌지를 못할 정도였다"고 전했다.

이 같은 말들은 전 전대통령이 5공화국 초기 핵심 참모들의 반대에도 불구하고 이씨의 뜻에 따라 새세대육영회 설립을 관철시킨 것이나, 이씨가 남편이 국가원로자문회의 의장직을 물러난 지 6개월여만에야 새세대육영회 회장직을 '마지 못해' 내놓은 사실로 보아 미루어 짐작할 수 있는 일이기도 하다.

이씨의 친척들이 온갖 이권에 개입하게 된 것도 따지고 보면 전 전대통령의 이 같은 처가에 대한 지극한 정성에서 비롯된 것으로 보는 시각이 적지 않다.

전두환·이순자 부부는 3남1녀를 두었는데 막내 재만군을 제외하고 모두 청와대에서 결혼식을 올렸다.

장남 재국씨는 59년 10월 27일생으로 연세대 경영학과를 졸업하고 미국 펜실베이니아 주립대에서 경영학 박사과정을 밟았다. 그는 한때 아버지와 5공의 명예 회복을 위해 14대 총선에 뛰어들 채비를 하는 것으로 소문이 돌았으나 불발로 그쳤다.

재국씨는 연세대 재학 시절부터 정치에 깊은 관심을 갖고 있었다고 한다. 본인이 미국 유학을 떠나면서 국제정치학을 전공할 뜻을 보였으나 전두환씨가 극구 만류한 바 있었다는 것이다.

재국씨가 연세대 경영학과 2학년에 재학 중인 80년 9월 C일보 문화면 '젊은이의 발언'에 투고한 원고 내용을 보면, 그의 정치 참여 가능성의 한 단면을 짐작할 수 있다.

"건물마다 붉은 글씨로 전두한(剪頭漢)이라는 이름 석 자가 나붙고, 많은 학우들이 모인 장소에서 내 아버지의 이름이 예사로 불려지고, 모두들 불타는 내 아버님의 허수아비를 통쾌한 표정으로 바라볼 때, 그 모멸감과 고통을 견디기 어려웠지만, 나는 그것을 담담히 지켜보며 서 있었다. 이제는 정말 다른 차원에서, 내 아버님에 대한 진정한 비판의 소리를, 또 진정한 충고의 소리를 내 학우들을 통해 들었으면 한다.”

재임 대통령의 아들로서 자신의 아버지에 대한 성토를 적극적으로 비호하고 나설 만큼 재국씨는 활달한 성격으로 알려져 있다.

전두환씨 재임 시절 재국씨는 ‘골프장 허가권’과 관련, 의혹을 받기도 하였다. 지난 85년 국회 건설위원회에서 ‘전재국의 비리’에 대한 충격적인 폭로 발언이 있어 정가에 비상한 관심이 된 적이 있었다. 그 관련설은 재국씨에게 쏟아졌던 최초의 의혹이었던 셈이다.

재국씨는 84년 여동생 효선씨의 친구인 정도경씨와 결혼하여 1남1녀를 두고 있다. 당시 이들의 결혼은 재계와 정계의 내노라 하는 집안에서 흔히 있는 정략 결혼의 냄새가 전혀 없는, 순수한 사랑의 결실이었다.

정도경씨는 84년 결혼식을 올리기 이전부터 청와대 며느리감이라는 낌새를 풍겼었다. 그녀와 대학 재학 시절 이런 일화가 있다.

대학 졸업반 무렵이던가. 그녀를 쫓아다니던 옆 대학 남학생이 있었다. 그녀가 이대에 재학 중이라는 사실뿐 신분에 대해선 전혀 몰랐던 그 남학생은 학교 정문 앞에서 무작정 그녀가 나타나기만을 기다렸다. 그녀가 정문으로 나오면 붙잡고 한 번 만나자고 떼쓰기를 서너 번. 그러던 그가 어느 날 신원을 알 수 없는 남자에게 흠씬 두들겨맞고 혼비백산해 다시는 이대 정문 앞에 얼씬거리지 않았다는 것이다. 이렇게 재학 시절부터 정도경씨는 자신도 모르는 보살핌을 받았다고 전해지고 있다.

재국씨와 정도경씨는 친구 오빠와 동생 친구 사이. 정도경씨는 재국씨의 여동생인 효선씨와 고등학교 친구 사이로 연희동 집을 드나들며 효선씨와 함께 공부한 사이라고 전해진다.

정도경씨의 학교 친구들 사이에서도 그녀가 대통령의 며느리감으로 점찍혔던 것은 뜻밖의 일일 정도로 그녀는 평범한 집안의 수수한 외모, 보통 성적의 실력을 가진 학생인 것으로 알려졌다.

특히 그녀는 아버지를 여의고 홀어머니 밑에서 자랐다. 강남 모교회에서 성가대원으로 활동할 만큼 착실한 기독교 신자로도 알려져 있는데, 결혼하기 전부터 일요일에는 청와대의 고급차가 그녀를 교회까지 에스코트했다고 한다.

재국씨의 결혼은 소리없이 조용하게 치러졌고, 그런 사실이 후에 알려지면서 세간의 소문은 몹시 화려하고 웅장한 결혼식이었던 것처럼 많은 이야기들이 떠돌았다.

"신부의 웨딩 드레스는 파리의 유명 디자이너에게 특별 주문해 공수해 온 것으로 앞가슴 장식에는 진짜 보석이 박혀 눈이 부실 정도였다."

"각계 각층에서 보낸 꽃다발과 화환으로 청와대 옆의 삼청동과 효자동 일대는 때아닌 꽃향기가 며칠씩 진동했다."

"이순자씨가 며느리에게 준 예물은 실로 대단해 돈으로는 따지지도 못할 엄청난 보석들뿐이었다."

등등이 그 소문의 내용이었는데, 사실은 무척 조촐하고 여늬 가정에서나 다름 없을 만큼 검소한 결혼식이라는 게 하객으로 참석했던 사람들의 설명이다.

전두환씨의 장녀 효선씨는 아버지가 대통령에 취임할 당시 단발머리의 여고생이었다. 장군의 딸에서 대통령의 딸로 신분의 수직 상승을 했지만 그녀의 인생에 있어 대통령의 딸이란 것은 별다른 영향을 미치지 않은 것으로 보일 만큼, 그녀 역시 보통의 연애 결혼을 했다.

'서울대 문리대에 대통령 영애가 합격했다'라는 신문의 가십 기사 외 그녀와 관련된 이야기 역시 제5공화국 시절에는 신문이나 잡지 지상에 오르내린 적이 없다.

그러나 효선씨 역시 신분이 신분인 만큼 비밀 경호를 대학 시절 내내 받아온 것으로 알려지고 있는데, 그 와중에도 불어학원에서 우연히 알게 된 같은 대학 동창생 윤상현씨와 연애 결혼에 성공한다.

서울대 경제학과 출신의 윤상현씨는 중소전자업체 부장으로 있던 윤광순씨의 장남, 윤광순씨는 공군사관학교와 공군대학 출신으로 '대영전자'의 부장으로 있다가 상현씨와 효선씨의 결혼이 확정될 무렵인 84년 10월, 일약 한국투자신탁 부사장으로 발탁되었다.

이때부터 금융에 대해서 공부하려고 연세대 경영대학원을 다녔고, 마침내 한국투자신탁 내에서는 최초로 사내 승진 케이스의 사장이 된 것이 86년 2월 23일이었다. 이런 인사에 대해 대통령 사돈으로 특혜를 입었다는 수군거림이 전혀 없었던 것은 아니다.

88년 2월 윤광순 사장은 2년 임기를 채웠는데, 전직 대통령의 사돈임에도 불구하고 연임되었다가 89년 사의를 표명한 것으로 알려졌다.

효선양은 외모로는 엄마 쪽보다는 아버지를 많이 닮아 서글서글한 외모에 '똑소리 난다'는 친구들간의 평을 들을 만큼 매사에 분명하고 빈틈이 없는 성격으로 알려져 있다.

윤상현씨는 대학 졸업 후 미국으로 유학하여 석사학위 획득 후 귀국, 89년까지 석사 장교로 6개월 복무를 마치고 미국으로 다시 건너가 공부를 계속하고 있다. 이들은 현재 딸 둘을 두고 있다.

전씨의 차남 재용씨는 한성고를 나와 연세대 정외과를 졸업했다. 그는 어린 나이에도 불구하고 대통령 재임 막바지인 87년 12월 29일 포철의 박태준 회장의 넷째딸 경아씨와 결혼했다가 90년 5월 15일 합의 이혼했다.

두 사람이 부부의 연을 맺기 시작한 것은 지난 87년 5월, 당시 양가 안사돈과 친분이 있던 모 일류 디자이너가 청와대측의 요청으로 박최고위원측에 중매를 넣은 것으로 알려져 있다.

박최고위원측은 처음에는 '사귀는 사람이 있다'는 말로 정중하게 거절의사를 밝혔지만 사실 무근임을 확인한 청와대측에서 한 달 후부터 좀더 본격적으로 결혼 의사를 타진해 왔다고 한다. 결국 양측에서 "먼저 두 사람이 사귀어 보고 결혼은 본인들이 결정하게 하자"고 입장을 정리한 다음 두 사람은 교제를 시작했다.

그때 재용씨는 연대 정외과 2학년에 다니다가 워싱턴 조지타운대 국제정치학과에 유학 중이었고, 경아씨는 이대 생활미술과 4학년에 재학 중이었다.

처음에는 부모의 뜻으로 몇 차례 만난 두 사람은 중매치고는 자연스럽게, 아주 빨리 친해졌다. 재용씨는 경아씨의 집에 스스럼없이 찾아갔고, 박최고위원도 착한 성품을 지닌 재용씨의 무던한 인간 됨됨이를 마음에 들어했다.

특히 청와대의 이순자씨가 경아씨를 아예 둘째며느리감으로 꼭 찍어 두었던지 결혼 전 교제 중에도 무척 예뻐했다고 한다.

이들 부부의 결혼에 대해 세간에서 정경유착이라는 구설이 뒤따랐지만, 두 사람은 결혼한 직후 잠깐 연희동 사저에서 기거를 하다가 곧바로 남편 재용씨가 공부를 계속하기 위해 함께 미국으로 떠났다.

그렇지만 미국으로 건너간 이들 부부에게는 국내 정치 환경이 급변한 탓인지 집안 어른들이 겪는 불행한 소식들만 잇달았다. 서로 성격이 다른 두 사람의 충돌은 계속되었고, 결국 행복한 신혼의 꿈이 무르익기도 전에 금이 가기 시작한 것이다.

그러다가 전 전대통령 부부가 백담사에서 은둔 생활에 들어갔고, 경아씨는 89년 3월 하순경 혼자 귀국해 친정에 잠깐 들른 다음, 곧장 백담사로 들어가 시부모님과 근 한 달간 함께 생활을 하기도 했다. 이 기간이 경아씨로서는 비록 남편은 곁에 없지만 시부모님들과 함께 지내며 정성껏 모신 유일한 시간들이었던 셈이다.

경아씨는 미국으로 되돌아온 뒤 부부 사이에 한 번 벌어지기 시작한 틈을 좁히지 못한 채 별거에 들어갔다. 그리고 뉴욕에 있는 둘째언니네 근처에 살면서 작년 가을 학기부터 시댁의 허락을 받아 파슨 미술학교(Parson's School of Art) 디자인과에 등록해 공부를 시작했다.

국내에서 대학을 다닐 때도 졸업 후에 공부를 계속하거나 취직해 자기 나름의 분야를 개척해 보겠다는 의욕을 키워 왔던 그녀가 공부를 다시 시작했다는 것은 이미 별거가 장기화될 것을 사실상 예고하고 있었다. 이런 그들의 오랜 별거는 양가 부모의 설득에도 불구하고 결국 이혼에 이르고 말았다.

경아씨와의 이혼 후 재용씨는 귀국하여 91년 대우그룹 공채 18기로 입사하여 섬유 수출 1부에서 근무하고 있다. 이렇게 헤어진 둘은 그 후 각각 92년에 재혼했다.

전두환씨의 3남 재만군은 90년 대학 입시에서 떨어졌지만 재수하여 91년도 입시에서는 연세대 경영학과에 합격했다.

전두환씨 형제는 원래 5남5녀가 있었다. 전두환씨 위로 형이 셋, 누나가 셋, 아래로 여동생 둘, 남동생 하나였다. 그러나 위의 형 둘(열환과

규곤)과 여동생이 어린 나이에 죽어 실제로는 7남매가 성장했다. 따라서 전두환씨에게는 누나가 셋(열학, 명렬, 선학) 있고 여동생으로 점학씨가 있다.

현재 살아 있는 사람 가운데 맏이인 기환씨는 1929년에 합천에서 태어나 율곡 심상보통학교를 마쳤다. 그는 59년 경찰에 투신했다.

경기도에서 순경으로 시작한 전씨는 67년 9월 용산경찰서로 옮겨와 74년 퇴직 때까지 대부분을 교통계에서 근무했다.

그가 용산서에 근무하는 동안 초급장교였던 두환과 막내 경환이 가끔 경찰서로 찾아왔고, 그때마다 기환씨는 얼마간의 용돈을 쥐어주곤 했다고 같은 서에 근무했던 사람들은 말한다.

지금도 용산경찰서 교통계에 근무하는 옛 동료(경사)는 "그의 생일에 갔을 때 고급 군인이었던 전대통령이 형님의 동료분들이라며 꿇어앉아 권하는 술잔을 받은 적이 있다"고 기억하고 있다.

기환씨가 경찰관직을 그만둔 것은 동생이 별을 단 이듬해인 74년. 동생이 장군이 된 마당에 형이 경찰관이라는 것이 어색하다는 생각에서였다는 것이 정설이다. 당시 계급은 경사였다.

전장군이 대통령 경호실 차장보, 제1사단장 등 육사 11기의 선두주자로 영전을 거듭하는 동안, 기환씨는 조그만한 공장을 경영하다 실패, 과천에서 농사를 짓는 등 어려운 생활을 한 것으로 알려져 있다.

마침내 동생이 대통령이 되면서 그의 형편도 달라지기 시작했다. 권력 정상의 주변이 으레 그랬던 것처럼 기환씨의 주변에도 청탁과 유혹의 손이 끊이지 않았다. 기환씨는 10·26이 난 지 얼마 안 되어 서울로 모셔졌다. 외부 인사와의 접촉을 차단시키기 위해서였다. 대통령인 동생을 돕기 위해 비교적 조용한 생활을 하면서도 비서 한 명을 데리고 지프차로 전국을 돌면서 여론을 수집하기도 했다. 이 당시 사회 밑바닥에서 '보고 들은 것'을 동생에게 전하는 것을 본 주변 사람들은 그를 '양녕대군'에 비유하며 좋게 평가했다.

그러나 세상은 그가 생생한 여론에 접하도록 내버려 두지 않았다. 가만히 앉아 있어도 이런저런 연줄을 내세워 많은 사람들이 갖가지 정보를 제공했기 때문이다.

85년경에 모 여행사의 고문으로 무교동의 D빌딩에 사무실을 냈다. 이 사무실에는 고위 관리를 비롯, 각계 인사들의 발길이 잦았다. 그 중에서도 가장 많은 방문객은 경찰 관련 간부들이었다. 옛날 동료와 상사들이 도움을 청했고 청탁이 많아졌다. 기환씨는 자신의 과거 인연을 생각해서 가능하면 정당한(?) 부탁은 들어주려고 노력했다고 한다.

기환씨의 이런 역할 때문이었는지 전대통령은 임기 중 역대 어느 집권자보다 경찰에 관심을 갖고 경찰을 우대했다. 대통령은 자주 일선 경찰서를 시찰, 격려했고 가끔 각 시도 경찰국장 부부들을 만찬에 초대하기도 했다. 전국구 국회의원에는 반드시 한 사람의 경찰 출신 인사를 할당했다.

기환씨와 경찰과의 관계에서 한 가지 두드러진 것은 그와 인연을 맺었던 경찰 간부의 두드러진 출세이다. 간단한 예로 경찰총수인 치안본부장의 면면만 봐도 제5공화국 7명 가운데 3명이 용산경찰서장 출신이었다. 그렇지 않은 사람도 동향 출신이라든가 그 밖의 이런저런 인연으로 집권층 혹은 기환씨와 가까운 사람들이었다.

기환씨는 이처럼 경찰 인사에 부당하게 개입하였다는 이유로 후일 구속되기도 했다. 지금은 부인이 노환으로 입원 중이라 병간호를 하고 있다.

전기환씨는 경주 최씨인 수자씨와의 사이에 2남2녀를 두고 있다. 맨위가 딸로서 용희(容姫), 장남 승규(承奎), 차남 종규(宗奎), 차녀 명희(明姫) 순으로 모두 결혼했다. 기환씨의 자녀들에 대해서는 그동안 알려진 바가 거의 없는데, 이는 특별히 내세울 만한 경력이 없는데다 대통령의 조카라는 사실 때문에 이름을 드러내놓고 행동하지 않았기 때문인 것으로 여겨진다.

새마을 비리로 여론의 가장 많은 비난을 받았고 그 때문에 실형을 받고 수감되었다 91년 출옥한 동생 전경환씨는 1939년 11월 26일생이다. 그는 막내로 태어났기 때문에 형과 누나들로부터 사랑을 독차지하며 자랐다. 어릴 때는 동아(東兒)라는 이름으로 불리기도 했다.

전경환씨는 대구 대성국민학교, 대구 영남중학교를 거쳐 능인고교를 졸업했다. 고교 졸업 이후 그의 최종 학력은 영남대 상대(이력서상)로 되어 있으나 수경사 근무시 한양대, 유도대에서 잠시 공부한 적도 있다.

1969년 육군부관학교를 졸업하고 수경사에 배치된 소위 전경환은 66년 현재의 부인 손춘지씨와 결혼식을 올렸다.

결혼식 때 전두환 전대통령이 호텔 예약을 해주고 신혼 여행비로 거금 5만원을 선뜻 내주는 등 막내동생에 대해 자상한 배려를 아끼지 않았다고 전해진다.

손씨는 결혼 후, 재동국교를 거쳐 삼선국교를 마지막으로 15년간의 교직 생활을 청산하고 평범한 가정주부로 돌아왔다. 78년 교단을 떠난 것은 3남매의 교육을 뒷바라지하기 위해서였다.

전씨는 67년 수경사에서 잠시 청와대 경호실로 파견을 나왔다가, 72년 전 전대통령의 도움으로 미국 테네시주 내슈빌에 있는 피바디 대학 체육과 대학원 과정을 이수했다. 그리고 74년 귀국해 6년만에 청와대 경호실에 복귀, 80년까지 약 7년 동안 경호실에서 근무하며 경호과장을 거쳐 경호실장 보좌관으로까지 승진했다.

전씨는 경호실에 있는 동안 경호실 축구팀을 만들어 청와대 인근 동네 주민들과의 거리를 좁히려 애쓰기도 했다고 한다.,

그러던 전씨가 대중 앞에 모습을 나타낸 것은 81년 1월, 새마을운동본부가 발족돼 사무총장직을 맡으면서였다. 이때부터 새마을운동은 민간 주도로 탈바꿈하게 되고, 형인 현직 대통령의 영향권 아래에서 범국민운동으로 확대시키기 시작했다. 전씨는 불과 6년만에 새마을 조직을 8백만 새마을 일꾼을 거느리는 전국 규모의 대조직으로 발전시킨 것이다.

이렇게 조직을 확대시키고 수많은 관련 행사를 치르는 동안, 공무원 사회의 알아서 기는 풍토와 전씨의 과욕이 어우러져 엄청난 비리의 씨앗을 잉태하게 된 것이다.

전씨는 손춘지씨와의 사이에 3남매를 두었다. 전씨의 3남매 중 장남 창규군과 맏딸 유정양은 현재 미국 유학 중이다. 한국에서 K대 정외과를 다니다 유학길에 오른 창규군은 뉴저지주 피어리 디킨슨대를 졸업하고 대학원에 다니고 있고, 유정양도 S여대 1학년을 마치고 유학을 떠났다. 현재 막내딸만이 국내에 남아 어머니 손씨 곁을 지키고 있는 셈이다.

전씨 부부는 결혼과 더불어 줄곧 풍족하지 못한 생활을 해온 것으로 알려졌다. 10년 가까이 셋방살이를 하면서도 서로에 대한 믿음과 애정으로 어려운 생활을 견뎌냈다는 것이다.

특히 인정이 많은 전씨는 넉넉치 않은 살림임에도 처가 쪽으로 많은 배려를 해주었다. 손씨 밑으로 다섯 명의 처제를 모두 공부시키고 출가시킨 것이다. 그리고 새마을본부 내 외국인 전용 숙소에서 장인 회갑잔치를 마련해 나중에 구설수에 오를 정도로 처갓집에 인정을 베풀기도 했다.

좌우지간 '새마을'은 이들 부부에게 많은 것을 가져다 주기도 했지만 많은 것을 빼앗아가기도 했다.

전두환씨의 남자 형제들이 그의 집권 기간 중 특혜를 입은 것과는 달리 여자 형제들은 막내인 전점학씨만을 제외하고는 대통령의 일가라고 해서 크게 도움을 받지는 못한 것 같다. 다만 경제적으로 윤택해진 것만은 분명하다. 가족끼리 자주 왕래도 없고, 2세 중에서도 권력의 힘을 빌어 출세(?)한 사람도 없다. 다만 점학씨만은 예외여서 대통령을 오빠로 둔 덕택에 일약 거부가 됐다는 소문이 무성하다.

큰누이 열학씨는 몇년 전 사망했다. 둘째누이 명렬씨는 남편 허성황씨와 함께 현재 대구시 대명5동에 살고 있다. 슬하에 2남4녀를 두었는데, 장남 허성완씨, 차남 허성호씨, 장녀 허수혜씨, 차녀 허수형씨, 3녀 허정임씨, 4녀 허정미씨 순이다. 이 중에서 대구 중부경찰서 구내 식당을 운영하는 장녀를 제외하고는 모두 별로 하는 일이 없는 것으로 전해진다.

셋째누이 선학씨는 남편 이재홍씨와 함께 대구 내당동에서 살고 있다.

전두환씨의 유일한 여동생 점학씨의 남편 조석윤씨는 대구 비산동에서 '조목수' 하면 모르는 사람이 없었을 정도로 솜씨 좋은 목공이었다. 그러던 사람이 처남이 집권하자 일약 대규모 재단의 개발주식회사 회장으로 영전되었고, 84년에는 서울 H개발의 고문으로 앉게 되었다. 그러나 처남의 집권이 끝나면서 그는 다시 보통 사람으로 되돌아가, 현재는 강남구 압구정동 현대 아파트에서 그의 부인과 함께 두문불출, 연락을 두절한 채 살고 있다. 그렇지만 점학씨 내외는 그 동안 5공화국 때 받은 특혜 덕분에 현재 강남에 주유소와 함께 상당한 값의 부동산을 소유하고 있는 것으로 알려졌다.

점학씨는 91 대입 검정고시에 합격하여 세인의 눈길을 끌기도 했다.

점학씨의 자녀 중에서 장남 조일천씨는 '강남 암흑가의 대부'였다느니 '가수 모양과 뜨거운 사이'였다는 소문의 주인공이다. 그는 막내 외삼촌인 전경환씨의 총애를 받아 몇 개 사업체를 거느리며 강남 유흥가에서 행세깨나 했었던 인물로 알려져 있다. 지금은 조일천씨도 은둔 생활을 하고 있다.

88년 새롭게 6공 정부가 들어서면서 시작된 5공 청산의 한 부분인 부정부패와 비리에 관련된 조사에서는 전두환씨의 가족이나 형제들 외에 그의 처갓집 사람들이 저지른 비리도 상당한 부분을 차지하고 있는 것으로 밝혀졌었다.

그 대표적인 사람들이 전씨의 장인인 이규동씨와 처삼촌 이규광씨, 처남인 이창석씨, 그리고 전씨의 동서들이다.

이규동씨 집안은 경북 성주에서 살았다. 본적은 경북 성주군 수륜면 남은동 184. 그러나 8·15해방 전 이규동씨는 만주 간도 지방에서 지냈다. 그 곳에서 그는 만주군 경리관(문관)을 지냈다.

중일전쟁이 터지던 해인 37년 한 살 아래의 이상련씨와 결혼한 이규동씨는 1남5녀를 두었다. 위로 딸만 다섯(순옥, 순자, 문자, 신자, 정순)을 두고 마지막에 가서야 외아들 창석을 얻게 되었다. 첫딸과 셋째딸은 어려서 잃었다.

전두환 전대통령의 영부인 이순자씨는 말하자면 둘째딸인 셈이다.

이규동씨에겐 동생이 둘 있는데 장영자 사건에 관련된 이규광씨가 둘째고 첫째동생은 이규승씨다. 그는 서울 강남에서 '안전공사'라는 경비 용역업체의 회장으로 있다.

이들 3형제는 모두 육군사관학교를 나왔다. 이규동씨가 박정희 전대통령과 같은 육사 2기, 이규광씨는 3기, 이규승씨는 7기이다. 이규승씨가 규광씨보다 육사 입교가 늦은 것은 군에 뜻이 없어 다른 길을 찾다가 뒤늦게 육사 5기로 입교했다가 중도 퇴교, 다시 7기로 들어갔기 때문이다. 다른 두 형제(예비역 준장)와 달리 이규승씨는 어깨에 별을 달지 못하고 대령에 그쳤다.

이규동씨는 나이에 비해 육사 입교가 10년쯤은 늦었다. 육사 2기로 들어갈 당시인 46년 9월, 이규동씨의 나이는 35세, 육사 2기생 중 두번째로 나이가 많았다.

만주군에서 경리관을 지냈던 이규동씨는 53년 육사 참모장으로 잠시 복무하던 때를 제외하면 주로 병참, 재무관리분야에서 일했다. 육군 경리감으로서 별을 단 지 1년만에 이규동씨는 모종의 경리 부정사건에 연류돼 예편했다.

그는 81년 3월부터 대한노인협회 회장으로 있다가 82년 5월 장영자 사건에 도의적 책임을 지고 그 자리를 물러났다.

한편 이규광씨는 이규동씨에 비해 훨씬 더 파란만장한 군인 생활을 보냈다. 그는 제주도 '4·3사태' 때 그 지역 헌병대장으로 복무하는 등 대부분 최전선의 전투부대 지휘관을 맡았다.

그는 5·16후인 63년 3월, 이른바 박임항 장군 쿠데타 음모 사건에 관련되어 국토건설단 보좌관직을 떠났는데 이때 박임항 중장, 박창암

대령 등과 함께 주모자로 몰려 1심에서 사형을 언도받았었다.

2년간 복역한 뒤 65년 말 병보석으로 출소한 이규광씨는 이렇다 할 직업 없이 어렵게 지냈다. 55년에 재혼한 장성희씨(장영자의 친언니)가 친정에서 도움을 받아 이럭저럭 살림을 꾸려나갔고, 70년대 중반 이후에는 처제 장영자의 물질적인 도움을 많이 받았다.

오랫동안 낭인 비슷한 생활을 해 오던 이규광씨에게 78년 말경 드디어 일자리가 주어졌다. 그것도 권력의 핵심과 깊숙이 연결되는 일이었다. 차지철 경호실장이 그 스스로 조직한 사설 정보팀의 팀장으로 그를 부른 것이다. 그를 차지철에게 연결시킨 사람은 둘째형 이규승씨로 알려졌다.

79년 10월 26일 궁정동에서 울려퍼진 몇 발의 총소리와 더불어 박정희, 차지철이 세상을 뜨게 되자 후견인을 잃은 이규광씨의 정보팀도 해체되는 운명을 맞이하고 말았다. 그러나 이규광씨는 그때까지 축적한 정보를 바탕으로 10·26 이후 권력의 진공 상태에서 조카사위 전두환 장군(당시 국군보안사령관 겸 계엄사 합동수사본부장)이 '새로운 실력자'로 떠오르는 데 나름대로 어떤 역할을 맡아 했으리라는 이야기도 들린다. 그 후 12·12를 거쳐 전두환 장군이 권력의 중심 인물로 등장하자, 이규광씨는 80년 5월 광업진흥공사 사장직을 맡게 됐다.

이상에서 살펴본 두 형제의 이력에는 몇 가지 공통점이 있다. 그 하나는 이규동씨나 이규광씨 모두 군장성으로서 불명예제대(?)를 했다는 점이고, 다른 하나는 한결같이 이순자씨에 의해 새로운 일자리를 맡게 되었다는 점이다.

전두환 전대통령의 유일한 처남 이창석씨는 이순자씨가 끔찍이도 귀여워하는 막내동생이다. 그는 5공화국 중반까지는 거의 세인에게 알려지지 않은 얼굴이었다. 전경환씨가 대통령인 형의 후광을 업고 우쭐대며 설쳤던 것과는 대조적으로 이씨의 얼굴은 철저히 베일에 가려져 있었다.

그러나 대통령의 처남인 이씨를 주위에선 가만히 놓아둘 리가 없었다. 서슬 퍼런 5공화국 시절 권력의 정상에 줄을 대기 위해선 이씨를 통하는 것이 가장 손쉬웠고, 이 때문에 이씨는 주위 사람들에게 떼밀려 출세와 축재 가도를 달리게 된다.

83년 7월 (주)동일을 설립한 이래 권력을 등에 업고 철강업계의 신데렐라로 불리며 땅 짚고 헤엄치기식으로 초고속 성장을 거듭해 온 그가 5공화국의 퇴장과 함께 재벌 놀음을 마감해야 했던 것은 다른 이씨 일가의 몰락처럼 당연한 귀결이었다.

이씨의 '출세가도'는 자형인 전씨의 승진, 영전(?)과 함께 화려해지게 된다. 광운공대 전자과를 졸업한 이씨는 경기도 화성에 있는 아버지 이규동씨의 농장에서 나무 관리와 수박 농사를 지으며 2년을 보냈다.

그러던 중 75년 1월 제1공수특전단장(준장)인 자형 전두환씨의 도움으로 고 박정희 대통령의 조카 박재홍씨가 경영하는 동양철관에 동력기사로 취직했다. 이때 그의 나이 25세. 동양철관은 포항의 제철연관단지 내에 있는 60여 개 공장 가운데 하나다. 73년 설립된 동양철관은 올해 와이어로프 생산업체인 영흥철강을 인수해 자본금 80억원, 종업원 667명의 철강업계 중간 정도 규모로 성장했으나 당시만 해도 중소기업 정도의 규모에 머물렀었다.

'10·26' 당시 이씨는 영업과장. 그러나 자형인 전씨가 국보위 상임위원장을 거쳐 1년도 채 되지 않아 일국의 통치권자가 되면서 이씨도 눈부신 초고속 승진 열차에 무임승차했다. '12·12사태' 후 동양철관을 나온 이씨는 곧 계열사인 동양철강의 이사로 선임됐고, 얼마 지나지 않아 상무로 진급했다. 83년에는 동양철강이 모회사인 동양철관으로 흡수되자 부사장으로 뛰어올랐다.

3년 전 겨우 과장이었던 이씨가 불과 4년만에 일약 부사장까지 뛰어오를 수 있었던 것은 청와대의 후광 때문이었음은 누구도 부인할 수 없는 사실이다. 이에 대해 한 재계 인사는 "현직 대통령의 처남 같은 '빽' 줄을 놓치려 하는 기업인이 있었겠느냐"고 당시의 분위기를 전했다. 이씨는 자주 청와대를 찾았다. 한 달에 두세번 꼴로 드나들며 자형 부부와 테니스도 하고 함께 식사도 했다. 평소 누님과 가깝기도 했지만 자신의 위치를 주위에 확실히 인식시키려는 의도 또한 없지 않았을 것이다.

부사장이 된 이씨는 83년에 아예 포항제철의 동외제품 독점판매권을 동양철관으로 인수, 여천공단에 (주)동일을 만들어 사장으로 취임했다. 그의 이러한 비정상적인 급성장과 이후 밝혀진 엄청난 축재의 배경에는 막강한 권력의 비호와 온갖 부정비리가 뒤따랐다는 것이 검찰 수사결과 밝혀져 88년 구속되기도 했다. 현재는 누나나 매형의 후광 없이 스스로 일어서기 위해 준비를 하고 있다는 후문이다.

전두환씨에게는 2명의 동서가 있다. 첫째동서는 홍순두씨로 전씨의 첫째처제 이신자씨의 남편이다.

'10·26' 직후 전두환씨의 부탁으로 동아그룹 계열사인 동아 콘크리트 부장으로 입사한 홍씨는 그 후 영업이사를 거쳐 81년에는 같은 계열사인 대한통운 항공화물(현 대한통운 국제운송회사)의 부사장, 이듬해엔 사장으로 오르는 등 출세가도를 달렸다.

홍씨는 '항공화물업계의 대부', '동아그룹의 해결사' 등의 별명을 얻으며, 84년엔 전국 26개 항공운송회사들로 구성된 항공화물협회의 회장으로 선출되어 3차례나 연임하는 등 '거물'로 행세해 왔다.

전두환씨의 막내동서인 김상구씨는 처제 이정순씨의 남편이다. 그는 재미교포로 미국 시민권을 가지고 미국에서 살고 있던 중 5공화국 출범과 함께 귀국하여 호주 대사를 거쳐 국회의원을 지냈다.

김씨는 그러한 공직 과정에서 전두환씨의 해외 재산도피설과 관련하여 한때 검찰의 수사대상이 되기도 했다.

그는 14대 총선에서 경북 상주에서 무소속으로 출마, 당선됨으로써 5공 세력의 정치권 재부상 전위에 서게 됐다.

앞에서 살펴본 것처럼 많은 외척의 등장은 조선왕조 시대에서와 마찬가지로 예외 없이 한 정권을 무너지게 하는 큰 요인으로 작용한다는 것을 다시 한 번 상기시켜 주고 있다.

헌정 사상 처음으로 평화적 정권 교체를 했다고 자부하던 전두환씨, 그러나 주변 사람들의 탐욕과 지나친 충성심으로 인해 그는 88년 11월 23일 연희동 자택에서 '용서', '사죄', '심판'이라는 단어로 가득 찬 사과문을 읽고 유배지 백담사로 떠나야만 했다.

다행히 화해와 단결의 차원에서 2년만인 90년 12월 30일 자택으로 돌아왔으나 예전의 그가 아니었다.

전두환씨를 비롯한 5공 세력은 지금도 그들의 치적을 지나치게 부정적으로 평가받은 것에 대해 불만을 표시하고 있다. 그들은 나름대로 국민적 심판을 받는다는 뜻에서 14대 총선에서 많은 숫자가 무더기로 무소속 입후보를 단행, 김상구씨, 허화평씨 등이 당선되었다. 몇 명은 민자당 공천으로 국회에 나서기도 했다. 5공 세력의 현실 정치 참여가 어떤 변수가 될지 궁금하다.

◇ 催圭夏

"나는 숙명론자이다. 개인의 힘보다 그것을
초월한 더 큰 힘이 있다는 것을 느꼈다." 그가
79년 12월 6일 대통령에 취임한 뒤 측근들에게
밝힌 심정의 일단이다. 최대통령을 숙명적으로
권좌에 올랐다가 운명적으로 왕좌에서 물러난
'숙명적 대통령'을 역임 했다.

催圭夏家 가계도

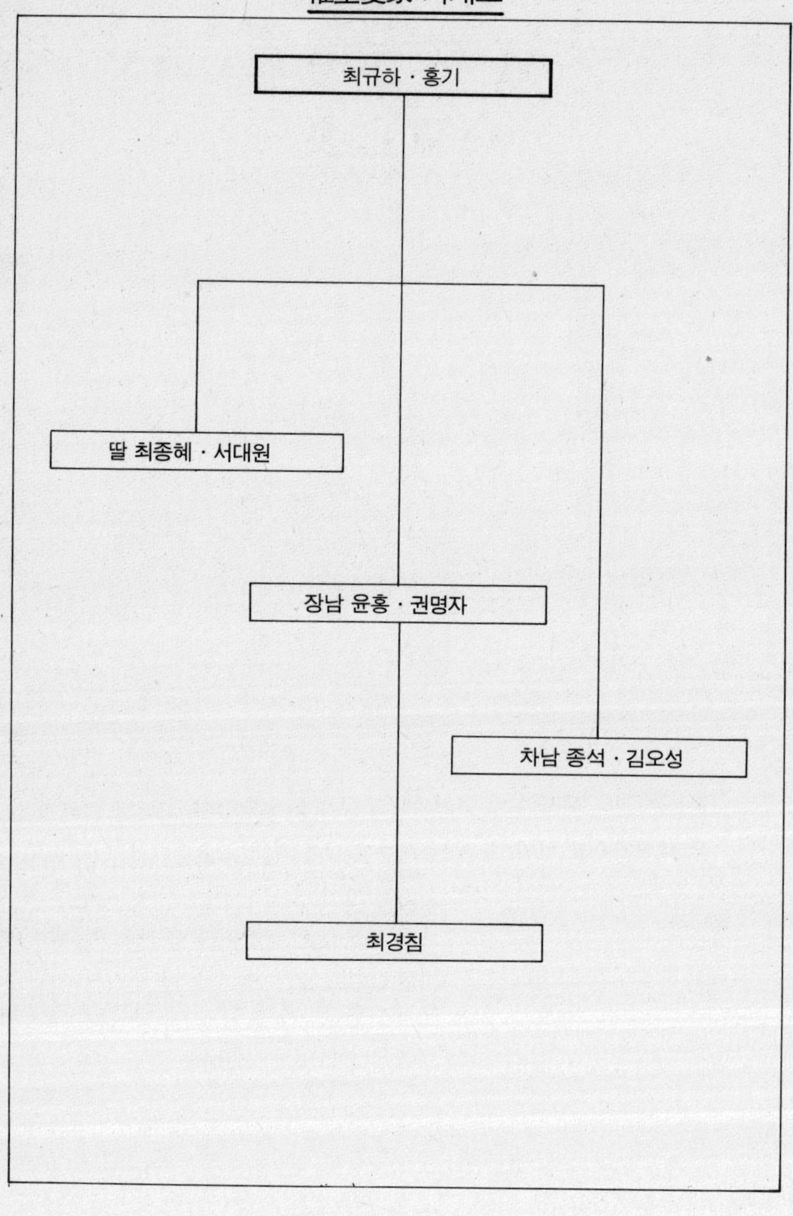

催圭夏

"최근에 나는 숙명론자가 되었다. 개인의 힘보다 그것을 초월한 더 큰 힘이 있다는 것을 느꼈다."

최규하 전대통령이 79년 12월 6일 대통령이 되고 나서 측근들에게 밝힌 심정의 일단이다.

10월 26일, 박정희 대통령이 김재규 중정부장에 의해 피격된 후 최규하씨는 전혀 예상치 않게 청와대의 주인공이 되었다. 그러나 그의 집권은 개인적으로 가질 수 있는 최고의 영광된 자리임에도 불구하고 결과적으로는 역사적인 책임을 져야 하는 자리가 되고 말았다.

최규하씨는 1919년, 그러니까 3·1운동이 일어난 몇 달 뒤인 7월 16일 강원도 원주시 하리에서 부친 최양오씨와 모친 이응선씨의 8남매 중 장남으로 태어났다. 이응선씨는 강원도 원성에서 태어나 일찌기 부모를 잃고 백부집에서 살다가 13세 때에 훈도를 지내던 최양오씨와 혼인했다.

어린 나이에 시집온 그녀는 객지 생활을 하는 남편과 헤어져 살면서도 시집살이를 곧잘 해냈다. 시부모에 대한 봉양은 물론 봉제사와 접빈객도 모두 그녀가 맡아야만 했다.

80여칸의 큰 집 살림을 이끌어야 하니 날이 새기 이전에 깨어나야 했고 밤이면 자정이 가까워야 자리에 들 수 있었다. 사랑방은 식객들로 항상 붐볐고 시부모는 엄하기 이를 데 없었다.

이씨가 큰아들 규하를 낳은 것은 그녀의 나이 33세 때였다. 이미 장녀를 출산하고 이어서 득남하였으나 곧 잃어버리고 상당 기간 아이를 갖지 못하다가 큰아들을 얻은 부부의 기쁨은 큰 것이었다. 당시 최양오씨는 한일합병 후에 훈도직을 사직하고 귀향하여 우차조합(牛車組合)을 운영하던 때였다.

그러나 우차조합에 손을 댄 것이 말썽이었다. 사업에는 경험이 없는 선비 출신으로, 게다가 일제하의 한국인 사업은 대부분 그 결과가 뻔한 것이었다. 사업에 실패한 부부는 살고 있던 큰 집이며 상당한 면적의 논밭을 처분하여 부채를 정리하고 원주군 화천리로 이사를 했다.

그렇건만 아들 규하는 날이 다르게 자라나 조부의 넉넉한 사랑 밑에서 평화로운 나날을 보낼 수가 있었다. 조부에게서 한글과 한문, 예의범절을 수업하던 규하는 여덟 살이 되어 원주보통학교에 입학했다. 이미 한글과 한문에 제법이었으므로 2학년에 월반 입학이 된 것이다.

보통학교에서 그는 단연 뛰어난 성적을 보였다. 문자에 대한 기반이 이미 갖춰진데다가 정식 학교 교육 이외에도 조부로부터 틈틈이 받은 수업으로 뛰어난 성적을 보이는 것은 어쩌면 당연한 것이었다.

그 후 보통학교를 마친 그는 서울에 있는 제1고보(현 경기고)에 입학했다. 그는 제1고보에서도 출중한 실력을 보였다. 졸업시에는 5학년 전 졸업생 2백명 중에서 졸업석차 2등이었으며 졸업식에서는 졸업생

대표로 상을 받기도 했다. 아들의 이런 소식을 전해 들은 어머니 이씨는 기쁨을 감추지 못하고 처음으로 남들에게 '고진감래'라며 기쁜 내색을 했다 한다.

부모들도 그의 이와 같은 성적으로는 상급학교에 진학할 수 있다고 생각하면서도 가세가 여의치 못해 크게 걱정을 하고 있었다. 그는 어렵게만 되어 가는 집안 형편을 잘 알고 있었으나 고학을 해서라도 대학을 다녀야 한다고 결심, 경성제대 예과 문과 갑류와 동경고등사범학교 문과 제3부(영문과)의 2개 대학에 입학원서를 제출하고 시험을 치렀다. 결과는 2개 대학의 합격이었다.

부모들은 학교의 선택과 학비 마련 문제로 걱정을 하였으나 그는 동경사범 쪽을 택하기로 결심했다. 그리하여 그는 그의 나이 18세에 일본 유학길에 오르게 된다.

그 1년 전, 그는 부모들의 주선으로 장가를 들었던 몸이었다. 신부는 충청북도 충주에서 딸만 둘 있는 집안의 둘째딸로 태어나 홍기(洪基)씨. 그녀는 두 살이 많은 나이로 맞선 한번 못 보고 올린 중매결혼이었다. 당시 심정을 홍기 여사는 종종 이렇게 술회했다.

"지금처럼 어디 남녀교제란 게 있었나요? 그저 부모님이 정해 주시는 대로 따랐지요. 얼굴 한 번 보지 못하고 혼인한 구식 사람이에요."

혼인 날짜를 받아놓고 이것저것 한 남편의 지어미로서 살아야 할 가사 수업을 받으며 남 몰래 품은, 얼굴조차 모르는 낭군에 대한 기대감, 불안으로 밤잠을 설쳐야 했다.

그러나 처음 본 순간 '좋은 사람'임과 '부드러운 사람'임을 느꼈다고 한다.

그 부드러움은 홍여사에 대한 최규하씨의 각별한 배려로도 알 수 있다. 1975년 외국 인사와의 대담 중 팔에 낀 구리팔찌를 발견, 신경통에 효험이 있다는 이야기를 들은 최규하씨는 "구리팔찌 하나를 구해야 겠는데……." 하면서 숙제처럼 뇌이곤 했다.

아래의 직원들은 그런 그를 '신경통'이 있으시구나 하고 생각했으나 사실은 부인을 생각해서였다는 것이다. 또 아무리 힘든 일이 있어도 가족 앞에서는 결코 내색하지 않았다.

결혼 후 신부를 남겨놓고 홀로 일본으로 떠난 그에게는 어려운 일이 한두 가지가 아니었다. 당시의 일본 유학생들이 대부분 권문세가의 자제들인 데 반해 규하씨는 다달이 하숙비까지도 걱정해야 하는 몸이었다.

게다가 그가 동경사범 2학년이 되던 1938년에는 부친마저 세상을 떴다. 부친의 나이 53세였다. 집안은 형편이 없을 정도로 궁핍하여졌고 그의 학비 마련도 큰 문제거리였다.

규하씨는 어려운 일본 유학 시절을 보내고 귀국한 후 다시 만주에 있는 대동학원에서 정치행정학을 공부하였다.

그 후로는 서울대사대 교수를 잠깐 지내다가 해방 후인 46년 1월 중앙식량행정처 기획과장으로 공직생활을 출발하여 총리를 거쳐 대통령에 이를 때까지 줄곧 외무부에서 근무하였다.

이들 부부는 1936년 결혼하여 지금까지 근 50년을 함께 살면서 최규하씨의 지위가 무엇이든 변함없이 근면하고 검소한 생활을 해왔다.

특히 홍기 여사의 근면함은 이미 세상에 널리 알려져 있다.

총리 공관에 있을 때 대한무역진흥공사에 다니는 장남 윤홍씨가 월급을 타올 때마다 자투리로 남는 1원짜리 동전을 매달 모아서 한 주머니가 되면 지폐로 바꿔 달라고 하여 비서관들을 당황시키는 일이 한두번이 아니었다.

또 홍기 여사는 집안에서도 물건을 헤프게 쓰는 것을 제일 싫어하였으며, 식탁 위에 비싸다 싶은 것이 올려져 있으면 반드시 가격을 물어보았다고 한다. 그녀의 이런 검소한 생활 자세는 영부인이 되어서도 마찬가지였다.

홍기 여사는 공식 만찬이 없으면 반드시 일찍 집에 들어오는 남편을 위해 직접 시장에 나가 반찬거리를 사 갖고 와서 저녁 준비를 했다. 최규하씨는 집에 가정부를 두는 것도 싫어해 홍기 여사가 몸소 요리를 한다. 때문에 요리 솜씨도 역대 대통령 부인 중 가장 뛰어나다고 소문이 나 있다.

그리고 홍기 여사는 김장철이 되면 직접 배추를 사와 청와대에서 김장을 담는가 하면, 대통령의 와이셔츠를 직접 세탁하고 다리미질도 손수 하였다. 또 홍기 여사는 공식석상에 비친 자신의 모습이 역대 퍼스트레이디 이상으로 보이기 위해 남모르게 노력하는 타입이 아니었다. 헤어스타일도 따로 연구한 일이 없고 한복도 눈에 띄게 디자인하지 않았다. 머리는 곱게 빗어 넘기고 한복은 언제나 연분홍빛 계통의 평범한 디자인이었다. 주위에서 퍼스트레이디의 외모치곤 너무 서민적이라고까지 말했다.

홍기 여사는 세련되게 옷을 입고 나설 나이도 아니었지만, 집에만 있기 좋아하는 성격이 그런 차림새에도 나타난 것이다.

이렇게 온순하고 남 앞에 나서기를 싫어하는 그녀도 마음 한편에는 강한 자존심을 가지고 있었다. 그 일례를 소개하면 다음과 같다.

최규하씨의 후임인 전두환씨가 취임하던 날, 다른 모든 사람들은 그의 입장과 퇴장 때 태극기를 흔들며 박수로 환영을 표했다. 그러나 홍여사만은 처음부터 끝까지 아무런 반응도 없이 노여움을 감추지 않았다.

이를 유심히 지켜본 참석자들과 기자들은 홍기 여사가 전씨에 대한 불편한 심기를 그런 식으로 표시한 것 같다고 전했다.

한편 최규하씨의 청렴결백 또한 홍기 여사 못지 않았다.

그는 공직에 몸담고 있는 동안 국내외 출장을 다녀오면 반드시 남은 출장비를 국고에 헌납하여 아랫 사람들에게 모범을 보였고, 대통령에 취임하면서는 기존의 전용차를 조금 더 실용적인, 권위적이지 않은 승용차로 바꾸었다.

또한 말레이지아 대학에서 수석으로 졸업하고 영국 옥스포드 대학에서 풀스칼라십이 나온 장남을 "한국 젊은이라면 군에 입대하여야 한다"며 국내로 불러들이는 강단성을 보이기도 했다.

부부 모두가 이렇게 근면하고 밖보다는 안을 좋아해, 우리 시대 가장 소박하고 겸손했던 대통령 부처로 남아 있는 것이다.

6공 초기에 5공 청산 차원에서 검찰에 고발되기도 했던 최규하씨. 그러나 요즘은 서교동 자택에서 별로 바쁜 일 없이 손자들의 재롱을 받거나, 때로는 고향의 선영을 둘러보는 것으로 소일하고 있다.

이들 부부는 슬하에 2남1녀의 자녀를 두었는데, 자녀들 모두가 부모님을 닮아서 그런지 남 앞에 나서지 않고 조용히 자기의 삶을 살아가고 있다.

장남 윤홍씨는 대한무역진흥공사 인사과장으로 있다. 그는 권명자씨와 결혼하여 아들 경침군을 두고 있다.

차남 종석씨는 외환은행 국제금융과장으로 콜롬비아 대학에서 공부했고 김오성씨와 결혼했다.

또 최규하씨의 외동딸 종혜씨는 79년 외교관인 서대원씨와 결혼하여 미국에 살고 있다. 서대원씨는 경기고교 교장과 서울교육대학을 지낸

서장석씨의 아들이며, 국회의원 이철씨와는 경기고교 1년 후배이자 서울대 외교학과 동기이다.

　이 밖에 최규하씨의 동생 중 남동생 3명은 서울에 살고 있는데 종하씨는 대한중석 전무이며, 명하씨는 농협중앙회 감사이다. 그리고 석하씨는 자영업을 하고 있다.

　최규하씨의 집안은 역대 어느 통치권자들의 집안보다 뚜렷한 활동은 하지 않지만 나름대로 평범한 소시민으로 살아가고 있다.

◇ 朴正熙

18년간 장기 집권한 박대통령에 대한 평가는 긍정과 부정이 엇갈린다. 이 땅에 군부 독재의 길을 열었으며 3선개헌 등 헌정 질서를 파괴했다는 혹평과, 절대빈곤에서 한국경제를 중진국 대열로 끌어올리는 데 견인차 역할을 했다는 두 가지 평이 바로 그것이다.

朴正熙家 가계도

박성빈
백무의
박동희
박무희
박상희
박한희
박귀희
은용표
박재희
한정봉
박정희
김호남
육영수
박재홍
박재선
정동하
박재석
박재호
3남 2녀
박재옥
한병기
박근혜
박근영
박지만
박준홍
박영옥
김종필
김용태
3녀
반기언
4녀
5녀
김희용

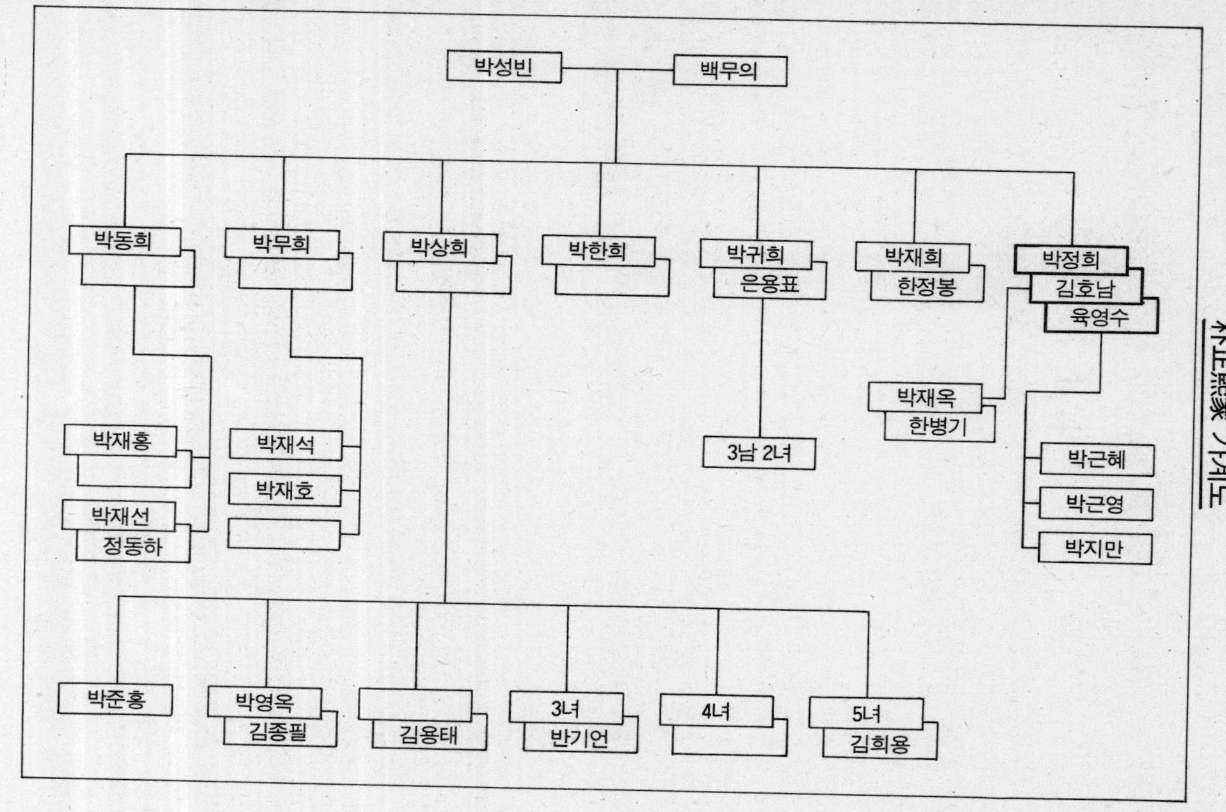

朴正熙

　18년의 장기 집권과 강압 정치의 독재 권력, 한국의 경제를 일으킨 위대한 지도자, 사심이 없었던 통치자, 용병술의 천재…… 79년 10월 26일 만찬장에서 부하의 총탄에 쓰러져 파란만장한 생을 마감한 박정희 전대통령에 대한 평가는 실로 다양하다.

　그에 대한 평가는 긍정과 부정의 구분이 뚜렷한 상반되는 두 가지로 정리되기도 한다. 하나는 이 땅에 군부 독재의 길을 터놓아 민주화의 발걸음을 몇십년 퇴보시켰다는 것이고, 또 다른 하나는 절대 빈곤의 한국 경제를 중진국의 대열로 올려놓은 초석을 이룩했다는 것이다.

　그러나 경제개발이 그의 움직일 수 없는 치적이라 하더라도, 삼선 개헌, 유신통치 등 정치 도의를 깨고 18년이라는 장기 집권을 통해 이 땅의 민주화를 옥쇄시킨 점에 대한 그의 과오는 지워질 수 없는 멍에인 셈이다.

　후일 사람들은 경제개발은 세계사의 흐름, 특히 개발도상을 앞둔 후진 국들의 경제 우선 정책 흐름에서 볼 때 그가 아니었어도 이룰 수 있는 일이었다는 평가로서 그의 경제적 치적마저 희석시키려 들고 있다. 또한 사람들은 그가 8년의 임기를 채우고 평화적 정권 교체의 기반을 다져 놓았더라면 이 나라의 경제, 정치적 발전을 몇십년은 앞당겨 놓았을 것이라는 아쉬움을 털어놓기도 한다.

이처럼 상반된 평가의 존재 이면은 그의 뛰어난 통치력을 증명하는 것이기도 하다.

박정희씨가 태어난 곳은 경북 선산군 구미면 상모리다. 금오산 줄기인 효자봉 아래의 마을이다.

박혁거세를 시조로 하는 고령 박씨로 이조 중엽의 중흥시조 직강공의 16대손이다.

그의 부친 박성빈씨는 조선 말기인 고종 때 무과에 급제한 무인이었다. 그러나 당시는 매관매직의 폐풍이 극심하여 급제를 했음에도 관직이 주어지지 않기 일쑤였다. 그는 평안도 영변의 현감 자리에 내정되었으나 현직에 있던 전임자가 중앙정부와 줄을 대고 자리를 내놓지 않는 바람에 통훈대부의 칭호만 받은 채 고향인 성주에서 탄식의 세월을 보내고 있었다.

그 무렵 동학운동이 거세게 일자 현실 정치에 불만을 품은 그는 동학 세력에 가담하게 되었다. 그 고을 지도자로 활약하던 그는 관군에 체포되어 투옥되었다가 1893년 대사면령으로 자유의 몸이 되었으나 삶의 의욕을 잃고 만다.

그는 경제적으로 어렵게 되고 계속해서 관의 요시찰 인물로 행동의 감시를 받게 되자 식솔을 이끌고 경북 구미로 이주한다. 1914년이었다.

박정희는 박성빈씨가 구미로 이주한 뒤 잉태된다. 이미 4남2녀를 낳아 큰아들과 작은아들이 장가까지 든 때여서 뒤늦은 임신이 민망스러 웠던 박씨의 부인 백남의씨는 어떻게든 뱃속의 아기를 지우려고 애썼으 나 뜻대로 되지 않았다.

백남의씨는 1917년 11월 14일(음력 9월 30일) 막내를 출산했다. 그가 박정희였다. 민망스럽게 낳은 아들이었지만 막내에 대한 부모의 사랑은 지극했다. 머리도 총명해서 형들과는 달리 막내만은 공부도 가르 치고 싶었다.

구미에서 보통학교를 마친 박정희 소년은 대구사범학교로 진학했다. 그는 졸업 후 문경에서 잠시 교직 생활을 했으나 곧 그만두었다. 좀더 큰 뜻을 펼치기 위해서는 교직에 머물러서는 안 된다는 생각 때문이었 다. 그는 만주로 가서 군관학교에 입교, 1940년 졸업했다. 그는 일본군 장교 생활 중 해방을 맞게 된다.

6·25 이후 그는 군인으로서 승승장구한 편이었지만, 이 직전의 전력 은 후일 대통령 선거전 등에서 그를 곤궁에 빠지게 했다.

일본군관 생활, 여순 반란사건에 좌익으로 가담한 사실 등이 그의 사상적 배경으로 등장해 일국의 통치자로의 자격 시비를 불러 일으켰었 다.

6·25 이후 군인으로서의 박정희씨는 승승장구, 마침내 5·16 쿠데타 를 통해 18년의 장기집권을 누리게 된다.

박정희씨의 큰형인 박동희씨는 그의 막내동생이 대통령이 된 후에도 끝까지 고향땅에서 농사를 지으며 살다가 1972년 사망했다. 그는 순박 하며 부지런한 전형적인 농사꾼의 한 사람이었다.

박정희씨가 5·16으로 정권을 잡았을 때 나이 66세였던 동희씨는 상모리의 초가집에서 선대로부터 내려온 여남은 마지기의 땅을 일구면서 살고 있었다.

"대통령은 내 동생이지 내가 아니며 그럴수록 형인 나 자신은 근신하
는 것이 동생을 돕는 일."

이라는 생각으로 찾아오는 청탁자들을 물리쳤다고 한다. 이런 동희씨의
생각과 행동은 친척들을 권력의 주변에 두지 않으려는 박정희씨의 생각
과 일치했다.

때문에 박정희씨는 자기 형이 전형적인 시골 농군으로 살고 있는
데 대해 한 번도 불만스럽게 여기지 않았다. 박동희씨가 살았던 상모리
대통령 생가에는 지금 이종 조카딸이 농사를 지으며 살고 있다.

박동희씨는 1남1녀를 두었는데, 아들 재홍씨는 11, 12, 13대 국회의원
을 지냈다. 그가 국회의원이 된 것은 11대 국회 때부터인데 그의 작은아
버지인 박정희씨가 대통령으로 재직할 때에는 오히려 무명으로 있다가
제5공화국이 들어선 다음 비로소 빛을 보게 된 셈이다.

1961년 5 · 16이 일어났을 때 박재홍씨는 고려대학교 학생이었는데,
그는 한때 신당동에 있는 박정희씨의 집에서 기거하면서 학교에 다니기
도 했다.

대학을 졸업하고도 한동안 집에서 소일하고 있던 재홍씨는 1969년
포항제철 비서실에 취직하였다. 여기서 4년 반을 넘게 근무하다가 부평
에 있는 동양철강 사장 자리로 옮겼다.

그리고 그의 누이동생이며 박정희씨의 조카딸인 박재선(1948년생)
씨는 1971년 말에 남편과 함께 미국으로 이민을 갔다. 그녀의 남편 정동
하씨는 경북대학교 의과대학을 졸업한 후 미국에 유학하여 그 곳의
버지니아주 향군병원에 근무하고 있다.

박정희씨의 둘째형 박무희씨에 대해서는 크게 알려진 바가 없지만

그도 형인 동희씨와 마찬가지로 고향인 선산에서 농사를 짓다가 박정희씨가 대통령이 되기 전인 1960년 3월에 사망했다.

그는 부인인 연단 차씨와의 사이에 2남1녀를 두었는데 집안이 무척 가난하여 생계를 이어가기도 어려울 지경이었다.

박무희씨의 장남인 박재석씨는 한때 경북 구미에서 연필 장사를 했고, 차남인 재호씨는 블록 공장에서 일하며 겨우 생계를 유지했다.

그래서 박정희씨는 대통령이 된 후에 비서실을 통하여 최소한도의 생활이 유지되도록 연탄이나 자녀들의 학자금을 마련해 주기도 했다.

그 후 박재석씨는 한때 국제전기산업의 회장직을 지낸 적도 있으나, 지금은 서울 서교동에서 뚜렷하게 하는 일 없이 지내고 있다.

박재호씨는 동양육운 회장으로 있다가 지금은 서울 영동에서 대원장이라는 여관을 경영하고 있다.

한편 박무희씨의 외동딸은 김영달씨와 결혼하여 구미에서 살았고, 김씨가 사망한 뒤에도 그 곳에서 고향을 지키며 살고 있다.

박정희씨의 셋째형 상희씨는 박정희씨에게 가장 많은 영향을 끼친 사람이었다.

그는 손위 형들과는 달리 보통학교까지 졸업했으며, 사회 활동을 통해 일찍부터 개화한 사람이었다.

박정희씨는 이런 셋째형을 가장 존경했으며 정신적으로 많은 도움을 받았다고 한다.

그는 해방 전부터 구미에서 「동아일보」 지국을 경영하고 있었으며, 해방 직후의 혼란한 정세 속에서 나름대로의 사상적인 안목을 키워 왔다. 그런데 불행하게도 그가 섭취한 사상은 좌경 노선으로서, 1946년 대구 10·2 폭동에 가담해 현장에서 즉결처분되었다. 그때 그의 나이

39세였다.

그는 부인 조씨와의 사이에 1남5녀를 두었는데, 이 자녀들 모두를 부인 조씨 혼자의 힘으로 키웠다. 당시 군에 있던 박정희씨는 많은 조카들을 혼자서 키우는 형수 조씨를 가능한 한 도우려고 애썼다. 이를테면 5·16 거사 직전인 5월 14일에만 해도 박정희씨는 지프차 뒤에 트레일러를 달고 고추장 통을 싣고는 형수집을 찾아가 이를 전했다.

박상희씨의 외아들인 박준홍씨는 박정희씨 집권 후 국토통일원, 무임소장관실 등에서 근무하다가 축구협회 회장을 지내기도 했다. 74년 도미하여 조지워싱턴 대학에서 국제정치학을 공부했고, 10·26 이후 공직을 떠나 84년엔 '만당'이라는 일식전문점을 차렸다.

지난 13대 국회의원 선거 때는 사촌형인 재홍씨와 나란히 입후보, 화제에 오르기도 했으나 낙선했다.

박상희씨의 장녀 영옥씨는 현 민자당 최고위원인 김종필씨의 부인이다.

그들의 결혼은 전시 중에 이루어졌다. 당시 김종필씨는 육본 정보장교로 대구에 머무르고 있었다. 그때 그의 상사가 박정희 중령이었다. '정보국 사무실'은 대구 시내의 영남여관에 자리잡고 있었다.

박정희 중령은 가끔 부하들을 데리고 부근의 식당으로 국수를 먹으러 다녔고, 이때 김종필씨는 그 부근에서 하숙을 하던 영옥씨를 가끔 마주칠 기회가 있었다. 이렇게 시작된 이들의 만남은 날이 갈수록 깊어 갔다. 두 사람의 관계는 상관인 박정희 중령의 귀에까지 들어갔다. 어느 날 박중령은 몇 사람의 부하가 모인 자리에서 김종필씨를 향해 물었다.

"김중위가 내 조카딸과 사귄다면서?"

김종필씨는 머뭇거리며 얼른 대답을 못 했다.

"김중위는 내 조카딸을 좋아하나? 대답이 없는 것을 보니 서로 좋아하는 모양이군…… 그렇다면 결혼해야지."

이렇게 해서 두 사람은 1951년 피난지인 부산에서 결혼식을 올렸다.

박정희씨는 집권 기간 동안 다른 친척들에게는 야박하다고 할 만큼 경계를 했는데 유독 조카사위인 김종필씨에게만은 특별한 대우를 했었다.

그것은 그 뒤에 부인 영옥씨의 영향력이 있었음을 부인할 수 없다.

박정희씨 자신이 어려서 아버지를 여읜 조카딸 영옥씨를 특별히 돌봐주기도 했지만, 대통령의 부인 육영수 여사 또한 각별히 박영옥씨를 배려해 주었다.

박영옥씨는 부군인 김종필씨가 정치적으로 이려울 때 곧잘 청와대로 숙모인 육여사를 찾아가 하소연했다고 한다.

김종필·박영옥 부부는 원래 슬하에 1남2녀를 두었으나 둘째딸은 어려서 잃었다.

아들 진군은 61년생으로 고대 경제과를 다니다 도미하여 유타 대학에서 국제정치학을 공부했다. 87년 대통령 선거 때 귀국하여 아버지를 도왔다. 그는 90년 같은 대학에 다니던 과테말라 출신 리디아라는 여성과 결혼하여 슬하에 1남을 두고 있다.

그리고 딸 예리씨는 코오롱 그룹의 이동보씨와 중매로 결혼했는데, 그들 두 사람의 중매는 예리씨의 할머니뻘인 육영수 여사가 했다고 예리씨는 말한다.

코오롱 그룹과 친분이 있던 육여사가 이동보씨의 사람 됨됨이를 보고 손녀 예리씨의 혼사를 권했다는 후문이다.

이화여고를 거쳐 이화여대 미대에서 조각을 전공, 1974년에 졸업한 예리씨는 졸업식 바로 다음날인 2월 26일에 동보씨와 결혼식(주례는 전국무총리 김상협씨가 맡음)을 올려 화제가 되기도 했다.

박상희씨의 둘째딸은 김용태씨에게 출가하여 서울에서 거주하고 있다.

김용태씨는 박정희씨 생전에 청와대 경호실에 근무한 적이 있는데, 지금은 처남 준홍씨가 차린 일식집 '만당'의 경영에 참여하고 있다.

셋째딸은 총리실에 근무한 적이 있는 방기언씨에게 출가했고, 막내딸은 한국건업사장 김희용씨와 결혼했는데 김씨는 벽산그룹 회장인 김인득씨의 차남이다.

박정희씨의 넷째형인 한희씨는 불행하게도 19세 때 사망한 것으로 알려졌다.

박정희씨에게는 두 사람의 누님이 있었는데, 한 사람은 박귀희씨이고 또 한 사람은 박재희씨다.

큰누님인 귀희씨는 박정희씨가 태어나기 전에 칠곡의 은용표씨댁에 출가하여 줄곧 시가가 있는 칠곡군 석적면에서 살다가 그 곳에서 일생을 마쳤다.

그녀는 3남2녀를 남겼는데, 장녀는 박정희씨와 동갑으로 구미에서 살았고 차녀는 대구 칠성동에서 살았다.

그녀의 아들 세 사람 가운데 장남과 차남은 6·25동란 때 전사했으며, 셋째아들 희만씨가 가문을 잇고 있다. 은희만씨는 서울 장충동 소재의 '사파리 클럽' 회장으로 있다.

둘째누님인 박재희씨는 박정희씨의 바로 손위 누님으로서 비슷한 나이 탓이었는지 어려서부터 매우 다정하게 지냈다.

박정희씨가 대구사범학교 시절엔 그녀가 여러 가지로 뒷바라지를 해 주었다.

박정희씨는 둘째누님의 남편인 한정봉씨와도 비교적 친하게 되었다. 5·16이 나고 박정희씨가 대통령이 되자 한정봉·박재희씨 부부는 시골 농사를 청산하고 서울로 이사를 했다. 친족 가운데서 가장 친하게 지냈지만 박정희씨는 그들의 상경을 몹시 못마땅하게 여겼다고 한다.

그래서 박정희씨는 비서를 시켜 누님댁을 찾아가 서울에 있지 말고 시골로 내려가 있으라고 권유했으나 그들 부부는 듣지 않았다.

"대한민국 헌법에는 거주의 자유가 보장되어 있는데 대통령의 누님은 서울에 살 자유도 없느냐?"

그 비서는 혼쭐이 나서 그냥 돌아오고 말았다 한다.

그 후로 그들은 시골로 내려가지 않고 서울에 살다가 1966년 4월에 한씨는 작고했고, 누님 재희씨는 필터 회사 사장으로 있는 아들 한희승씨와 함께 살고 있다.

박정희씨의 첫 결혼은 그의 나이 26세 때 이루어졌다. 신부감은 부친 박성빈씨의 이웃 마을 친구의 딸인 김호남씨였다. 김호남씨는 1920년생으로 경북 선산군 도개면이 고향. 그녀의 나이 17세 때 박정희씨와 맺어졌다.

호적상으로는 이들이 1938년 7월 30일에 혼인한 것으로 되어 있다. 그러나 딸 박재옥씨가 1938년 9월 9일에 출생한 것으로 미루어 보아 1937년 여름(7월 말경)에 결혼식을 올린 것으로 추측된다. 혼인 무렵 박정희씨는 대구사범학교 졸업반(5학년)이었다.

박정희씨는 아버지의 권고에 의해 어쩔 수 없이 혼인을 했으나 자신의 결혼에 대해 무척 회의적이었다. 신부가 마음에 들고 안 들고의 문제가 아니라, 그에게는 혼인이 시급한 것이 아니었고 결혼보다도 더 큰 꿈을 지니고 있었던 데서 연유한 듯싶다.

그럼에도 불구하고 아버지의 혼인 강요를 거역할 수 없었던 것은 박정희씨가 평소 아버지를 무척 어렵게 생각해 왔고 또 집안 분위기가 아버지의 말씀은 거역할 수 없는 불가침적인 위엄으로 자리잡고 있었기 때문이다.

박정희씨가 아버지 박성빈옹을 얼마나 어려워했는가는 훗날 대통령이 되고 나서 청와대에 걸린 아버지 사진(그땐 작고)을 보고 조카아인 박재홍씨에게 한 말에서 드러난다. 박정희씨는 장조카아인 박재홍씨에게 "네 할아버님은 참 무서운 양반이시다. 난 지금도 할아버님이 무섭게 생각된다"고 술회했다고 한다.

결혼식은 여름방학을 이용해 이루어졌다. 그러나 박정희씨는 결혼식 날짜가 다가와도 고향인 선산에 가려 하지 않았다. 결국 친척들이 대구 사범 기숙사까지 가서 억지로 데려왔다고 한다.

결혼 직후 신부는 시가인 선산군 구미면 상모리(현재의 구미시 상모동)에 정착했고 박정희씨는 사범학교 기숙사에 머물렀다. 그는 사범학교를 나와 잠시 문경소학교 교사로 재직 중일 때도 신부와 살지 않고 하숙생활을 했다.

어린 신부는 남편이 학교를 졸업했음에도 자신을 데려가지 않는 것에 대해 원망을 했을지도 모른다. 방학 때만 찾아오는 남편이 야속할 수도 있었을 것이다.

김호남씨는 결혼 직후 임신했는데 첫 임신 탓인지 신경이 예민해져, 어쩌다 남편인 박정희씨가 집에 들르면 마음과는 달리 투정 비슷한 심사를 부렸다고 한다.

첫딸(박재옥)이 태어난 후에도 결혼생활은 나아지지 않았다. 더구나 박정희씨는 교사직에 사표를 내고는 만주로 떠나버렸다. 남편이 만주로 떠난 뒤 김씨는 첫딸 재옥씨를 낳았지만 이미 그녀에게 있어 남편은 떠난 사람이었다. 그래도 김호남씨는 시가에서 딸을 기르며 집안 일에 매달렸다. 이런 며느리의 처지를 불쌍하게 여겼는지, 아니면 사실상 이미 부부로서의 관계를 유지하기가 더 이상 어렵다고 느꼈는지, 시아버지 박성빈씨는 김호남씨로 하여금 구미(당시 면소재지)에서 살도록 살림을 내주었다. 딸 재옥은 시가에서 맡았다.

해방이 되어 박정희씨가 귀국했지만 김호남씨와의 부부 관계는 회복되지 않았고, 6·25의 발발은 이들 사이의 법적인 부부 관계를 정리하는 계기가 됐다. 전쟁이 터지자 김호남씨는 혼자서 경주로 피난을 갔다. 이때의 피난을 두고 시가에선 다소간 논란이 있었던 것 같다. 자식을 놔두고 어미 혼자 어찌 피난을 갈 수 있느냐는 것이었다.

김호남씨로선 당시 사건에 대해 할 말이 많았겠지만, 어쨌든 이를 계기로 법적인 부부 관계는 정리됐다.

박정희씨의 한 친척은 "어른들의 일방적인 강요로 맺어진 결혼이라 애정이 없었고, 또 험난한 시국하에서 박정희씨가 자주 객지 생활을 함으로써 자연히 이혼 상태에 이르게 되었다"고 말하고 있다.

헤어진 사연이야 어쨌든 공적 문서인 호적엔 '1950년 11월 1일에 합의 이혼'한 것으로 기록돼 있다.

그로부터 2년이 지난 1952년 1월 30일 박정희씨는 육영수씨를 맞아 혼인하게 된다.

박정희씨와 헤어진 김호남씨는 경남 합천 해인사로 들어가 공양주 생활을 시작했고, 그 후 절에서 만난 이모씨와 알게 돼 재혼했다.

김호남씨와 이씨와의 결혼 생활은 오래 가지 못했다. 이씨가 원래 몸이 약한 탓으로 휴전 무렵 사망하고 말았기 때문이다.

둘째 남편이 죽은 후 김호남씨는 세파를 헤쳐 나가느라 고생을 많이 한 것으로 알려졌다.

첫부인 김호남씨와의 사이에 낳은 외딸 박재옥씨는 어린 시절을 제외하고는 큰아버지인 박동희씨 집에서 성장하게 되었는데, 박동희씨 가족은 어린 마음에 그늘이 지지 않게 하기 위해 각별히 배려했다고 한다.

박재옥씨의 상모리 생활은 구미중학을 졸업할 때까지 계속되었다. 그 후 박재옥씨의 생활과 교육을 책임진 사람은 박정희씨의 둘째형 박무희씨의 큰아들 재석(전 국제전기산업 회장)씨였다.

박재석씨는 박재옥씨 외에도 작고한 바로 아래 삼촌인 박상희씨의 딸 영옥씨에 대해서도 사실상 아버지 노릇을 대신해야 했다.

이때만 해도 박정희씨는 바쁜 군생활과 육여사와의 결혼으로 인해 전처 소생인 재옥씨에 대해 신경쓸 겨를이 없었던 것 같다.

육여사는 박재옥씨에 대해서 자세히 몰랐다.

구미중학을 졸업한 박재옥씨는 김종필씨의 부인이 된 박영옥씨의 도움으로 형 김종익씨가 교사로 재직하고 있던 동덕여고에 진학했다. 박재옥씨는 김종필씨의 집에서 동덕여고를 졸업했다.

육여사는 박정희씨와 결혼할 때 남편의 나이로 보아 막연하게나마 과거의 전처 문제를 연상할 수 있었고, 이런저런 경로를 통해 박재옥씨의 존재를 눈치챘던 것 같다. 그러던 중 박정희씨를 통해 뒷날 김종필씨의 집에서 학교를 다닌다는 전처 소생인 박재옥씨의 실체를 알았다.

박재옥씨는 동덕여고를 졸업하고 동덕여대 가정과로 진학했으며, 졸업 후 1957년 11월 7일 한병기씨와 결혼했다.

재옥씨의 남편 한병기씨는 1931년 6월 8일생으로 평안남도 안주군 입석면 공삼리에서 아버지 한승련, 어머니 안여옥씨의 장남으로 태어났다.

그는 6·25후 월남하여 통역장교로 군에 들어갔고 박정희 장군의 부관이 되었다.

한병기씨는 5·16직후 군복을 벗고 사회에 나와 61년 5월부터 62년 4월까지 외무부장관 비서관으로 재직하다가 같은 해에 뉴욕 영사로서 외교관 생활을 시작했다.

그 후 69년 코트디브와르 총영사를 거쳐 외교계 10년만인 71년 속초, 양양, 고성 지구의 공화당 국회의원으로 입후보해 정치인으로 변신한 그는 8대 국회의원을 역임한 1년 반만에 의원직을 홀연히 내던졌다.

그리고 74년에 칠레 대사와 에콰도르 대사로 근무했고, 75년에는 주유엔 대표부 대사, 그리고 77년 캐나다 대사를 끝으로 외교계에서 발을 뺐었다.

이런 남편과 함께 박여사는 껑충한 키와 굵은 선의 외모로 해외 주재 기간 동안 유감 없는 국익 활동을 벌였다. 유학생들과 교민들에게 정부의 정책을 소상히 설명하기도 했고 현지의 어려운 상황을 본국에 호소해 그들에게 편익을 주기도 했던 것이다.

조금은 우수에 깃든 외모였지만 어머니(김호남 여사)를 닮아 체격이 좋은 박여사는 서양 사람들 속에 나란히 해도 결코 빠지지 않았고, 아버지가 대통령이다 보니 주재국 고위층 부인들과 협상할 일이 있게 되면 자신 있는 발언을 곧잘 해서 인기를 끌었다.

한대사의 외교 활동이 위축되는 일 없이 소신껏 밀고 나갈 수 있었던 것도 박여사와 같은 배경이 있었기 때문이라는 것은 이미 잘 알려진 이야기다.

이들 한병기·박재옥씨 부부는 1959년 6월 22일 첫아들을 낳았고, 1961년 딸, 63년 아들 등 3남매를 두고 있다.

큰아들 태준씨는 연세대를 나와 대우그룹에 근무하고 있는데, 1984년 전남 광주 출신인 장수미씨와 결혼했다.

둘째 유진씨는 연세대 사회학과를 졸업하고 한때 뉴욕타임즈와 연계해서 통역일을 했던 바 있다. 남편은 미국 오하이오 주립대학에서 전산학을 이수한 박영유씨로 서울 올림픽 조직위원회 국제사업부에서 근무하다가 퇴직, 현재는 개인사업을 하고 있다.

셋째 태현씨는 뉴욕시 카롯가에서 출생하여 현재 미국에서 수업 중이다.

박재옥씨는 결혼하여 생활의 터전을 잡자, 모친 김호남씨를 모셨다. 김호남씨의 재혼에서 태어난 자식들은 부산과 경주에서 살고 있는 것으로 알려졌다. 김호남씨는 사위 한병기씨가 외국에서 외교관으로 있을 때부터 이태원에서 외손자, 외손녀를 돌보며 지내왔다.

박정희씨가 두번째로 만난 여인은 이화여대 출신의 이화정씨(가명)로 함북 청진에서 태어나 여고를 졸업한 후 함흥국민학교 교사로 재직 중 해방을 맞아 월남했다.

이씨는 47년 3월 24세의 나이로 이대에 입학했고 1학년 때인 47년 12월 박정희씨를 만나게 된다.

"전내무부장관을 지낸 박경원씨의 결혼식에 신부측 들러리로 결혼식에 참석했어요. 박경원씨 부인이 내 고향 친구라 결혼식에 가게 됐습니다."

　　결혼식 당일 트럭을 타고 식장이 있는 춘천으로 갔다고 한다. 결혼식 피로연에서 이씨는 단연 여러 참석자들의 주목을 받았다. 이씨가 대단한 미모를 지녔기 때문이다.

　　"식이 끝나고 난 뒤 서울로 돌아왔는데, 그 후 여러 명의 군인들이 만나자고 했어요. 기숙사 앞에 지프차를 대놓고 기다리던 사람도 있고……."

　　이들 가운데 박정희 대위도 끼어 있었다. 인연이 닿았던가, 이씨는 박정희 대위와 같이 지프차를 타게 되었다.

　　"명동의 삼호정이란 음식점에 갔더니 윤태일, 이한림, 이주일씨 등이 미리 와 있더군요. 이른바 그게 선보는 장소였습니다. 나는 부끄러워 고개만 숙이고 나중에 같이 차 타고 온 사람이 박정희씨임을 알았어요."

　　이씨는 박정희씨의 첫인상이 괜찮았다고 말한다.

　　"키는 작았지만 기품이 있어 보이고, 말수는 적어도 힘있게 느껴졌어요. 나중에 기숙사에 돌아와 생각해 보니까, 인연이 닿으려고 그랬는지 나폴레옹을 닮았다고 여겨졌습니다."

　　두 사람은 만난 지 1개월이 안 돼 약혼식을 올리고 동거 생활에 들어갔다.

　　박정희씨와의 만남으로 인해 이씨는 이대를 졸업하지 못하고 중간에 그만두어야 했다. 군인과 자신이 약혼을 했다는 소문이 퍼져 부끄러워서 다닐 수가 없었기 때문이다.

　　박정희씨는 이씨와 살게 되면서 소령으로 진급했다. 그는 이씨를 무척 아꼈다고 한다.

　　"나한테 무척 잘해 주었지요. 그때는 이제 죽어도 여한이 없겠다 싶을 정도로 잘 대해 주었습니다. 그런데 그게 일방적은 아니었어요. 여자의 기분을 맞춰 주는 신사였어요. 그의 성격으로 보아 힘든 일인데, 어쨌든 내게 아주 잘해 주었습니다."

한 예로 이씨가 결혼식도 치르지 않고 사는 것이 부끄러워 외출을 꺼리니까, 박정희씨가 귀가길에 직접 시장에 들러 반찬거리를 사오기도 할 정도였다고 한다.

이씨가 박정희씨와 헤어지게 된 동기는 이른바 '숙군'에 관련돼 박씨가 투옥되면서였다. 박소령은 48년 11월 1일 국군 내 남로당 조직원의 혐의로 체포된다.

"그날이 육사 졸업식이라 다른 날에 비해 기억이 뚜렷합니다. 졸업식에 간다고 나갔는데 저녁식사 시간이 돼도 돌아오지 않았어요. 관사에 들어간 지 얼마 안 된 때라 불안했어요. 그날 밤 늦게 친구 되는 이호씨가 술에 취해 찾아와 '출장 갔으니 기다리라'는 거예요. 이상하다 싶어 강문봉 대령집에 찾아가 물어봤더니, 글쎄 숙군 대상자라니…… 놀랐어요. 빨갱이가 싫어서 월남을 했는데 내가 빨갱이 마누라라니…… ."

이씨는 이때 박정희씨가 참 독한 사람이구나 하는 느낌을 또 받았다고 한다. 1년 가까이 살면서도 그녀에게 전혀 남로당 조직원이라는 낌새조차 안 풍겼다는 것이다. 이렇게 해서 헤어진 두 사람은 끝내 다시 만나지 못했다.

이씨는 6·25를 겪으면서 대구에서 새로운 남자를 만나 결혼했다. 그리고 현재는 손주를 본 할머니가 되어 행복하게 살고 있다.

박정희씨의 두번째 아내였으며 퍼스트레이디로서 목련꽃 같은 삶을 살다 간 육영수 여사는 충북 옥천군 교동리 313번지의 교동집이라 불리는 99칸짜리 큰 집에서 태어났다. 1925년 11월 29일생, 아버지 육종관(陸鍾寬)씨와 어머니 이경령(李慶齡) 여사 사이에 태어난 1남3녀 중 둘째딸이었다. 위로 언니 인순(1914년생)씨와 오빠 인수(1919년생)씨가 있고, 여동생으로 예수(1929년생)씨가 있다.

부근에서는 명당이라고 일컬어지는 아늑한 양지받이에 터를 잡은 교동집은 순수한 대지만 3천평, 후원의 과수원까지 합치면 7, 8천평에 이르는 넓은 땅에 지은 조선 시대의 고가였다.

육종관씨는 외유내강한 사람으로서 마음에 한 번 먹은 일은 반드시 성취시키고야 마는, 끈질기고 강인한 일면을 지니고 있었다. 교동집을 살 때 당시 육종관씨의 재산은 3~4백 두락에 매년 추수 4백 석 내외에 불과했지만 전재산의 반을 털어넣어 이 집을 살 만큼 집념이 강한 일면을 보였다고 한다.

쌀 한 가마니에 35원 하던 시절에 2만5백원이란 거금을 들여 교동집을 성큼 구입한 육종관씨의 당시 나이는 27세였다.

재산을 다루는 데에 통이 큰 면모를 보이면서도 육종관씨의 일상 생활은 검소하고 부지런해서 구두쇠 소리를 들을 정도였다고 한다. 이렇게 검소한 생활로 물려받은 재산을 점점 늘려 나중에는 만석군 소리를 듣게 됐었는데, 자녀들에게는 유난히 엄격하여 육여사를 비롯한 형제들은 아버지가 진지상을 받으면 옆에서 두 손을 맞잡고 시립해 있어야 할 정도였다.

소녀 육영수는 마을 사람들에게 온순하며 별로 말이 없는 소녀로 기억된다. 그러나 소녀 육영수에게도 시련과 고통은 있었다. 아버지의 소실들로 인한 것이었다. 소녀 육영수가 옥천공립보통학교(현재 죽향국민학교)를 마치고 상경, 배화여자고등학교에 다니며 기거하던 종로구

체부동의 집도 아버지의 소실집이었다.

그 일대에서 가장 크고 화려한 집이었지만 영수 학생이 쓰던 방은 들창이 하나 있었으나 햇볕도 잘 들지 않는 어두운 뒷방이었다. 방에 불이 잘 안 들어 겨울에는 책상 위에 둔 미안수(화장수)가 얼어붙곤 하였다고 한다.

여러 소실을 거느린 남편이기는 했지만 어머니 이경령 여사는 선비 집안의 엄격한 가풍 속에서 자란 부인답게 늘 부덕을 닦으려고 애썼다. 딸들에게도 늘 강조한 것은 부덕이었다.

"아무리 속이 상하고 분한 일이 있더라도 참아야 한다. 특히 시집을 가서는 화난 얼굴로 남편과 시부모를 대해서는 안 된다."

이것이 어머니 이경령 여사가 늘 강조한 말이었다. 그런 탓일까? 영수 학생은 작은집에서 학교를 다니면서도 늘 생글생글 웃고 있어 누구에게 나 귀여움을 받았다 한다.

그러나 아버지의 축첩은 영수 학생에게는 큰 상처였다. 훗날 남자들의 외도에 극도로 예민한 반응을 보였던 것도 그 때문이라는 것이 정설이다.

배화를 마친 육여사는 "여학교 정도 마쳤으면 여자는 집안에 들어앉아 시집갈 준비나 해야 한다"는 아버지의 완고한 생각 때문에 진학을 포기하고 옥천에 내려와 지내게 되었다. 이때는 언니와 오빠가 만주로 나가 있고, 동생 예수도 대전으로 나가 있어 하루하루가 쓸쓸하기만 할 뿐이었다.

해방된 후인 1945년 11월 육여사는 옥천여자중학교 가사 담당 교사로 부임해 한동안 학생들을 지도했지만, 이내 그 일을 그만두고 교동집 대문 안에서 나날을 보냈다.

1946년 3월, 여학교를 졸업한 예수씨가 집안에서 조용히 수예와 서도에만 열중하던 언니의 말벗이 되어 다시 옛날처럼 함께 지냈다. 20세 전후의 두 자매는 장래의 꿈과 인생의 문제, 젊은 날의 감상 등을 주고받으며 밤을 새우곤 했다.

결혼할 나이는 점점 차올랐지만 이렇다할 사람을 구하지 못하고 있던 상태에서 육여사는 6·25를 만났다. 전쟁의 소용돌이가 옥천 고을까지 밀어닥치게 되자 육종관씨는 일가족의 피난 준비를 서둘렀는데, 많은 가족이 한꺼번에 피난을 갈 수가 없어서 육여사가 먼저 조카 둘을 데리고 부산으로 떠났다.

부산 전역을 헤매던 끝에 겨우 영도의 허름한 일본식 2층집을 얻게 되고 곧이어 내려온 가족들 아버지와 어머니, 동생 예수와 함께 피난살이를 꾸려가게 되었다.

예수씨는 이때 언니와 한 방에서 기거했는데, 피난지에서 필요한 가족들의 각종 증명서나 아버지의 청탁에 의한 관청 출입은 육여사가 도맡아 했다고 한다.

이종오빠인 송재천 소위가 육여사의 혼담을 의논하려고 이경령 여사를 찾아온 것이 바로 이 무렵이었다. 송소위의 대구사범 선배인 육군본부의 박정희 소령이 혼담의 주인공이었다.

박소령은 1950년 8월 하순경 육영수씨가 살고 있는 부산 영도의 일본식 2층집으로 맞선을 보기 위해 찾아갔다. 육여사의 아버지 육종관씨는 맞선을 본 후 "어떤 일이 있어도 군인에게는 내 딸을 시집 보낼 수 없다"면서 박소령과의 혼사를 거부했다. 그러나 육영수씨는 박소령을 본 순간 첫눈에 반했다.

"맞선 보던 날 군화를 벗고 계시는 뒷모습이 말할 수 없이 든든해 보였어요. 사람은 얼굴로써는 남을 속일 수 있지만 뒷모습은 속이지 못하는 법이에요. 얼굴보다 뒷모습이 정직하거든요. 그 후 몇번 만나 뵈니까 그 직감이 틀림없었다는 것을 확인할 수 있었어요. 미덥고 소박하고 아주 정다운 분이셨어요."

이 말은 육여사가 회고한 말이다. 당시 육여사는 검은 치마에 흰 저고리를 입은 순수한 차림이었다.

군복을 입은 박정희씨와 검은 치마를 입은 육영수씨의 사랑은 충북 옥천군 오리티 강가에서 무르익었다.

포화가 쏟아지는 전쟁터의 군인이었던 박중령은 육여사에게 모든 정성을 쏟으면서 그녀를 사랑했다.

만난 후 4개월간 생명을 바쳐 사랑했던 박·육씨는 1950년 12월 12일 대구 계산동 천주교 성당에서 허억(당시 대구시장)씨의 주례로 결혼식을 올렸다. 육여사의 아버지 육종관씨는 반대했던 결혼이었기 때문에 식장에 나타나지 않았다. 대구사범 스승인 김영기씨가 육여사의 부친을 대신하여 신부의 손을 잡고 웨딩 마치에 맞춰 식장에 입장했다.

예식장에 참석했던 사람은 박중령과 같은 부대의 군수참모였던 김재춘 중령, 김종필씨, 대구사범 동창 왕학수씨 등이다.

결혼식날 밤 대구의 조그만 일식당에서 피로연이 있었다. 신랑 박정희씨는 술에 취하자 일어나서 "검푸른 숲속에서 맺은 꿈은 / 어여쁜 꽃밭에서 맺은 꿈은 / 그대가 있었기에 그대가 있었기에……"라는 가사의 노래를 열창, 육여사를 부인으로 맞이하는 감격을 표현했다.

신혼 5일째인 1950년 12월 17일, 박중령은 이동한 부대를 뒤쫓아 강원도로 떠났다. 그날부터 육여사는 박중령의 소식이 담긴 편지를 기다렸다. 신혼생활 초기에는 편지로 애정을 교환했다.

박중령은 거의 매일같이 편지를 써서 인편으로 부인인 육여사에게 보내곤 했다. 육여사 역시 편지를 써서 편지를 가져온 연락병 편에 보냈다. 편지로 신혼 초기의 사랑을 나누던 사이에 박중령은 대령으로 진급했다.

진중에 가 있던 박대령은 1951년 10월에 "하늘도 자고 땅도 자고 / 사람도 잠자는 고요한 밤 / 벌레 소리 처량히 들려오는 어두운 가을 밤 / 길게 내뿜는 담배연기만 / 어둠 속에 흡수되어 버리고 / 캄캄한 어둠 속에 한없이 헤매고 찾아도 / 담배연기처럼 걷잡을 수 없는 / 길고 고요한 가을 밤……"이라는 시를 보내 왔다.

보고픔이 뼈속 깊이 스며 있는 듯한 분위기를 자아내는 시였다. 두 사람의 신혼 초 러브 스토리는 기다림과 다정함이 공존하는 내용이 담겨져 있다.

육여사는 결혼 14개월째인 1952년 2월 2일 큰딸 근혜양을 순산했다.

육여사는 박장군이 5 · 16에 성공, 대통령이 되자 청와대의 안주인이 되었다. 1974년 8월 15일 세상을 떠나기 전까지 10년 9개월간 퍼스트 레이디로서 다양한 활동을 폈었다.

박정희씨와 육영수씨는 생전에 1남2녀를 두었다. 결혼한 지 2년 뒤인 1952년 2월에 근혜, 그 2년 뒤인 1954년에 근영씨, 그리고 1958년에 막내이자 장남인 지만씨를 낳았다.

근혜씨는 성심여고와 서강대 전자공학과를 나온 다음 프랑스로 유학을 떠났다가 74년 어머니가 돌아가시자 급거 귀국하여 79년 아버지가 사망할 때까지 퍼스트 레이디 대역을 맡았다.

그녀는 공적인 활동에 만만찮은 의욕을 보이는 등 아버지의 성격을 많이 닮은 편이다.

그녀는 한때 경로복지원 이사장, 영남대학교 재단이사장, 육영재단 이사장, 명덕문화재단 이사장 등의 직함을 가지고 있었으나 모두 사퇴하고 영남대 운영에만 관여하고 있다.

주로 영세민과 불우 노인 환자들을 대상으로 무료로 또는 저렴한 의료 수가로 운영하던 경로복지원의 새마음 병원은 쌓이는 적자액을 감당할 수 없어 87년 10월 명지재단측에 인도했다.

명덕문화재단은 육여사가 학창 시절을 보낸 배화여고와 배화전문대생의 장학금 지원과 학교 발전을 후원하는 역할을 했는데, 근혜씨는 명덕문화재단 이사장으로서 이름만 걸어놓았지 실질적 관여는 하지 않았다.

육영재단은 육여사 생존시 어린이들에게 지·덕·체의 교육 시설을 제공하자는 뜻에서 만들어졌다. 그래서 첫 사업으로 시작한 것이 남산의 어린이회관 건립이었다. 그러나 육여사는 처음 시작한 어린이회관의 위치와 구조상 미흡한 점이 많다고 판단, 기존의 어린이회관을 도서관으로 전용하고 성동구 능동 서울대공원 안에 1975년 어린이회관을 새로 지었다.

4층 규모의 과학관과 문화관 건물 두 채로 된 회관에는 어린이들을 위한 과학기구, 기자재 등 각종 시설이 완비되어 있으며, 총직원은 2백여 명에 이른다.

이 밖의 부대사업으로 아동잡지 「어깨동무」, 유아잡지 「꿈나라」, 만화잡지 「보물섬」 등을 발간해 왔었다.

회관이 위치한 서울대공원은 원래는 육영재단 관리하에 있었으나

10·26 이후 기증 형식으로 국가에 귀속, 현재는 서울시가 관리하고 있다.

육영재단은 이처럼 어린이회관과 잡지 발간이 주된 사업이었으나, 3종류의 잡지 중에서 20년의 역사를 지닌 「어깨동무」와 「꿈나무」의 폐간으로 이제 잡지 발간은 만화잡지인 「보물섬」 하나로 축소되었다.

근혜씨는 어머니인 육여사가 애착을 갖고 시작한 「육영재단」에 대해 나름대로 재단 건립의 의도를 살리려고 했으나 여의치 않았고, 더구나 동생인 근영씨와의 불화설로 인해 결국은 90년 11월 3일 이사장직을 사퇴하고 말았다.

근혜씨는 박대통령 생존시 K모장관의 아들과 S모 사장의 아들 등 명문가의 자제들과 혼담설이 있었으나 어머니를 대신, 퍼스트 레이디 자리를 메워주는 역이 더 중요하다고 보고 결혼을 미뤘었다. 근혜씨는 현재까지 독신으로 살면서 박대통령의 사후 아버지 치적 등을 기리는 추모 사업에 전념하고 있다. 더욱이 90년 5·16을 전후해서는 박대통령 집권 18년을 담은 30분짜리 기록 영화 「조국의 등불」 등 2편과 그간의 기록을 모아 「겨레의 지도자」, 「박근혜 인터뷰집」 등 2권의 책을 펴내 기도 했다.

대통령의 차녀 근영씨는 언니와는 성격이 다른 편인데, 공적으로 활동 하기보다는 개인 생활을 더 소중히 여기는 타입이다.

그녀는 청운국민학교, 경기여중, 경기여고를 졸업하고 서울대 음대 작곡과에 입학했다. 학교 졸업 후 신분을 속이고 모여고에서 잠시 음악 교사로 재직한 적이 있으며, 수수한 차림새로 친구와의 모임, 쇼핑, 미장 원 출입 등도 곧잘 했다.

부모가 모두 사망한 후인 1982년 풍산금속 류찬우씨의 장남 류청씨와 결혼했는데, 결혼식에는 가족과 친지, 구 여당권 인사들이 대거 참석했으며 김종필씨 내외도 함께 참석했다.

시아버지 류찬우씨는 자신의 아들과 근영씨의 결혼을 놓고 회사의 한 측근에게 이렇게 심정을 털어놓은 적이 있다.

"나는 지금까지 신의를 무척 중요하게 여기며 살아왔다. 박대통령이 생존해 계실 때는 박대통령과 사돈 맺기를 원하는 사람이 줄을 서더니, 타계하고 나자 외면해 버리는 세상 사람들의 얄팍한 인심이 싫다. 그래서 두 사람이 결혼하겠다고 했을 때 반대하지 않았다. 오히려 잘된 일이라고 생각하고 고인의 유자녀를 며느리로 삼아 친정아버지 이상으로 시아버지의 사랑을 쏟아주리라 마음 먹었다."

훗날 이들 부부가 헤어지기로 결심했을 때, 류회장은 꽤나 고심한 것으로 전해진다. 두 사람에게 재고하라고 거듭 만류했지만 뜻대로 되지 않아 탄식했다고 한다.

"이왕 일이 이렇게 된 바에야 조금도 상대방에게 피해를 주어서는 안 된다. 누가 잘했다느니 잘못 했다느니 하고 말하는 것 자체가 서로에게 도움되지 않는다."

면서 주변 사람들에게 입조심을 당부했고, 또 떠나는 며느리의 입장이 행여 곤란해지지 않도록 각별히 신경을 썼다는 것이다.

지금까지 이들의 파경 이유가 양쪽 집에서 공식적으로 흘러나온 적은 없다. 다만 근영씨의 한 친척이 "서로간에 정이 깊지 않아 그렇게 된 것 아니냐"고 조심스럽게 진단할 뿐이다.

그녀는 언니인 근혜씨와 함께 영남대 이사로 있으며, 지난 90년 11월 15일에는 언니의 뒤를 이어 육영재단 이사장으로 취임했다.

막내인 지만씨는 1958년생으로 중앙고등학교를 졸업한 후 아버지의 뒤를 이어 육사에 진학했다. 육사 시절 그는 아버지인 박정희씨에게 많은 걱정을 끼쳤다고 한다. 10·26의 주역인 김재규씨는 강신옥 변호사와의 옥중 면담에서 그 당시 상황을 이렇게 밝혔다.

"육사에 입학한 지만군은 2학년 때부터 서울 시내에 외출하여 여의도와 반도 호텔 등지에서 육사생도로서는 도저히 용납될 수 없는 행동을 하고 다녔습니다. 그래서 본인이 박대통령에게 육사의 명예나 지만군의 장래를 위하여 다른 학교에 전학시키거나 외국 유학을 보내는 것이 좋겠다고 간곡하게 몇 차례 건의한 일이 있었습니다……."

그는 육사 시절 아버지를 잃었고, 81년 4월 육사 졸업 후 소위로 임관된 뒤 대구 근처에서 현역 생활을 하다 86년 3월 대위로 제대했다.

지만씨는 같은 해 6월 큰누나 근혜씨가 재단이사장으로 있는 영남대 자매교인 미인디애나주 볼스테이트대에 유학, 교육학 석사과정을 밟다가 도미 1년 5개월만인 87년 12월 귀국했다.

지만씨는 귀국 후 강남구 방배동의 빌라에 혼자 기거하며 고교 동창들과 어울려 폐쇄적인 생활을 했다. 이런 생활 중 91년 3월에는 마약 복용 혐의로 구속되기도 했다. 그가 구속되었을 때 박대통령을 따르던 측근들은 물론 그로부터 박해를 받았던 이철 의원까지 석방 탄원서를 제출해 눈길을 끌기도 했다.

지만씨는 주위의 따뜻한 사랑으로 새 삶을 찾아 충남 금산에 본사가 있는 삼양산업 사장으로 있다.

특히 지난 91년 10·26 12주기에서는 유족 대표로 참석하여 박씨 가문의 장자 역할을 하기 시작했다.

"앞으로는 이웃의 형제들과 힘을 합하여 선량한 이웃과 자리를 마련하여 슬기롭고 건강하게 살아가는 길만이 돌아가신 부모님께 뒤늦게

나마 효도할 수 있는 길이라 생각합니다."

한편 육영수 여사에게는 큰언니 인순씨, 오빠 인수씨, 여동생 예수씨가 있었다.

언니 인순씨는 홍순일씨와 결혼했으나 남편이 6·25때 행방불명되어 가난하게 살았다. 육여사는 생전에 늘 고생하며 지내는 큰언니를 물심양면으로 도왔다.

육인순씨의 장남 홍세표씨는 외환은행 뉴욕 지점장을 지냈고, 이어 본점 이사를 역임했다. 또 장녀인 홍은표씨는 장덕진씨와 결혼했는데, 장씨는 행정·사법·외무 등 고시 3과를 합격하고 청와대 수석비서관, 경제기획원 차관, 농수산부장관, 8대 국회의원 등을 지냈다.

육인순씨의 차녀인 홍소자씨는 고려대 영문과 출신으로 한때 큰이모인 육영수 여사의 비서로 있었으며, 서울대 사회학과 교수 한승호씨와 결혼했다. 현재 모친이 세운 혜원여고의 교장으로 있다.

육인순씨의 3녀 홍정자씨는 영남투자금융 회장인 유연상씨가 남편이다. 또 4녀인 홍지자씨는 민속촌 사장인 정영삼씨의 부인이다. 막내딸인 홍청자씨는 한때 대한선주 회장을 지낸 윤석민씨의 부인으로, 전 경기여고 교장을 지낸 주월영씨가 육영수씨를 통해 중매해 73년에 결혼, 3형제를 두고 있다.

육영수씨의 유일한 오빠인 인수씨는 도쿄 무사시노공고 전기과를 졸업하고 만주에서 전기회사에 근무했다. 해방 후 고등학교 수학교사로 있다가 63년 6대 국회의원이 됐다. 그 후 10대에 이르기까지 고향인 옥천, 보은에서 출마, 5선 의원이 됐고 10·26이후 정계에서 은퇴, 부인 박심자씨와 함께 야인 생활을 하고 있다.

박정희씨의 처제인 육예수씨는 함남 북청 출신의 조태호씨와 결혼했다. 조씨는 고려대를 졸업 후 유진오 총장 때 총무과장과 비서로 근무했으며, 5·16이후 5·16장학회 이사, 문화방송 이사(68년), 디자인 포장 센터 이사장을 지냈고, 정수장학회 이사장으로 있다가 몇해 전 작고했다.

18년의 장기 집권 동안 흥성한 듯 보였던 박대통령가의 사람들은 그의 사후 10년이 넘은 지금은 두드러진 활약을 보이지 않고 있다. 누구보다도 권력의 비정함을 느끼고 있을지도 모른다.

◇ 尹潽善

명망가로 야당 시대의 마지막 정치인이었다는
평을 받았던 해위 윤보선 대통령은 우리나라
역대 대통령 중 가장 화려한 가문 출신이다.

尹潽善家 가계도

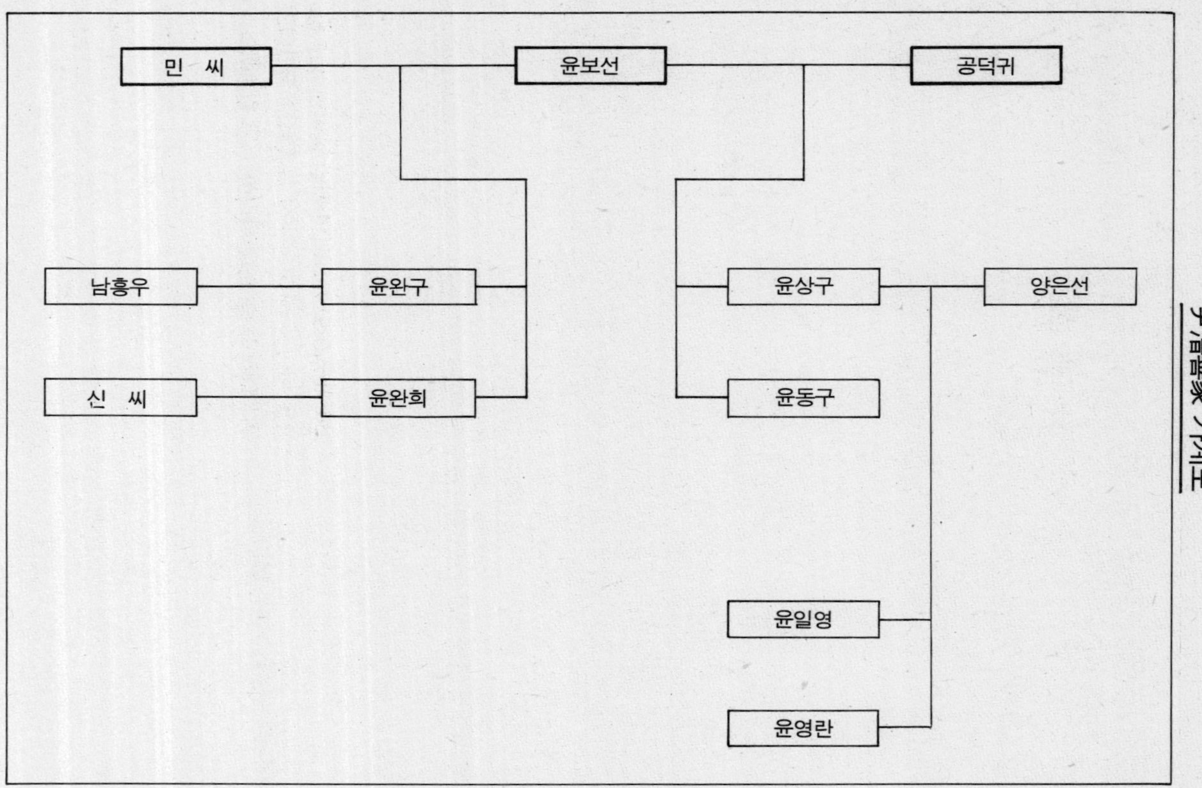

尹 潽 善

　명망가 야당 시대의 마지막 정치인이었다는 평을 들었던 해위 윤보선 전대통령은 우리나라 역대 대통령 중 가장 화려한 가문의 출신이다.

　윤보선씨는 1897년 8월 26일 충남 아산에서 아버지 윤치소씨와 어머니 이범숙씨 사이의 9남매 중 장남으로 태어났다.

　조선조 선조 때 영의정을 지낸 윤두수공이 12대 할아버지이며, 큰할아버지 윤웅렬씨는 구한말 군부대신을 지냈고, 할아버지 윤영렬씨는 육참총장, 아버지 윤치소씨는 중추원의원을 지냈다.

　그리고 삼촌 윤치영씨는 국회의원을, 당숙 윤치왕씨가 육군소장이자 초대 군의감, 역시 당숙 윤치창씨가 주영공사, 사촌형 윤일선씨가 서울대총장, 6촌형 윤영선씨가 전 YMCA 총무이자 농림부장관을 역임했다.

　윤보선씨의 손아래로는 민선 경기도 지사를 지낸 윤완선씨가 친동생, 홍승면 박사가 누이동생의 사위, 소설가 윤남경씨가 조카딸, 바이얼리니스트이자 서울 음대 교수인 김남윤씨가 조카며느리, 그리고 파이프 오르가니스트이자 이대교수인 윤양희씨가 사촌형 윤일선씨의 막내며느리가 된다.

윤보선은 네 살 때 아산에서 상경하여 일출소학교를 마친 뒤 일본 유학길에 올라 경응의숙 중등부에 입학했다. 그리고 22세 때인 1919년 3·1 운동이 일어나자 학업을 중단하고 상해로 건너가 임시정부에 들어갔다. 거기서 김규식, 신익희씨와 함께 임시정부 기관지라 할 수 있는 주보 발행을 주관했다.

이때 그는 빼앗긴 나라를 찾기 위해서는 자신의 내실을 다져야 한다는 것을 깨닫고, 1930년 영국으로 건너가 그곳의 명문 에딘버러 대학에서 고고학을 전공했다.

그가 학업을 마치고 상해로 돌아왔을 때 임정 요인들은 상해사변의 폭풍에다 자금까지 바닥나 뿔뿔이 흩어진 뒤였다.

그는 자금을 마련하기 위해 귀국했다가 그만 발이 묶여 버렸다. 안국동 저택에 파묻힌 그는 말을 잃었다.

에딘버러 시절에도 6명의 일본 유학생과 4년 내내 말 한 마디 나누지 않았던 그는, 안국동 사랑방을 찾는 일본 순사와 마주앉아서도 2시간이고 3시간이고 벽만 보고 침묵으로 미움과 거부를 표시했다.

안국동 자택에서 해방을 맞이한 그는 장덕수, 백남훈, 허정, 김도영씨 등과 함께 한국국민당을 창당하고, 뒤이어 송진우, 김성수, 김준연씨 등 이른바 원서동 그룹과 합류해 한민당을 창당함으로써 해방 정국의 정치판에 발을 들여놓게 된다.

그는 한때 이승만 대통령과 밀착하기도 한다. 이승만씨도 그를 아꼈다. 그러나 그가 상공부장관이었을 때 경성전기의 이태환 사장을 해임하라는 대통령의 지시를 거부하는 바람에 이승만과의 사이가 벌어지기 시작했다. 6·25를 겪으면서 둘의 거리는 더욱 멀어졌다. 그는 6·25의 비극은 이승만 정권에도 커다란 원인이 있다고 판단, 스스로 이승만 정권과 결별을 다짐한 것이다.

이승만 정권과 이별한 뒤 그는 정치와 무관한 대한적십자사 총재, 상이군인신생회 회장 등을 맡아 일을 보게 된다.

피난 수도 부산에서 있었던 정치파동은 그를 옛자리인 한민당계로 되돌려 놓았다. 그 후 59년의 민주당 전당대회 때 신파가 추진한 구파 케이스 최고위원으로 민주당의 지도부로 전입하게 된다. 이때 그를 구파의 지도자로 끌어올린 것은 유진산씨였다.

그는 구파 지도자로서 총리를 원했으나 신파는 상징적 대통령으로 밀어올리고 구파의 다른 한 사람 김도연을 경쟁자로 해 총리를 따갔다. 그래서 그는 신파의 지도자 장면 총리를 친일의 경력이 있는 사람, 부산 정치파동 때 스웨덴 병원에 피신한 사람, 군수집단인 신파에 업힌 사람이라고 평하면서 장총리를 미워했다.

그 결과로 결국은 5·16 쿠데타가 일어나고 말았다. 5·16과 관련해 그는 모호한 태도로 비난의 대상이 되기도 한다.

쿠데타가 일어나자 그는 "올 것이 왔구나"라는 말을 해 지금까지도 그 말의 진의가 무엇인지 궁금하게 하고 있다.

또한 쿠데타 진압 명령서에 사인하라는 매카나기 대사와 매크루더 유엔군 사령관의 2시간에 걸친 간청을 끝내 뿌리치고 말았다.

이 두 가지 사례는 그가 5·16쿠데타를 양해 내지 긍정했다는 주변의 시선을 받기에 충분했다.

그러나 그는 군정에서 민정으로의 이양을 앞둔 시기에 5·16군부 세력과 가장 직선적으로 대결했던 정치인으로서의 경력도 지님으로써 그에 대한 평가를 혼동케 하기도 했다.

그는 62년 3월 정쟁법에 반대하여 대통령 자리를 물러났고, 그 후 63년 정치 활동이 재개되자 민정당을 만들어 그해 겨울에 있었던 대통령 선거에 직접 출마했다. 그는 이 대결에서 결국 패배했으나 전임 대통령이란 후광과 군정 반대의 바람을 타고 박정희 후보에 15만표 차까지 육박하여 당시 군정 세력의 가슴을 조이기도 했다.

이후 그는 국민의 절반에 가까운 적극적 지지를 업고 야당 지도자로서의 절대적인 위치를 확보하게 됐다. 그는 이때 '정신적 대통령'이라는 유명한 말을 남겼다.

그 후 군정을 반대하는 명분을 내걸고 박정권과 무한 투쟁을 선언했다. 한일회담을 미국 외교로, 월남 파병을 청부 전쟁으로 규정해 박정권을 강타했다.

학생과 지식인도 참여시킨 그의 이른바 범국민전선의 투쟁 노선은 야당을 강온파로 갈라놓았다. 이때 해위는 자신의 조직과 책략을 도맡아 온 유진산의 온건 노선을 야합으로 규정해 내몰았다. 이것이 유명한 '진산 파동'이다.

이 파동은 자신의 조직을 두 동강냈고, 그 때문에 그는 단일 야당을 만들고도 신파의 임시 지도자 박순천에게 통합 야당 민중당의 지휘탑을 빼앗기는 좌절을 겪어야 했다.

박순천, 유진산 팀이 그의 노선에서 벗어나자, 그는 의원직을 던지고 신한당이라는 새로운 선명 야당을 만들었다.

그리고는 67년 다시 신한당의 대표로 두번째 대통령 선거에 나섰지만, 4년 전에 비해 크게 뒤떨어지는 2백만표 차로 패배한 뒤 정치 일선에서 일단 물러섰다.

그러나 72년 박정희 정권이 10월유신으로 강압 정치를 시작하자, 그는 반박정희 투쟁을 선언하며 당시 야권 인사들을 이끌었고, 74년에는 민청련을 지원한 혐의로 군사재판에서 징역 15년의 구형만 받은 채 자택인 안국동 8번지에서 연금 생활을 시작했다.

이때부터 60년대 민중당 강경파의 정치 사랑방이었던 해위의 안국동 사저는 재야 원로 정치인의 회합 장소로 변해 76년 명동성당사건, 79년 10월의 YWCA 위장결혼식사건 등 굵직굵직한 정치 사건에 자리를 제공해 주는 장소가 되기도 했다.

그 후 80년 이른바 '서울의 봄'을 맞아 해위는 마지막 남은 정치 역량을 경쟁과 협력을 시작한 김영삼, 김대중 양김씨의 대통령 후보 단일화에 쏟았으나 김대중씨가 구신민당 입당을 포기하고 단일화에 반대하자 스스로 정계에서 물러남으로써 불만을 표시하기도 했다.

이때부터 해위는 지금까지 그가 걸었던 길과는 정반대의 길을 걷기 시작했다. 야당과 재야 운동권의 꿈이 부서진 정치의 황무지에서 그는 신군부가 올리는 전직 대통령의 예우를 기꺼이 받아들였던 것이다.

이 같은 선회는 그의 긴 투쟁이 반박정희였는지, 반군부였는지를 흐리게 만들었다. 전두환 시대 내내 투쟁을 멈췄고, 그래서 민간 정치 세력은 반군정 기수로서의 해위를 기억에서 지웠다.

결국 그는 정부 요인으로 출발했다가 정부의 깍듯한 전직 대통령 예우 속에 살다가 90년 7월 18일 93세를 일기로 타계했다.

윤보선 전대통령은 원래 민씨 성을 가진 규수와 결혼했다. 첫딸 완구씨를 28세 때인 1925년에 낳았으며, 둘째딸 완희씨는 1929년에 낳았다.

그 후 부인 민씨는 병으로 죽어 독신으로 있다가, 1948년 가을 공덕귀

여사와 결혼했다.

이때 두 딸의 나이는 23세, 19세였으며, 윤보선씨는 51세, 공여사는 37세였다. 공덕귀 여사는 1911년 충무에서 공도빈씨의 차녀로 태어나 부산의 일신여학교를 졸업했다.

여학교 졸업 후 그녀는 일본에 건너가 문부성 동경여자신학전문학교에 적을 두고 신학에 몰두하다가 1945년 4월 귀국했다. 이듬해 1월 15일 남대문조선신학교에 강사로 취임하여 중고생들의 특별 지도를 맡게 되었다.

그러나 실력이 미비함을 자각한 공여사는 프린스턴 대학에 유학갈 준비를 서서히 해나가고 있었다. 처음 이 대학이 남녀 공학을 하려 할 즈음이었다. 풀 스칼라십을 받고 영어 실력만 쌓아 몸만 떠나가면 되는 판인데 호주 선교부에서도 유학 초청이 왔다.

신학대학장 송창근 목사는 친아버님 같은 분으로 호주로 갈 것을 그녀에게 종용했다. 하지만 그녀의 마음은 프린스턴으로 굳혀져 48년 9월 서류 마련도 다 해 놓았었고 앞으로 신학운동에 한 생애를 바치려고 했는데, 때 아닌 청혼이 거듭된 나머지 안국동 8번지의 주부가 되고 말았다.

지방 출신인 공여사로서는 윤보선씨를 알 리가 없었다. 안동교회를 거친 덕수교회 최거덕 목사와 젊은 날의 지도적 사표인 송창근 목사 등의 끈덕진 설득과 권유대로,

"해외 유학은 뒤로 돌릴 수 있으며, 명문 가정에 들어가 복음을 전파하는 것도 빛과 소금의 구실을 다하는 큰 일."

이라는 말에 망설이며 마지못해 따른 것이 그녀의 운명을 결정짓게 되었다.

공여사는 결혼 이듬해 맏아들 상구씨를 낳았으며, 2년 후에는 차남 동구씨를 낳았다.

청와대에 들어갈 때 두 형제의 나이가 12살, 10살로 공여사는 청와대에서 개구장이 두 형제를 길렀다. 당시 청와대는 일반에게 공개됐는데, 그곳에는 공여사가 안국동 사저에서 가져간 된장독은 물론 두 개구장이의 빨래가 흩날렸다고 한다. 공여사는 이곳에서 시어머니를 모셔 청와대에서 고부간이 함께 살았던 최초의 케이스가 되고 있다. 윤 전대통령의 청와대 시대는 1년 8개월, 그 후 안국동 8번지 99칸 사저로 돌아갔다.

윤보선씨와 첫부인 민씨 사이에서 태어난 두 딸 중 장녀 완구씨는 전고려대학교 법대학장 남홍우씨와 결혼했고, 둘째딸 완희씨는 사업가와 결혼했으나 남편과 사별했다.

윤보선씨와 공여사 사이에서 태어난 첫아들 상구씨는 미국 시라큐스대학 건축학과를 졸업했으며, 한때는 미국의 섬유회사에 근무하다가 귀국하였다. 지금은 개인적으로 건축업을 하고 있다.

그는 연세대 부총장을 지낸 양재모 박사의 딸 은선씨와 1980년 10월 결혼하여 일영군과 영란양 등 1남1녀를 두고 있다.

차남 동구씨는 미국 로드아일랜드주에 있는 스쿨오브디자인 유니버시티를 졸업한 후 화가로 활약 중이다.

한때 미국에서의 실종설로 국내외를 바짝 긴장시킨 장본인이다. 그러나 곧 낭설로 밝혀졌다. 그 후 귀국하여 85년에는 지하철 사당역 벽화를 제작하는 등 왕성한 활동을 하고 있으며, 화단에서는 젊은 화가로 주목받고 있다.

윤보선씨가 운명하는 날까지 살았던 안국동 8번지 아혼아홉칸짜리 대저택은 2백27칸으로 민속자료 27호로 지정되어 있다.

여기에는 장남 상구씨 내외와 손자, 손녀, 운전사와 경비원, 주방에서 일하는 사람 등이 살고 있으며, 차남 동구씨는 91년 중순까지 같이 살다가 그림을 그리기 위해서 분가, 벽제에서 살고 있다.

◇ 張　勉

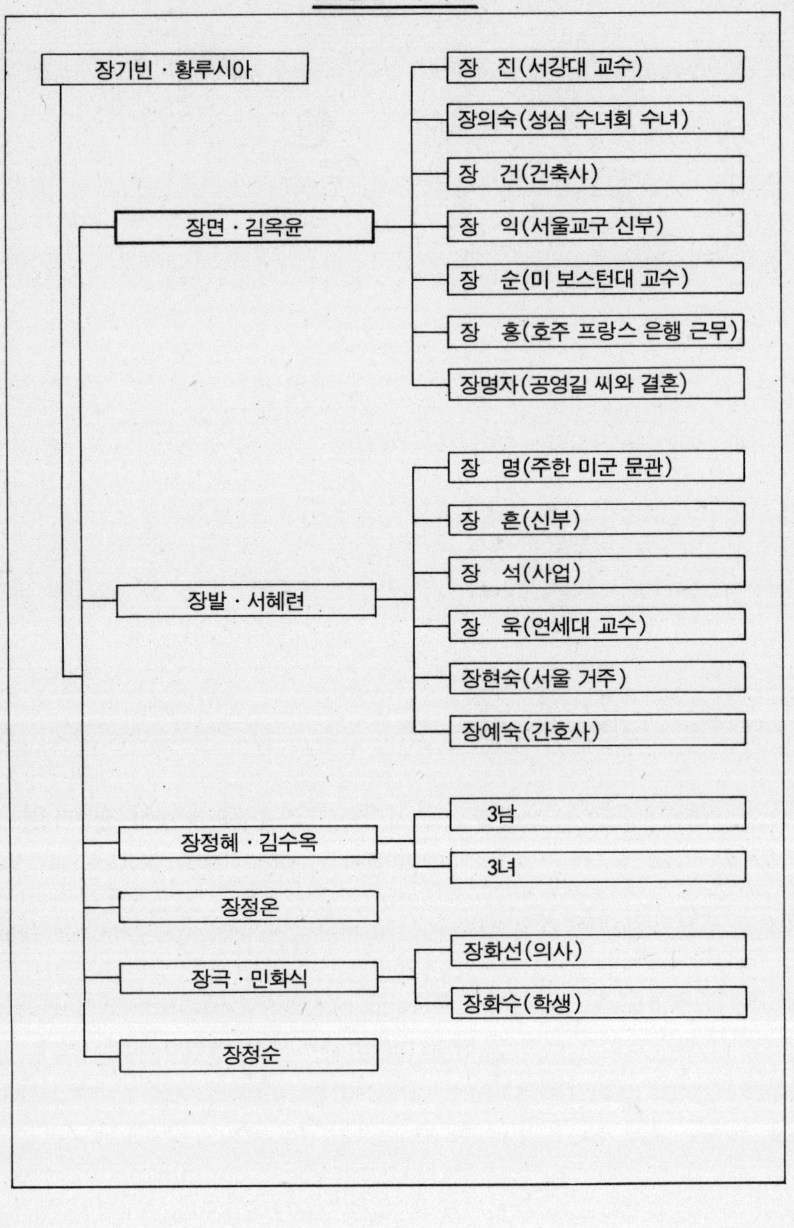

張勉家 가계도

장기빈 · 황루시아

장면 · 김옥윤
장 진(서강대 교수)
장의숙(성심 수녀회 수녀)
장 건(건축사)
장 익(서울교구 신부)
장 순(미 보스턴대 교수)
장 홍(호주 프랑스 은행 근무)
장명자(공영길 씨와 결혼)

장발 · 서혜련
장 명(주한 미군 문관)
장 흔(신부)
장 석(사업)
장 욱(연세대 교수)
장현숙(서울 거주)
장예숙(간호사)

장정혜 · 김수옥
3남
3녀

장정온

장극 · 민화식
장화선(의사)
장화수(학생)

장정순

張　勉

　1961년 5월 16일 새벽, 군부 쿠데타 소식을 들은 장면 총리는 우여곡절 끝에 혜화동 성당의 가르멜 수녀원에 피신한다.

　그로부터 55시간이 지난 18일 정오, 장총리는 중앙청에 모습을 나타낸다. 중앙청에 도착한 장총리는 청와대로 올라가 윤보선 대통령과 간단히 이야기를 마치고 혜화동 자택으로 향했다. 장면 총리의 270일 정권이 종지부를 찍는 순간이었다.

　내각수반으로서 책임을 지고 사태를 적극 수습하지 못한 장총리의 이때 행동은 지금까지 비난과 함께 풀리지 않는 궁금증의 하나로 남아 있다.

　회고록에서 그는 그때의 상황을 이렇게 말한 바 있다.

　"지금까지도 필연적으로 쿠데타에 의해 정권을 내놓아야 할 정도로 제2공화국이 큰 과오를 범했다는 의식적인 자각은 없다. 다만 정권을 유지하지 못한 탓으로 국민 여망에 어긋나게 된 결과에는 나 자신이 뼈아프게 도의적인 책임을 느낀다."

스스로도 2공화국의 몰락에 대해 잘못을 시인할 만큼 그는 정치적으로 실패한 인물이었다.

어느 집안이나 나름대로의 가풍이나 특색이 있게 마련이지만 장면가 역시 예외는 아니다.

장면씨 집안의 대체적인 특징은 모두 독실한 가톨릭 신앙을 지녔으며, 외국어에 능통한 이가 많고, 남자 자손은 이름이 전부 외자 돌림이다. 또한 성직자가 다수 배출되었고 일찌기 외국에서 공부한 사람이 태반이다.

장면씨의 부친은 장기빈씨로 1878년 평남 중화 출신. 중화는 지학순 주교(천주교 원주 교구장)가 태어난 곳으로 천주교 신앙이 일찍부터 뿌리를 내린 지역이다. 그는 일찌기 서울로 가서 한말 관립외국어(영어·일어) 학교에서 영국인에게서 영어를 배웠다. 그리고 재학 중 평양 출신의 동갑나기 황루시아씨와 결혼해 장남인 장면씨를 비롯, 발(勃. 화가), 정혜(貞慧), 정온(貞溫. 수녀), 극(항공공학자), 정순(貞順) 등 3남3녀를 낳았다.

기빈씨는 인천 세관에서 근무하다가 나중엔 영국인이 근무하는 타운센드 회사에서 무역과 보험 관계 일에 종사했다. 그는 당시 한국인으로선 드물게 영어 외에 독학으로 일본어, 중국어, 러시아어에 능통했다고 한다. 장면씨 회고에 의하면, 자신이 미국 유학을 마치고 귀국해 부친을 뵈니 자기보다 영어를 더 잘하고 영문 또한 명확했다고 한다. 장면씨 역시 미국인도 놀라는 고급 영어 실력을 지니고 있었음에 비추어, 기빈씨의 영어 실력이 대단히 뛰어났음을 짐작할 수 있다.

그는 아들들에게 어릴 적부터 호를 직접 지어 준 것도 이채롭다. 장남인 면은 운석(雲石), 발은 우석(雨石), 극은 하석(霞石)으로 모두 비우

(雨)자를 넣었다. 자신의 호가 태엄(太嚴)이어서 아들들의 호는 큰 바위 성분인 돌로 표현하고 구름, 비, 안개를 본따 호를 지었다. 이로 미루어 기빈씨는 한문과 작명에도 일가견을 지녔던 것 같다. 또 아들의 이름에 한결같이 힘력(力)자가 들어가 있다.

자녀들의 신앙 교육에 철저했고 진보적인 사상에 투철했던 기빈씨는 1959년 작고했고, 부인은 그보다 5년 먼저 세상을 떠났다. 기빈씨는 3남3녀의 후손들에게서 27명의 손자손녀들을 보았는데, 직업별로 보면 대학교수 6명, 의사 3명, 엔지니어와 건축가 2명, 신부 2명(대학교수를 겸함), 군관리관 2명, 수녀 1명, 고교교사 1명 등이고 나머지는 학생들이다.

장면씨는 1898년 8월 28일에 서울 적선동에서 태어났다. 1917년 수원 고등 농림학교(현서울대농대 전신)를 거쳐 1919년 도미, 1925년 맨해턴 가톨릭대 문과를 졸업했다. 귀국 후 천주교 평양 교구청에서 일하면서 한국에 진출한 미국 메리놀회 선교사들에게 한국어를 가르쳤다. 1929 년 서울 혜화동에 있는 동성상고 교사로 재직하면서 시인 정지용 등과 「가톨릭 청년」이란 잡지를 창간했고, 1936년부터 1945년까지 교장직을 역임하기도 했다.

그는 동성학교에 근무할 때 작고한 전서울대 교구장인 노기남 대주교를 가르쳤고, 김수환 추기경 역시 그의 제자 중 한 사람이다. 해방 후 정계에 투신, 과도 정부 입법의원을 지냈고, 1949년 초대 주미대사를 지냈다. 4·19가 일어난 뒤인 1960년 민주당 정부하의 국무총리가 됐고, 집권 9개월만에 5·16 쿠데타로 정치 일선에서 손을 뗐다.

군사 정권에 의해 한때 투옥되기도 한 그는 말년에는 야인으로서 신앙 생활에 전념했고, 1966년 6월 4일 지병인 간염으로 사망했다.

그는 1948년 미국의 맨해턴대와 1957년 시튼홀대에서 두 개의 명예 법학박사 학위를 받았다. 작고할 때까지 회고록인 「한 알의 밀이 썩지 않고」 등 7권의 저서 및 역서를 펴냈다.

장면씨는 정치가이기에 앞서 구도적 삶을 추구한 인품의 소유자로 널리 알려져 있었고, 공학을 제외한 각 분야의 학문에도 조예가 깊었다.

장면씨의 비서관으로 일했던 이홍렬씨의 말.

"총리로 계실 때 가끔 주한 외교 사절이나 친지들에게 급한 용무로 장박사의 편지를 전달하면 상대방은 모두가 그 필적을 알아보고 그 수려한 문장과 '펜맨십'에 감탄했습니다. 하루는 무초 주한 미대사를 방문해 편지를 내민즉 주소만 쓰여진 겉봉을 보고 금방 장박사임을 알더군요. 그래서 내가 어떻게 장박사 편지인 줄 알았느냐고 물으니, 무초 대사 대답이 '장박사의 문장과 필적은 워싱턴에서도 유명하다' 면서 나보고 얻어두라고까지 말하더군요"

장면씨 밑에서 국방부장관을 지낸 현석호씨는, "어느 날 내가 장박사 께서도 사람인즉 외도도 있을 수 있지 않겠느냐고 물으니 없다는 겁니다. 정말 없었느냐고 재차 물으니 지금까지 살아오면서 다른 여자를 가까이 한 적이 단 한번도 없었다고 하더군요. 장면씨는 그런 분이었습니다."고 말했다.

장면씨는 수원농림학교 2학년 재학 중이던 19세 때 미곡상을 경영하던 김상집씨의 장녀인 17세의 김옥윤씨를 맞아 부부의 인연을 맺게 된다. 김여사 집안 역시 오랜 가톨릭 신앙을 가꾸어 왔고 양가 부모끼리 서로 잘 아는 처지였다. 김여사의 여동생, 그러니까 장면씨의 처제 되는 김정희씨는 6·25때 수녀로서 납치돼 사망한 것으로 추정된다. 이들 부부는 48년간의 결혼 생활에서 5남2녀를 낳았다.

장면씨의 첫째동생인 장발씨는 1901년생으로 서양화가이다. 우리나라에서 성화를 개척한 선구자의 한 사람으로 손꼽힌다. 1920년 동경미술학교에 입학하여 공부하다 1921년 도미, 뉴욕의 내셔널 디자인 아카데미를 거쳐 1925년 컬럼비아대 미술과를 졸업했다. 명동 성당 제대 뒷면에 있는 「14종도상」이 바로 장발씨가 1925년 7월에 그린 것인데 그의 대표적인 성화 작품 중의 하나다.

장발씨는 해방 후 서울대 미술과 창설을 주도했고 1961년까지 초대 미술대학장을 역임했다. 그는 1961년 이탈리아 특명 전권대사로 임명되기도 했으나 5·16으로 인해 부임도 못하고, 1962년 미국으로 건너갔다.

미국에서 그는 세인트 빈센트 대학 명예교수로 있으면서 창작 활동에만 전념해 왔는데, 1984년에 대한민국 문화훈장을 받기도 했다.

작고한 부인 서혜련씨와의 사이에서 4남2녀를 낳았는데, 장남인 명씨는 주한 미군 문관으로 근무 중이다. 둘째인 흔씨는 미국 분도회 신부이자 컬럼비아대 교수이기도 하다. 셋째인 석씨는 사업가로 서울에 거주하고 있다. 넷째인 욱씨는 현재 연세대 철학과 교수로 미국 메리놀 신학대, 벨기에 루벵대, 서독 뮌헨대 대학원에서 공부했고, 외국어대 교수를 지내기도 했다. 큰딸은 현숙씨(서울 거주)이고, 작은딸 예숙씨는 미국에서 간호원으로 일하고 있다.

장녀인 정혜씨는 사업을 하는 김수옥씨와 결혼, 슬하에 2남2녀를 두었고, 74세의 나이로 10년 전 작고했다. 장남은 토목 기사로 미국에 살고 있고, 차남 역시 미국에서 안과 의사로 일하고 있다. 딸 둘 역시 결혼했고, 막내딸은 중학교 교사이다.

장면씨의 형제 중 막내인 정순씨는 동경성심여대 전문학교를 졸업한 후 일찌기 사망했다. 장면씨의 가족 중에서 가장 먼저 세상을 떠난 셈이다.

1906년생인 정온씨는 인천 박문소학교와 숙명여고 보통학교 보수과(초급대 과정을 포함한 4년제)를 졸업한 뒤 1922년 도미, 그해 5월 22일 메리놀 수녀회에 입회했다. 1925년 4월 30일 수녀로서 첫 서원을 한 장수녀는 그해 10월 귀국, 평북 의주 성당에서 전교 수녀로 일했다.

1931년 다시 일본 성심여대에 유학, 1935년 졸업한 뒤 첫 한국인 수녀회인 '영원한 도움의 성모 수녀회' 설립에 따른 수련장 수녀직을 맡게 되었다. 말보다는 모범으로 수련 수녀를 지도한 장수녀(세례명 마리아, 수도명 앙네다)는 동포 수녀 양성에 온 힘을 기울였다. 1941년 5월 척추병으로 일본에서 수술을 받은 다음부터는 자주 병원에 다녀야 할 만큼 고통을 받았으나 강한 정신력으로 수도자의 생활을 계속했다.

그러던 중 해방이 되자 장수녀는 공산당에 의해 장면 박사의 동생이라는 이유까지 덧붙여져 이루 말할 수 없는 박해를 받기에 이른다. 1950년 6·25가 일어나자 장수녀는 평남 대동군 송림리 공소에 피신해 있다가 그해 10월 4일 공산군에게 끌려가 행방불명됐다.

장면씨의 셋째 남동생인 장극씨는 1913년생으로 한국인으로서 세계에 널리 알려진 항공공학자이다. 그는 경성중(현 서울중 전신)을 졸업한 후 경성제대 문과에 입학했다가 진로를 바꿔 1933년 다시 같은 대학 의예과에 입학했다. 그러다가 본과 2학년 재학 중 다시 진로를 변경, 항공공학을 공부하기로 마음먹게 된다. 그러나 당시로선 우리나라에 그런 학과가 없어 독일 유학을 결심, 1935년 시베리아 횡단 열차를 타고

베를린으로 떠났다. 항공공학을 택하게 된 것은 둘째형인 장발씨의 권유가 큰 영향을 미쳤다고 한다.

온갖 고생 끝에 1940년 베를린 공대를 졸업했으나 귀국길이 막혀, 그는 2년간 독일 내의 유수한 항공기 생산업체인 시벨사와 다임러 벤츠사의 엔진 공장에서 근무하기도 했다. 이후 그는 한때 결핵에 걸려 스위스에서 요양 생활을 했고, 건강을 되찾자 취리히 국립공과대학(2년), 프랑스 소르본대를 거쳐 1947년 뉴욕대 대학원과 하바드대 대학원에서 각각 석사학위를 받았다. 1950년 로테르담대에서 이학박사 학위, 1963년 베를린대에서 공학박사 학위를 받았다.

한때 록히드 항공사의 연구 전문가, 미해군 연구소에서 일한 적도 있는 장극씨는 1979년 미국 가톨릭대를 정년 퇴임, 명예교수가 됐다. 그리고 나서 그해 한국과학기술원 초빙 교수로 귀국, 현재까지 동포 학생을 가르치며 국내에선 처음으로 민간 항공기를 개발해냈다.

그는 42세 때 13세 아래인 소아과 여의사인 민화식씨와 뒤늦게 결혼, 2명의 딸을 두고 있다. 형인 장발씨가 소개해 결혼이 이루어졌는데, 장발씨는 민여사 집안 식구들과 친하게 지내던 사이였다.

민여사는 경기여고와 우석의대를 졸업하고 6·25 때 대만에 있다가 미국으로 건너갔었다. 현재 미보건성 식료·약품 관리국에 근무하고 있다. 구한말 고종 황후가 집안의 고모가 된다. 큰딸 화선(27세)양도 컬럼비아대 의대를 나와 샌프란시스코 부속병원 내과 레지던트로 일하며, 둘째딸 화수(22세)양은 버지니아대 건축학과에 다니고 있다. 따라서 장극씨는 서울에서 혼자 살고 있는 셈이다. 그래서 "고국에 돌아와 일한다는 보람은 있으나 생활은 영 재미가 없다"고 말하고 있다. 혼자 지내므로 손님이 와도 자신이 직접 차를 끓여낸다.

장면씨는 부인 김옥윤 여사와의 사이에 5남2녀를 두었다.

장남 진씨는 1927년 2월 10일 서울에서 태어났다. 경기고를 거쳐 미국 브라운대 생물학과를 졸업하고 프린스톤 대학원에서 생물학박사 학위를 받았다. 영세명은 요셉, 평소 말이 없는 성품으로 기계를 만지는 손재주가 뛰어나다. 서강대 교수 및 부총장을 지내다가 휴직하고 1년 반의 기한으로 프린스턴대에서 생물학을 가르치기도 했다.

그는 서울 종로구 익선동에 사는 김재만씨의 딸인 김종숙씨를 미국인 신부의 중매로 만나 1965년에 결혼했다. 김여사는 결혼 당시 서강대 사무원으로 일하고 있었다. 신랑 나이 38세, 신부 나이 31세로 뒤늦은 결혼이었다. 김여사는 1984년 미국 국적을 취득했으나, 장진씨는 그대로 한국 국적을 갖고 있다. 슬하에 자녀는 없다.

장녀 의숙씨는 1930년 3월 21일생으로 영세명은 베네딕따. 경기여고 를 거쳐 미국 트리니티 칼리지에서 미술사를 전공했고, 워싱턴 가톨릭대 대학원에서 석사학위를 받았다. 트리니티 칼리지를 졸업한 후 미국 성심 수녀회에 입회, 23세 때 수녀가 됐으며, 볼티모어에서 동수녀회가 운영 하는 학교에서 고교교사로 일하고 있다.

그녀 역시 1966년 미국 국적을 취득했다. 장면씨는 장녀인 의숙씨를 무척 자랑스럽게 생각했다고 한다. 먼 이국땅에서 수도 생활을 하고 있는 딸을 위해 작고하기 전까지도 기도하기를 멈추지 않았고 아버지의 정이 가득 담긴 편지를 써서 보내곤 했다.

차남 건씨는 1932년생으로 영세명이 안드레아. 경기고를 나와 서울 공대를 졸업한 후 6·25때 도미, 워싱턴 가톨릭대에서 박사학위를 받고 동대학에서 건축학을 강의했다. 현재는 워싱턴 근교의 포토맥에서 건축 회사의 건축사로 근무하고 있다. 전 경향신문 사장인 한창우씨의 딸

광희씨와 1967년 결혼, 슬하에 아들 한 명이 있다.

3남인 장익 신부는 1933년 11월 20일생으로 1963년 3월 30일 서울 교구 소속으로 사제 서품을 받았다. 신학생 시절부터 외국으로 건너가 미국 메리놀대 인문과, 벨기에 루벵대 철학과, 오스트리아의 인스부르크 대 신학과에서 공부, 신학박사 학위를 취득했다. 신부가 된 뒤에도 그는 국립대만대에서 중국문학과 중국철학을 공부하기도 했다. 장면씨 집안 사람들이 외국어에 능통하지만 그 중에서도 장익 신부는 가장 많은 외국어를 구사한다. 영어, 불어, 독일어, 중국어, 이태리어는 본토 사람 그대로의 실력을 지니고 있고, 이 밖에 희랍어와 아랍어, 스페인어도 수준급이다. 신부인 관계로 라틴어도 물론 잘한다. 이 같은 어학 실력을 바탕으로 장익 신부는 귀국 후 일선 본당에서 사목하기보다는 서울대 교구 부설 사목 연구실장으로 있으면서 서강대 강단에서 학생들을 가르 치고 있다.

그는 지난 84년 교황이 한국을 방문했을 때 도착 성명서의 초안을 잡고 교황에게 한국어로 인사를 할 수 있게 돕기도 했다.

다섯째인 장순씨는 현재 미국 보스턴대 정치학과 교수로 외교학을 강의하고 있다. 1935년 10월 17일 서울에서 태어나 경기중 재학 중 유학길에 올라 미국에서 중고등학교를 마치고 박동선씨가 다녔다는 죠지타운대 정치학과를 졸업했다. 그는 대단한 독서광으로 알려져 있 다. 어릴 때부터 책 읽기를 좋아해 아버지 장면씨가 건강을 염려했을 정도라고 한다. 그리고 경기중에 입학해 불과 한 학기를 거치고 나서부 터 일상의 영어 회화는 막힘이 없었다니, 외국어 재주는 타고난 것 같 다.

간호원인 독일인 아나리사씨와 결혼, 두 명의 아들을 두었다. 연애 결혼을 한 셈인데 대학 병원에서 만난 아나리사 여사가 장순씨의 인품에 반해 2년간의 사귐 끝에 결혼에 이르게 되었다고 한다.

막내인 장흥씨는 국민학교 때부터 미국 유학 생활을 시작했다. 이후 벨기에 루뱅 대학 철학과를 졸업하고 파리 가톨릭대에서 신학을 공부했다. 신학의 길을 포기하고 31세 때인 1970년 마리오들씨와 결혼했다. 결혼 후 그는 미국 오리건주 대학에서 철학교수로 일하다가 3년 전 호주로 건너가 현재는 시드니의 프랑스 은행 직원으로 있다. 슬하에 아들만 4명이다.

그는 자신이 일찍 고국을 떠났지만 아버지의 교훈대로 한국말 책 읽기를 계속해 우리말을 잊어버리지 않았다고 한다. 고국의 역사도 알기 위해 역사책을 보내 달라고 해 독학하며 고구려, 백제, 신라를 배웠다고. 프랑스 국적을 취득했다.

1941년생인 명자씨는 막내딸로 서강대 영문과를 졸업했다. 이후 도미, 필라델피아의 가톨릭계 대학에서 도서관학을 전공, 석사학위를 받았고, 캘리포니아 샌디에이고 도서관에서 잠시 일했다.

명자씨는 언니인 의숙 수녀처럼 수녀원에 입회, 수도자가 되려고 했으나 결국은 타자기 회사와 안과 의사로 이름난 공병우씨의 아들 공영길씨와 부부의 인연을 맺었다. 그러나 87년 4월 암으로 타계했다.

장면가의 사람들은 어릴 때부터 외국으로 나가 공부하는 바람에 가족끼리 오손도손 모여 사는 즐거움은 누리지 못했으나, 날마다 떨어져 생활하는 형제들을 위해 서로 기도를 올릴 만큼 우애가 좋은 것으로 알려졌다.

◇ 李承晚

초대 대통령 이승만가는 단조롭고 손이 귀해 6대독자로 이어지다가 이박사대에 이르러 손이 완전히 끊긴다. 특히 이박사는 외국인 여인과 결혼한 유일한 대통령으로 국민들에게 기억된다.

李承晩家 가계도

이경선
김여사
우씨
장녀
심씨
2녀
프란체스카
이승만
(양녕대군 16대손)
박승선
강석
(양자)
태산
심종화
심준구
심종혁
심선구
우제하
인수
(양자)
은수
(양자)
안연옥
1남3녀

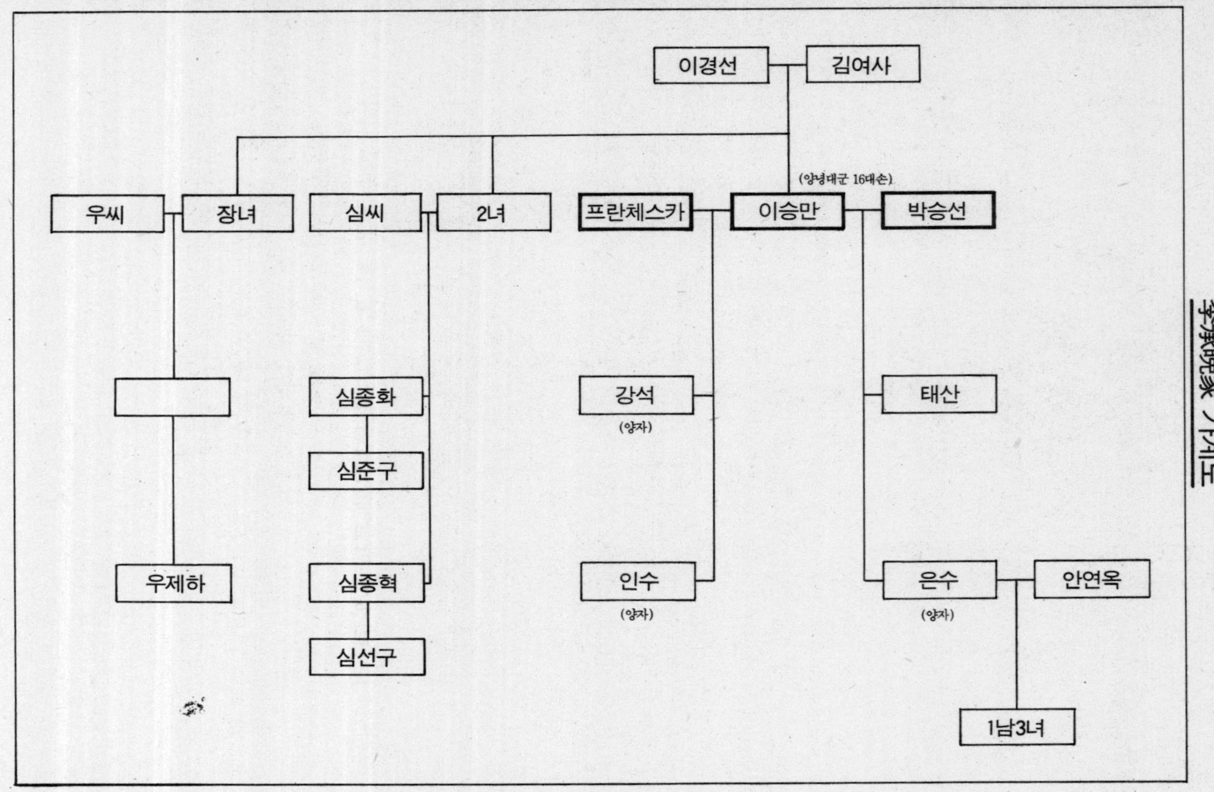

李 承 晩

　대한민국 정부 수립과 함께 초대 대통령에 당선되어 제1공화국을 이끌었던 이승만 박사는 양녕대군의 16대손으로 1875년 3월 이경선씨의 장남으로 태어났다.

　그가 태어날 때까지 그의 어머니는 딸 둘만 낳았기에 아들을 갖는 것이 염원이었다. 당시의 사회에는 대를 못 잇는 며느리를 죄악시할 때였다.

　그러던 어느 날 용이 하늘에서 내려와 가슴에 안기는 꿈을 꾸고 이박사를 잉태했다고 한다. 그래서 그의 어린 시절 이름은 승룡(承龍)이었다.

　6대 독자로 태어난 이박사에게는 두 명의 누나가 있었다. 큰누나는 해주 굴양골 우씨댁으로 출가했는데, 우제하씨가 그 손자다. 작은누나는 황해도 연백 심씨 집으로 출가하여 종화(작고), 종혁(생존) 두 아들을 두었는데, 종화씨의 아들 준구씨와 종혁씨의 아들 선구씨가 현재 서울에서 살고 있다.

이박사의 부친 이경선씨는 선비 정신을 생활의 으뜸으로 치는 유생이었다. 이경선씨는 꽤 많은 재산을 선대로부터 물려받았으나 재산을 지키고 늘리기보다는 주위의 어려운 사람에게 베풀기를 좋아해서 이박사가 태어나기 훨씬 전에 이미 가산을 탕진했다. 생애를 마치는 날까지 언제나 선비의 품성을 지키고 유교의 덕목을 지키며 살았다고 한다.

그래서 이박사의 모친 김여사는 항상 아들인 승룡에게 "너의 아버님은 그저 벗들과 한가롭게 담소하는 것을 유일한 낙으로 살고 계시다"라는 말을 자주 하곤 했는데, 남편의 유유자적함이 한편으론 경제적 곤궁을 불러와 은근히 불만을 품고 있었음을 눈치챌 수 있다.

이경선씨는 아들에게 이씨 가계의 종계(宗系)를 종이에 베껴 항상 몸에 지니고 다니도록 당부할 만큼 가문에 대한 긍지와 자부심이 강했다.

이박사는 6대째 내려오는 독자인 탓에 친척이 별로 없다. 다만 **양녕대군**의 후손으로 따져보면 몇 사람의 인사를 꼽을 수는 있다.

양녕대군의 2남 함양군(咸陽君)의 14대손이 4대 상공부장관을 지낸 이교선씨이며, 대군의 장남 순성군의 15대손은 전경무대 비서였던 이승근씨, 또 대군의 9남인 돌산부정(突山副正)의 14대손이 국회의원을 지낸 이유선씨이다.

이승만 박사는 16세가 되던 해인 1980년 같은 마을의 박승선씨와 부부의 예를 맺었다. 박승선씨는 한살 때 아버지를 여의고, 여덟살 때는 어머니마저 세상을 떠나 사실상 고아로 성장했다. 그녀의 어머니는 궁중 나인이었는데, 임오군란이 일어났을 때 궁중에 침입한 폭도들에게 죽임을 당한 것으로 알려져 있다.

부모를 잃은 뒤 박승선씨는 외할아버지 집에서 자랐고, 그 외할아버지의 중매로 이승만 박사와 혼인했던 것이다. 그렇지만 결혼 생활은 순탄하지 못했다. 독립운동에 투신한 남편이 걸핏하면 일제에 의해 투옥되었고, 그렇지 않으면 감시의 눈길을 피해 집을 떠나 있는 게 보통이었다.

박여사는 수절과부나 다름없이 살면서 타고난 손재주로 삯바느질을 하며 남편의 옥바라지를 했다. 그런가 하면 남편을 위한 일에는 당찬 면모를 보여주기도 한 용기 있는 여인이었다.

1898년 10월, 이승만씨는 독립협회 안에 「만민공동회」를 조직했다. 이 만민공동회는 가두 연설을 통해 국민을 계몽시켜 개화하자는 취지를 가지고 있었다.

그러나 얼마 안 가 이승만씨는 독립협회의 일로 체포당했다. 이승만씨는 탈옥을 결심했다. 동료가 몰래 가져다 준 권총으로 간수를 위협하여 옥 밖으로 빠져나올 수 있었다. 그렇지만 곧이어 그는 체포되어 다시 한성 감옥에 갇혔다.

재판 결과 이승만씨는 무기징역을 언도받았다. 그나마도 그가 가지고 있던 권총에서 탄환이 발사된 흔적이 없었기 때문이다. 무기징역 외에 곤장 백대를 덤으로 맞았다.

남편 이승만씨가 체포되자, 박승선 여인은 1주일 동안 덕수궁 대한문 앞에 거적을 쓰고 앉아 남편의 무죄를 주장하며 석방해 줄 것을 탄원했다. 이 사실은 박승선 여인을 이해하는 데에 매우 중요한 사건으로 기억되어야 한다.

일개 가냘픈 아녀자로서 감히 황제가 기거하는 덕수궁 앞에서 1주일 동안이나 탄원을 했다는 것은 그녀가 범상한 여인이 아니었음을 증명해 주고 있다.

못생기고 게으르고 행실이 부정해서 이승만씨로부터 소박을 맞았을 것이라는 악의에 찬 후세의 추측으로부터 그녀를 구해낸 최초의 단서가 되는 셈이다.

어쩌면 진심으로 이박사를 이해한 단 한 사람의 가족일는지 모른다. 부모와 처자를 내버려두고 혁명가의 길에 뛰어든 이승만씨를 마음 속으로부터 존경하고 사랑한 유일한 여성일는지도 모른다.

결혼 2년 후인 1892년 두 사람 사이에는 유일한 혈육인 아들 태산이 태어났는데, 1904년 감옥에서 나온 이박사는 아들 태산을 데리고 미국으로 망명길에 오른다. 그러나 손이 귀한 집안의 내력인지, 미국에 도착한 지 얼마 되지 않아 당시 14세였던 태산은 필라델피아에서 디프테리아에 걸려 죽고 만다.

이승만씨는 하늘이 무너지는 아픔을 겪고 며칠 동안 식음을 전폐하다시피 했다고 전해진다.

한편 이승만씨가 미국에 있는 동안, 아내 박승선 여인은 얼마 안 되는 집안의 재산 중 도동에 있는 앵두밭을 송두리째 철에 시주해 버렸다. 박여인은 그 동안 불교를 믿어 독실한 신자가 되었던 것이다.

박씨의 이런 행동은 이승만 박사가 아내에 대해 반감을 갖기 시작한 결정적인 계기가 되었다는 것이 이박사 일가를 잘 아는 사람들의 이야기다.

이승만씨는 몹시 화를 냈다. 그 자신이 기독교인이 되어 있었으므로 아까운 재산을 절에 시주한 아내의 태도를 용서할 수가 없었다.

미국에서 아들을 잃고 돌아온 이승만 박사는 창신동 625번지에 집을 마련했으나 주로 YMCA 사무실에서 기거하다시피 했다.

1911년 재차 미국으로 떠나면서 아내를 일본에 보내 공부하도록 하였지만, 박승선씨는 병을 얻어 3개월 만에 귀국하고 말았다. 박여사가 이 기회를 십분 활용, 세련된 신여성으로 탈바꿈했다면 아마도 이승만씨와 헤어지지도, 끝내 불우한 여자의 일생을 살지 않아도 되었을지 모를 일이다.

창신동 옛집에 돌아왔으나 남편은 없고 어쩌다 한번씩 날아오는 편지가 남편의 안부를 전해 줄 뿐이었다. 그나마 남편의 도미 5년 후부터는 끊어져 감감 무소식이었다.

이승만 박사가 박승선 여사와 결별한 데는 이승만씨의 부친 이경선옹의 손자를 잃은 데 대한 노여움도 한 이유가 되었다고 전해진다. 유교 전통의 양반 사회는 가문의 대가 끊기게 되는 것을 며느리의 부덕 탓으로 돌리는 게 보통이었다.

그 뒤 1912년 시아버지 이경선씨마저 사망하여 외토리가 된 박승선씨는 경기도 양주군 벌내면에 있는 친척집을 전전히며 살았다. 이후부터 그녀는 불교에서 기독교로 개종하여 선교 활동에 정성을 다했던 것으로 전해진다.

박여인의 마음 속에는 가문의 앵두밭을 절에 시주한 것에 대한 자책감이 사무치게 남아 있었을 것이다. 그녀가 기독교인으로 개종한 것은 그 일에 대해 남편에게 미안한 마음을 속죄하기 위해서였을 것으로 짐작된다. 그리고 자기를 버리고 떠난 남편 이승만이 다시 고국에 돌아온다면 그때는 자랑스러운 기독교인이 되어 남편과 함께 찬송가를 부를 꿈을 키우고 있었을는지 모른다.

아무튼 박여인은 기독교인이 되어 남편 이승만을 기다렸다. 그러나 남편은 끝내 돌아오지 않았고, 단 한 통의 편지도 그녀에게는 없었다. 박여인은 한없이 외로웠다. 그녀는 교회에서 사귄 한 간호원으로부터 아들을 하나 데려다 길러 보라는 권고를 받았다. 그 간호원이 데려온

3살짜리 아이가 은수(恩秀)라는 이름의 양자였다.

은수는 장성하여 목수가 되어 이 불행한 양어머니를 모셨는데, 박여인으로서는 이 양자와 더불어 고독을 씹으며 중년 시절을 보냈던 것이다. 훗날 박여인이 양자를 얻어 기른 일에 대해 여러 가지 구설수가 따랐다. 박여인이 개가를 하여 낳은 아들이라는 것은 그래도 좀더 나은 편이고, 숫제 박여인이 일본 순사와 정을 통해 낳은 아들이라는 중상모략도 있을 정도였다.

사실 이승만씨가 2차로 미국으로 떠나고 난 후 박여인에게는 일본 순사의 감시가 그칠 날이 없었다. 미국에서 독립운동을 하고 있는 거물 이승만의 본처라는 사실 하나만으로도 능히 그럴 만했을 것이라는 짐작이 가고도 남는다.

은수를 양아들로 얻은 박여사는 삯바느질과 이화여대 부속병원 수부 생활을 하며 고생스럽게 살다가 해방을 맞이했다.

그러나 해방이 되어 귀국한 이승만 박사는 아내인 박승선씨를 찾지 않았다. 이박사는 이미 1934년 뉴욕에서 오스트리아 여인 프란체스카 여사와 재혼했던 것이다.

젊은 세월을 남편만을 기다려온 박승선씨는 마침내 1946년 12월 돈암장 문을 두드렸다. 그녀의 나이 어느덧 일흔이었다.

"이박사에게 음죽(陰竹) 박씨 성을 가진 여인이 뵙고 싶어 찾아왔다고 말씀 전해 주십시오."

측근으로부터 박여사의 방문을 전해 들은 이박사는 한동안 상념에 잠겨 있다가 말문을 열었다.

"그 사람 참 불쌍한 여자야. 나라와 남편을 잘못 만나 일생을 고생한 여자니까 아무쪼록 잘 돌봐주어."

　윤치영씨의 회고에 의하면, 그때 이승만 박사의 눈에는 눈물이 괴어 있었다고 한다. 그렇다고 해도 옛 부인이 몇십년만에 찾아온 것을 문전 박대했다는 것은 이박사가 한 남자로서 꽤나 냉랭했음을 읽을 수 있는 일화다.

　1949년 6월 4일, 이승만 박사는 박승선 여사와 장남 은수씨, 며느리 안연옥씨, 손자 양익, 손녀 영자, 한라, 명신양 등 7명의 식구들을 당시의 호적부(창신동 625번지)에서 모조리 삭제하고 자신의 호적만을 이화장으로 옮긴 다음, 1950년 4월 프란체스카 여사와의 결혼 신고를 종로구청에 냈다.

　박승선 여사의 말년은 비극적이었다. 6·25가 나자 미처 피난길에 오르지 못하고 서울 사돈집에 머물고 있던 그녀는 9월 26일 국군이 들어온다는 소문을 듣고 담벼락의 붉은 벽보를 뜯다가 후퇴하던 공산군에게 들켜 처형당하고 말았다.

　박여사의 양아들 은수씨와 그의 부인, 자녀들은 현재 미국에 거주하고 있고, 막내 사위만이 인천에 살고 있다.

　이박사가 오스트리아 출신 프란체스카 여사와 결혼식을 올린 것은 1934년 뉴욕에서였다. 첫부인 박승선씨와 호적상 이혼하기 15년 전에 이미 외국 여성과 결혼식을 올렸던 것이다.

　프란체스카 여사는 비엔나 교외의 아서스돌프옵에서 소다수 제조공장을 경영하던 루돌프 도너의 셋째딸이었다. 이박사와 결혼하기 전인 1920년 개신교 자동차경주선수 헬무트 뵈링과 결혼, 3년만에 이혼한 경력을 가지고 있었다. 이박사와 프란체스카 여사가 결혼할 당시 두 사람의 나이는 이박사가 60세, 프란체스카 여사가 34세였다.

　이들이 처음 만난 것은 1933년 스위스 제네바의 호숫가에 있는 호텔

드라뤼시의 식당에서였다.

그때 프란체스카 여사는 어머니와 함께 파리를 경유해서 스위스 여행을 하고 있는 중이었다. 우연히도 이들 모녀가 묵었던 호텔에 이승만 박사가 묵고 있었다.

그 당시 이박사는 일본의 만주 침략이 논의되고 있던 국제연맹에 일제의 학정하에 놓인 만주 한국 동포들의 입장을 호소하고, 국제연맹의 방송 시설을 이용해서 "한국을 독립시켜야만 극동의 평화가 유지된다"고 역설하며 각국 대표와 신문 기자들을 만나는 등 각방으로 활약 중이었다.

프란체스카 모녀는 호텔에 여장을 푼 이튿날 저녁 식사를 하려고 4인용 식탁에 나란히 앉아 있었다. 이때 지배인이 이들에게 다가와서 "동양에서 오신 귀빈이 자리가 없으신데 합석하셔도 되겠습니까?"하고 양해를 구했다.

지배인의 안내를 받으며 이들 자리로 다가온 이박사의 첫인상은 프란체스카 여사에게 기품 있는 동양 신사로 느껴졌다.

"그 분은 합석을 허락해 줘 고맙다고 정중히 인사를 한 다음 앞자리에 앉으셨어요. 높은 신분으로 보이는 이 동양 신사가 웨이터에게 주문하는 것을 보고 저는 무척이나 놀랐지요. 샤워크라우트라는 시큼하게 절인 배추와 조그만 소시지 하나, 감자 2개, 그것이 전부였어요. 당시 유럽을 방문하는 동양 귀빈들의 호화판 식사와는 달리 값싼 음식만 골라 주문했어요. 그리고 숙녀들에게 먼저 말을 걸어오는 서양 신사들과는 달리 말없이 앉아서 식사만 하고 있는 이 동양 신사에게 뭔지 모르게 사람을 끄는 신비한 힘을 느꼈어요."

호기심 많은 이 외국의 아가씨는 낯선 동양 신사에게 "어느 나라에서 오셨느냐"고 물었다.

"코리아."

프란체스카는 독서 클럽을 통해 코리아라는 책자를 읽은 기억이 있고, 그 속에서 '금강산'과 '양반'이라는 한국 말을 기억해냈다.

"코리아에는 아름다운 금강산이 있고 양반이 산다지요?"

그때만 해도 낯선 유럽 땅에서 한국을 알아주는 사람은 드물었고, 안다고 해봤자 일본인들의 악선전에 의한 나쁜 정보들뿐이었다. 그런데 아름다운 금강산과 양반을 알고 있다니 이박사에게도 반가운 일이 아닐 수 없었다.

다음날 프란체스카는 신문을 보다가 "한국이 독립해야 아시아의 평화가 이룩될 수 있다"고 주장하는 한 동양인의 사진이 어제 같이 식사를 한 신사인을 알게 되었다.

그녀는 그 기사를 오려 이박사에게 전해 달라고 호텔 안내원에게 부탁했다. 이러한 인연으로 드디어 낯설기만 한 동서양의 두 사람은 데이트를 하게 된다.

당시 프란체스카 여사는 영어 통역관 국제자격증을 갖고 있었고 속기와 타자에 능숙했다. 어려서 프란체스카는 의사가 되는 것이 꿈이었다. 그러나 아버지의 사업을 물려받을 아들이 없었기 때문에 그의 부모는 세 딸 중 막내인 그녀를 남자처럼 강인하게 키웠다. 사업을 잇게 하려고 상업전문학교를 보내고 어학 수업을 위해 스코틀랜드에 유학까지 보냈다.

60세인 동양의 독립투사와 34세의 오스트리아 처녀. 이들의 결혼에는 많은 고통과 난관이 따랐다. 프란체스카의 경우는 가족의 반대에, 이박사의 경우는 다른 민족과의 결혼을 못마땅해 하는 주변의 반대에 부딪

했다. 특히 이박사와 같이 독립운동을 하던 사람들의 반대는 예상 외로 컸다.

이는 두 사람에게 실로 감당키 어려운 인간적 고뇌이기도 했다. 결혼 직후 이박사 부부가 당시 독립운동의 본거지였던 하와이로 돌아가려 할 때, 하와이 동포들은 이박사에게 "혼자만 돌아오라"는 전문을 두번씩이나 보내기도 했다.

그때의 심정을 프란체스카 여사는 다음과 같이 밝힌 적이 있다.

"그러한 전문을 받고 나 역시 그토록 반대하던 친정 어머니의 수심어린 얼굴이 떠올라 남 몰래 눈물을 많이 흘렸지요."

그러나 이박사는 동포들의 반발을 각오하고 서양 아내를 동반한 채 하와이로 날아갔다. "이번에는 우리를 환영해 줄 사람이 없지만 다음에는 달라질 것"이라고 위로하며. 그러나 예상과는 달리 하와이에는 소식을 듣고 많은 동포들이 몰려들었다. 환영이라기보다는 호기심 때문이었다.

하와이에 도착한 프란체스카 여사는 한국식 생활 방식에 접근하는 데 상당한 고초를 겪어야 했다. 김치와 고추장도 가까이 해야 했는데, 처음에 그것은 악몽이었다. 김치도 매웠지만 고추장은 입안에서 폭탄이 터지는 것 같았다고 훗날 우스개 소리를 했다. 그러나 그녀는 곧 고추장 담그는 법, 김치 담그는 법을 배워야 했다. 북어, 나물 등 한국 음식을 좋아하는 이승만 박사의 입맛을 돋우기 위해 대단한 노력을 기울인 것으로 알려졌다.

격동의 시대에 역사적인 판단이 분분한 대통령의 아내로서도 그러했겠지만, 한 남자의 아내로서도 프란체스카 여사는 남모르게 눈물을 많이 흘렸다고 한다.

　그 중에서도 동양의 남자에게 시집와 그의 대를 이어줄 아들을 낳지 못하는 여자의 고통이 가장 컸다. 특히나 이박사는 전통적인 양반 가문의 6대 독자로 아들에 대한 바람이 누구보다 간절했다.

　단 하나 가졌던 아들 태산을 어린 나이에 잃어버리고부터 이박사가 가졌던 아들에 대한 집착은 더욱 컸던 것으로 알려졌다.

　이박사는 어찌나 아들을 바랐던지 옥중에서도 빈대를 보고 "네 집은 웬 복이 그리 많아 백아들 천손자 대를 잇느냐"고 부러워하기까지 했다고 한다.

　또한 경무대 시절에도 자식을 많이 둔 아랫 사람들에게는 명절 때면 특별히 선물을 하는 등 그들을 대견해 했다. 그리고 6·25 피난 시절에도 올망졸망 아이들을 끌고 피난길에 오른 부부를 보면, "참으로 그는 자식복이 많은 행운아야"하며 부러워하던 모습이 프란체스카 여사의 가슴에 남아 있다.

　이렇듯 자식을 갖고 싶어하는 남편을 옆에서 지켜보며 겪었을 한 지어미로서 정신적 고통은 충분히 알 수 있다고 하겠다.

　그러나 끝내 프란체스카 여사가 후사를 잇지 못하자, 그들은 양자를 들이기로 마음 먹고 그 후보를 고르기에 이르렀다.

　첫번째로 이박사의 양자로 물망에 오른 사람은 이우(李鍝)공과 박찬주비(朴贊珠妃) 사이에서 태어난 차남 이청(李淸)이었는데, 이청은 직계 왕손이었으므로 왕정복고의 물의가 일어날 가능성이 있어 포기한 것으로 알려졌다.

　두번째로 양자 물망에 오른 사람은 자유당 시절 세도가였던 이기붕씨의 장남 이강석군이었다. 그는 양녕대군의 후손이 아니고 효령대군의 후손일 뿐만 아니라 항렬로도 손자뻘이어서 양자로 삼기에는 무리였다. 그러나 이승만 박사는 그의 82회 생일 때 이강석을 양자로 맞아들였다.

이박사는 이강석을 입적시키면서 자신의 심정을 다음과 같은 시로 표현했다.

> 몇번이나 죽을 고비
> 살아온 6대 독자
> 부질없이 고향 산천
> 꿈속에도 못 잊었건만
> 선영에 묻히신 백골
> 돌아볼 이 없어라

또 이박사는 침실 바로 옆방에 강석의 침실을 마련해 주고 식탁에서도 맛있는 음식은 강석에게 먼저 주는 등 굶주린 자식에의 정을 흠뻑 쏟았다.

4·19 뒤끝에 강석이 그의 친부모와 함께 자살했다는 소식을 듣고 이박사는 실어증에 걸릴 만큼 큰 충격을 받기도 했다.

이렇게 해서 양아들로라도 대를 잇고 싶어하던 그의 꿈은 또 한번 깨어지고 만다.

1960년 4월 19일, 자유당 정권을 반대하고 민주화를 요구하는 학생, 시민의 세력은 노정치인을 권좌에서 밀어냈다. 인의 장막에 가려져 실정을 거듭한 결과였다. 이승만 박사의 정치적 아집은 곧 그의 말년을 불행으로 이끌었다. 대통령으로서 명예로운 퇴진을 하지 못하고 많은 젊은이들의 희생과 함께 권자에서 물러서야 했다.

대통령직을 하야한 이박사 부부는 5월 23일 경무대에서 이화장으로 거처를 옮겨야 했다. 그러나 그곳도 불안했다. 일단 한국을 떠나지 않고는 성난 군중을 다스릴 수 없는 분위기였다.

노부부는 며칠 후인 5월 29일 세인의 눈을 피해 하와이로 망명의 길을 떠났다.

권좌에서 물러난 그들에게 옛날의 예우는 없었다. 급변한 세상 인심이 기다리고 있었다. 노정객에게는 허탈하기만 한 것이었다. 하와이 망명길의 출국장에서부터 그런 수모가 나타났다. "내 주머니 속의 라이터만 보지 않았다"고 할 만큼 세관원의 철저한 검사를 받아야 했다.

찬 바람 냉랭한 낯선 나라 땅을 헤매며 빼앗긴 나라를 되찾기 위해 젊음을 온통 바친 이박사는 막상 독립된 나라에서 초대 대통령에 앉아 12년의 장기 집권 동안 더 많은 것을 잃는, 젊은 날의 고생까지 잃어버리는 결과를 빚었다.

이제는 돌아와 쉬어야 할 나이에 고향에 돌아왔던 노정객이 그 정든 땅을 뒤로 하고 언제 돌아올지 기약 없는 길을 떠나는 심정은 어떠했을까. 하와이에 사는 동안에도 이박사는 무척 고국에 돌아오고 싶어했다고 한다.

분망한 정치 생활에서 어느 날 갑자기 그것도 불행하게 떠나야 했던 노부부의 망명 생활이 얼마나 외롭고 괴로운 것이었나를 쉽게 짐작할 수 있다.

조상들 선영을 돌볼 아들 하나 없음을 한탄했던 이들은 다시 양자를 들이기로 했다. 그것은 외로운 생활에 대한 한 반증이기도 했다.

이박사는 "내가 이런 처지에 있는데 나에게 누가 아들을 줄 사람이 있겠는가" 하며 자기 대신 양자를 물색하려고 본국에 가는 이순용씨에게 말했다 한다.

우여곡절 끝에 양녕대군파 종친회의 추천으로 조카뻘이 되는 이인수씨를 양자로 입양하게 되었다.

인수씨는 양녕대군의 2남인 함양군의 15대 손인 이승용씨의 장남이다. 따라서 그는 양녕대군의 17대손으로 16대손인 이박사에게는 조카 항렬이 되는 것이다.

그는 얼굴 모습까지 이박사를 많이 닮아 친부자지간으로 착각될 정도였다. 인수씨의 사진을 받아본 후로 이박사는 인수씨가 하와이로 와주기를 하루하루 애타게 기다렸다고 한다.

걸음걸이마저 불편해져 무척이나 외롭고 쓸쓸했던 노부부에게 인수씨의 입양은 큰 힘이 되었다. 인수씨는 하와이에 머물면서 프란체스카 여사와 함께 이박사를 돌봤다.

프란체스카 여사에게 가장 고통스러운 일은 이박사가 끊임없이 고국에 돌아가고 싶어하는 일이었다. 아들 인수씨에게 "내가 우리 땅을 밟고 죽는 것이 소원인데 여기서 죽으면 어떻게 해"하며 애원하기도 했다고 한다.

이박사의 귀국에 대한 집념이 너무 강한 데다 의사의 지시가 "지금 시기를 놓치면 비행기 여행조차 불가능하다"고 하자, 주변에서는 귀국 일자를 잡기까지 했다. 그러나 출국을 사흘 앞두고 이박사는 정부의 귀국 만류 통지서를 받아야 했다.

이에 큰 충격을 받은 그는 이때부터 일어날 수 없는 몸이 되었다. 그러나 그는 병원에서 숨을 거두기까지 줄곧 고국에 가고 싶다고 하면서 눈을 감았다고 한다. 4·19혁명으로 하야한 이박사는 5년 후인 1965년 7월 18일 하와이에서 망명 정객의 한많은 생애를 마감했다. 결국 그는 산 사람이 아닌 싸늘한 시신으로 조국을 밟았다.

이박사의 유해는 동작동 국립묘지에 묻혔지만, 프란체스카 여사는 그때 동행하지 못했다. 8개월 뒤인 66년 3월에야 귀국, 남편의 묘지를 참배할 수 있었다. 그리고 1주일 뒤에 그녀는 오스트리아로 돌아갔다. 기회 있을 때마다 한국에서 여생을 마치고 싶다는 의사를 전했지만, 그 소원이 이루어진 것은 그로부터 5년 후인 70년이었다. 당시 박정희 대통령의 권유로 영구 귀국한 그녀는 양자인 이인수씨(60. 명지대 명예교수) 내외와 함께 이화장에 머물게 되었다. 이화장에서의 그녀는 성경 읽기와 방문객 접견 등으로 조용한 생활을 영위해 왔다. 정부연금 250만원(전직 대통령 부인에 대한 예우)과 사회 활동비 1백만원(정부 지급)이 생활비였는데, 이중 상당액을 양로원 및 재소자 선교 단체 등의 후원금으로 사용한 것으로 알려졌다.

그녀는 92년 3월 19일 92세를 일기로 파란만장한 생애를 마감했다. 그녀는 숨을 거두기 전, "독립운동을 해온 선열의 뜻을 받들어 모든 국민이 우리나라의 통일 준비에 힘써 달라"고 유언을 남겼다. 또한 "독립운동가의 아내로서 살아온 방식대로 장례를 검소하게 치러 달라. 관에 이승만 박사가 쓴 「남북통일」이라는 친필휘호를 덮고 태극기와 성경책을 넣어 달라"고 당부했다.

그녀는 3월 23일 사랑하던 사람의 곁에 묻혔다.

이박사는 자신이 6대독자였던데다 직계 후손마저 끊겨 매우 단촐한 가족사를 지닌 특이한 사람이었다.

◇ 金泳三

27세 최연소 국회의원, 40대 기수론 실천가,
3당합당의 주역 등 헌정40년사에 돌풍의 정치
인으로 주목을 받아왔다. 그는 이제 마지막
권좌를 향한 스타트 라인에 섰다.

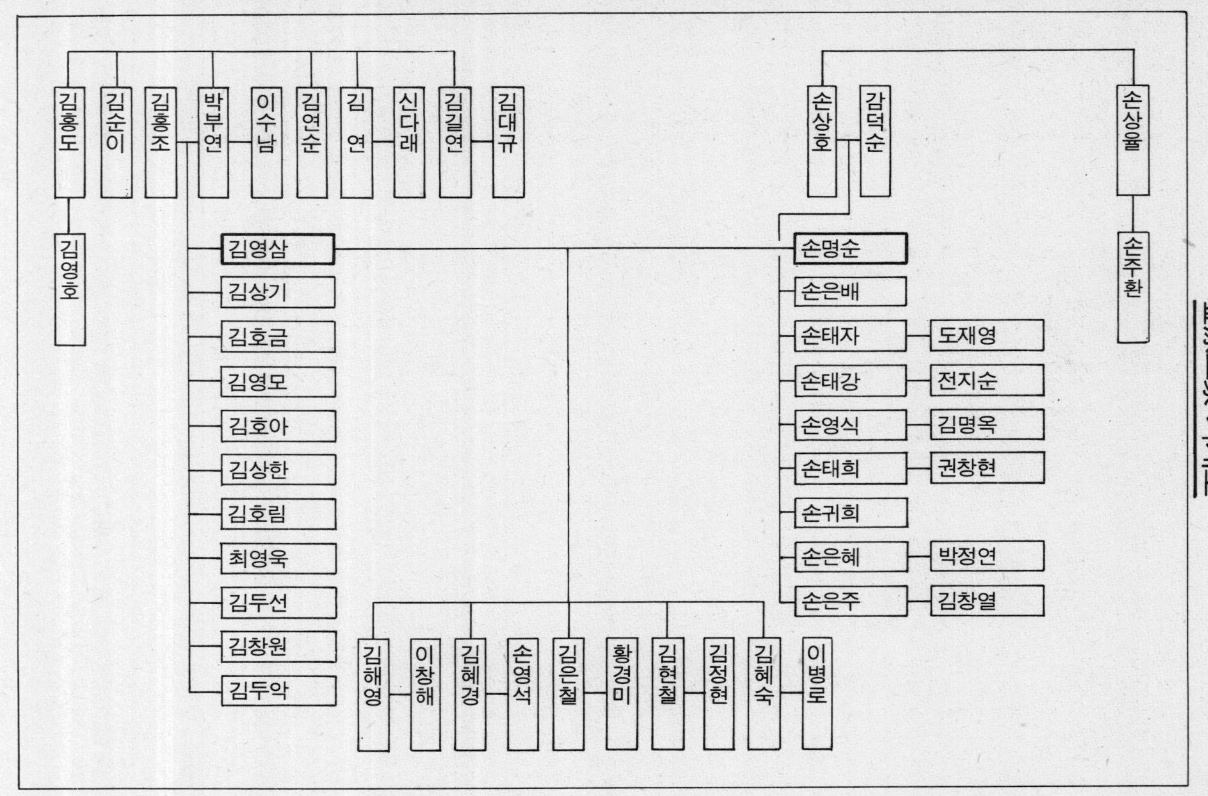
金泳三家 가계도
김홍도
김순이
김홍조
박부연
이수남
김연순
김연
신다래
김길연
김대규
김영호
김영삼
김상기
김호금
김영모
김호아
김상한
김호림
최영욱
김두선
김창원
김두악
김해영
이창해
김혜경
손영석
김은철
황경미
김현철
김정현
김혜숙
이병로
손상호
감덕순
손명순
손은배
손태자
손태강
손영식
손태희
손귀희
손은혜
손은주
도재영
전지순
김명옥
권창현
박정연
김창열
손상율
손주환

金 泳 三

　3·24 총선에서 민자당의 과반수 의석 미달이라는 충격적 패배에 직면한 직후 김영삼 민자당 대표는 노대통령과의 면담에서, 향후 전당대회 진행 등 정치 일정의 상당 부분을 운용할 권한을 얻어내고 곧바로 민자당의 대통령 후보 경선에 나설 것을 선언함으로써 총선 이후의 정국을 대통령 선거 분위기로 일변시켰다. 김대표 특유의 기회를 놓치지 않는 밀어붙이기가 다시 한번 돋보이는 대목이었다. 이러한 ‘때 읽기’에 대한 그의 예리한 판단은 김대표의 정치적 수난사와 무관하지 않다.

　고희를 바라보는 나이에도 해맑은 동안의 모습을 하고 있는 김대표는 그 겉모습과는 달리 30년간의 일관된 야당 생활에서 고난과 역경으로 점철된 험난한 길을 걸어왔다. 특히 그의 가족사 또한 그의 정치적 행보와 마찬가지로 순탄치 않은 세월로 기록될 수 있다. 한국적 정치 상황의 특수성이랄 수도 있는 이 같은 정치인과 정치인 주변 사람들에 대한 불이익을 어쩌면 이 땅의 민주화를 가늠해 볼 수 있는 척도이기도 한 셈이다.

그러한 수난의 대표적인 사례 중 하나로 1979년 부마 사태 때 김영삼 대표 친척들의 수난사를 들 수 있다. 김대표가 국회의원이 된 이후 선거 때마다 선거운동을 해왔던 그의 사촌 김영호씨는 그때 학생 데모의 자금책으로 몰려 중앙정보부에 연행돼 1주일간 심한 고충을 겪어야 했다.

또 그와 함께 부산에서 김대표의 정치 활동을 도와왔던 그의 외사촌 원용표씨 역시 자금책으로 전국에 지명수배되기도 했다.

이 같은 탄압과 피해 때문에 이미 알려져 있는 사람들을 제외한 대부분의 김대표 친척들은 그들의 이름과 신상에 관계되는 모든 사항이 밝혀지기를 꺼려 왔었다.

지난 90년 1월 김대표가 그의 정치 역정 중 최후의 승부수라 할 수 있는 3당 통합을 통해 야당에서 여당으로 변신한 뒤, 그의 친척들에 대한 박해나 압력 등 불이익은 많이 줄어든 것으로 알려지고 있다. 그러면서 그의 친인척들도 조금씩 모습을 내보이고 있다.

김대표는 김녕 김씨 충정공파 28대손으로 1927년 12월 4일 부친 김홍조씨와 모친 박부연씨와의 사이에서 1남5녀 가운데 장남으로 태어났다. 그는 조선 세조 때 단종 복위 운동으로 순절한 백촌 김문기의 후손이다. 그가 태어난 곳은 경남 거제군 장목면 외포리로 작은 섬이다.

그의 조상이 거제도에 처음 터를 잡은 것은 임진왜란 때부터인 것으로 알려져 있다.

거제도는 지금도 큰달섬과 작은달섬으로 나뉘어 불리고 있는데, 임진왜란 당시 계림(경주)에서 피난온 김씨 형제가 각각 나뉘어 살았다고 해서 그런 이름이 붙여졌다고 전한다.

김대표가 태어나 자란 곳은 행정 구역상으로는 거제군 외포리지만, 정확하게 말하면 원(元)외포리에서 2km 떨어진 대계 마을이다. 남쪽으로는 강마산이 버티고 있고, 동쪽으로는 남해의 푸른 바다가 시원하게 펼쳐져 있다.

나직한 언덕배기 위에 집들이 모여 있는데 지붕은 낮고 돌담이 즐비하게 늘어선 남해의 전형적인 풍경을 이루고 있다.

이 마을 87가구 중 어업으로만 생계를 꾸리는 순수 어민은 10여 가구이고, 40여 가구는 농사로 살아가고 있으며, 나머지는 농사도 짓고 고기도 잡는 반농반어의 생활을 한다.

이 곳의 농토는 10도가 넘는 가파른 산비탈에 일구어진 논배미가 대부분인데, 그나마 서너 배미를 합쳐야 2백평 한 마지기가 될 수 있을 정도로 작다.

하늘을 쳐다보며 농사를 지어야 하는 천수답인데다 박토어서 풍요로운 농촌과는 거리가 멀다.

이 마을에서는 김대표의 생가가 가장 큰 집인데, 본채와 대문이 달린 행랑채와 양식으로 지은 집 등 3채로 되어 있다.

지금 이 집에는 김대표의 6촌동생인 김양수씨 내외가 살면서 김대표 아버지의 어장도 관리하고 있다.

1년에 서너 차례는 꼭 고향 마을을 찾는 김대표에 대한 대계 마을 사람들의 마음은 각별하다. 한결같이 "이제는 정말 김대표가 대권을 잡을 때가 되었다"면서 차기 대통령 선거에 많은 기대를 걸고 있다.

김대표가 태어날 때 그의 조부 김동욱씨는 이 한적한 어촌에서 어선 10여 척을 소유한 부자로 그 지역의 유지였다. 그는 해방 직후 우연한 기회에 기독교를 접하고는 거기에 심취, 사재를 기부해 교회를 지었으며, 가족과 친지는 물론 섬주민 거의에게 적극적으로 선교 활동을 했다. 이때부터 김대표의 집안은 독실한 기독교 집안이 되었다.

김대표가 강남에 있는 충현교회 장로라는 점은 잘 알려진 사실이지만, 그의 친척들 중에는 상당수가 장로와 집사를 맡고 있다.

김대표의 할아버지는 2남4녀의 자녀를 두었는데, 그 중에서 차남이 바로 김대표의 부친인 김홍조옹이다. 홍조옹의 위로는 형님 홍도씨와 누님 순이씨가 있었고, 아래로는 연순씨, 연씨, 길연씨 등 세 명의 여동생이 있었다. 형님과 누님은 작고하고 동생들만 마산에 살고 있다.

김대표의 부친 홍조옹은 아버지가 돌아가시자 가업을 이어받아 평생을 수산업에 종사해 왔다. 그 또한 부친의 종교적 생애와 마찬가지로 창원의 수정교회 등 세 채의 교회를 짓는 등 선교 활동에도 적극적이었다. 현재 그의 거주지는 마산이지만 고향인 거제도의 신명교회 장로로 활동 중이며, 거제도와 마산에 두 군데의 사업장과 10척의 어선을 소유하고 있다. '거제 선주'라는 별명에서 알 수 있듯이 거제도에서는 손꼽히는 사업가다.

그는 해마다 추석 때와 크리스마스 때가 되면 그의 어장에서 수확한 멸치를 친지들과 여야 정치인들에게 선물하는 것을 잊지 않고 있는데, 그 양이 자그마치 1년에 1천 부대 정도라고 한다.

그의 사업이 평탄한 것만은 아니었다. 그 또한 야당 정치인의 아들을 두었다는 이유로 불이익을 받아야 했다.

김대표가 신민당 총재를 맡고 있던 70년대 후반, 김옹은 원양어업에 뛰어들 계획을 세웠었다.

"우리 어민들은 어로 보호 의식이 약해서 큰일이에요. 장래 생각은 하지 않고 우선 먹을 생각만 하고 가까이 있는 바다에서만 고기들을 잡아대니 그게 얼마나 오래 가겠어요. 아무래도 원양어업을 해야겠다 싶어서 사업을 정리해서 원양어업 준비를 했지요. 그때 돈으로 1억5천만원짜리 원양어선도 사들이는 등 사업을 추진시키면서 수산청에 사업허가 신청을 했어요. 그랬는데 허가를 안 해주는 겁니다. 아마 야당 총재 아버지에게 큰 이권을 주지 말라고 기관에서 지시가 내려왔는지……."

화가 치민 김웅은 수산청장에게, "아들이 정치하지 내가 정치하느냐"고 호통을 쳤다고 한다. 그러나 그의 뜻은 끝내 이루어지지 않았다.

그는 사업에만 신경을 쓴 것이 아니라 정치를 하는 아들을 돕는 데도 적극적이었다.

5대 총선에서 국회의원에 입후보한 김대표가 자기 지역구에는 신경을 안 쓰고 다른 동지들을 지원하고 다니자, 김웅은 지역민들의 여론이 아들에게 불리하다고 판단, 김대표를 붙들고 "너 어쩌려고 이러느냐. 지금까지 힘들여 쌓은 탑을 허물어트리려느냐. 네 선거구에도 신경 좀 써라"며 눈물로 설득했다. 그러나 김대표는 오히려 빙그레 웃으면서 염려할 것 없다고 아버지를 위로하며 돈이나 있는 대로 더 달라고 하더라는 것이다.

김대표는 아버지의 염려와는 달리 압도적인 승리를 거두었다.

김웅은 아들 김대표가 어려운 시련을 겪을 때마다 항상 기도하고 주님의 은총을 빈다면서 아들의 효성에 자랑을 아끼지 않는다.

박해 속에서도 종교적 신념과 탁월한 사업 수완으로 일가의 흥성을 이룬 김웅이지만 가정 생활의 영위엔 굴곡이 많았다.

그의 첫부인 박부연씨가 60년에 공비들의 만행에 의해 불의의 변을 당한 사건은 지금껏 지을 수 없는 상처로 자리잡고 있다.

당시 거제도에는 공비들이 우글거리고 있었다. 어느 여름날 수명의 공비들이 김옹의 집으로 들이닥쳤다. 그들은 김옹의 가슴에 총부리를 겨누고 돈을 요구했다.

남편이 위기에 처한 것을 본 박여사는 남편 앞을 가로 막고, "이 사람들아, 같은 사람끼리 이게 무슨 짓인가? 돈은 다음에 마련해 주겠네"라고 공비들을 달래며 남편에게 향해진 총부리를 돌려 세우려 했다. 당황한 공비들은 엉겁결에 방아쇠를 당겼고, 박여사는 가슴에 피를 흘리고 쓰러져 그 자리에서 절명했다.

김홍조옹은 박여사와의 사이에 10남매를 낳았으나 4남매를 잃고 김대표를 비롯한 1남5녀만 키웠다.

현재 김옹은 30년 전에 재혼한 이수남씨와 마산의 한 아파트에서 살고 있다.

김대표는 어릴 때 상당히 개구장이였다고 한다. 그는 다섯살 때 동네 서당에서 천자문과 동몽선습을 익혔고 붓글씨도 배웠다. 7살이 되어서는 외포에 있는 4년제 간이학교에 들어갔고, 이 학교를 졸업한 뒤 집에서 10km 떨어진 장목국민학교에 가장 어린 나이로 입학하여 5, 6학년을 마쳤다.

이때부터 그는 외지 생활을 시작하게 됐는데 오랜 객지 생활은 그에게 자립심, 독립심을 길러 주었다.

김대표는 국민학교 때에도 배짱과 고집이 세었으며 그때부터 막연히 정치가가 되고픈 꿈을 간직했다.

중학교 시절에 '장래의 대통령 김영삼'이라는 글귀를 벽에 붙여둔 일화는 지금도 자주 매스컴에 인용되곤 한다. 국민학교를 졸업한 후 김대표는 통영중학교에 입학했다. 중학 시절의 그는 씨름을 썩 잘했는데 일인 학생들과 툭하면 패싸움을 벌여 정학을 당하기도 했고, 일인 교사를 골탕먹이기도 했다.

해방 후 큰 고장에서 공부해야 한다는 할아버지의 뜻에 따라 부산이중학교(현 경남중·고) 3학년에 편입학했다.

편입학 후 그는 모범생으로 탈바꿈했다. 운동을 좋아하는 성벽은 여전했던 듯하다. 그는 졸업할 때까지 학교 대표 축구선수로서 활약했다. 당시 축구부는 주장 정도해(브러더 대표)를 비롯, 센터하프 김택수(전 공화당 원내총무. 작고), 레프트윙 고창순(전 서울대병원 부원장), 레프트풀백 정치근(전 검찰총장), 포드 엄기현(범창합판 대표), 그리고 그는 레프트하프였다. 지역 예선전을 거쳐 결선 진출한 경남중 축구는 경남상이나 부산상 등에 패해 전국적인 지명도를 갖지는 못했었다.

부자집 외아들로 나만을 알던 중학생 김영삼은 축구 경기를 통해 팀웍을 익혔고, 선후배간의 우애를 주고받을 줄 알게 되었다. 훗날 민주산학회에서 보듯이 김대표의 계보는 철통 같은 팀웍을 자랑하는데 축구선수 시절의 영향과 무관하지 않은 듯하다.

그는 경남중을 졸업하고 1948년 9월 서울문리대 철학과에 진학했다. 그의 철학과 선택은 경성제대 철학과를 나온 안용백 교장으로부터 많은 감화를 받은 때문으로 알려졌다. 그러나 이때도 필수 과목의 태반이 부전공으로 택한 정치학 분야였던 것을 보면 그의 정치적 야심은 줄기찬 것이었다.

대학 2학년 때 그는 정치인으로서 한 발짝을 내딛는 계기를 마련한다. 창랑 장택상씨와 인연을 맺게 된 것이다. 웅변대회에 나가 2등으로 외무부장관상을 받았는데 당시 외무장관이 바로 창랑이었다. 그 후 2

대 국회의원 선거 때 창랑의 요청으로 경북 칠곡에 내려가 찬조 연설을 해 창랑의 당선을 적극 돕는 과정에서 둘은 더욱 가까워졌다. 그때 그는 진실을 호소해야 한다는 것과 조직이 필요하다는 것 등 정치적 기초를 몸으로 경험했다.

그는 바싹 현실 정치에 매력을 느끼고 때가 오면 출마하겠다는 뜻을 품은 채 고향 친지 어른들에게 편지 띄우기를 시작했다.

6·25동란이 일어나자 미처 피난을 가지 못한 그는 1·14후퇴 때 같은 대학의 친구 손도심씨와 함께 학도의용군에 입대하여 대북 방송 요원으로 활동했다. 8개월 정도 대북 방송을 주도하다가 당시 국회부의장이던 창랑의 요청으로 그의 비서관이 되면서 본격적인 정치 현장에 나섰다.

그는 창랑의 비서관 시절 부인 손명순씨를 만나게 된다.

어느 날 시골에서 전보가 올라왔다. '할아버지 위독'이라는 급전이었다. 그는 놀라서 고향으로 내려갔다. 고향에 내려가 보니 할아버지는 건강하셨다. 그 급전은 할아버지가 집안의 외아들인 손자를 결혼시키기 위해 거짓으로 친 것이었다.

그때 맞선으로 만난 사람이 손명순씨였다. 그녀는 당시 이화여대 약학과 재학생이었다. 맞선은 청년 김영삼이 단신으로 손명순씨 댁을 찾는 방식으로 치러졌다. 둘은 첫 만남에서 좋은 인상을 간직했다.

이미 양가에서 신랑 신부감에 대한 사전 정보가 오갔던 터라 둘은 첫날 꽤 많은 이야기를 나눴다. 손명순씨는 단신으로 자신의 집을 찾은 신랑감의 담대함이 마음에 들었고, 김영삼씨는 다소곳한 신부감에 호감이 갔다.

며칠 뒤 마음을 굳힌 신랑감은 한번 더 신부집을 찾아가 상대를 만났다. 그들의 데이트가 활발히 진행된 것은 두 사람이 결혼 날짜를 잡아놓은 뒤부터였다.

손명순씨의 집은 당시 마산의 재벌이었다. 장인 손상호씨는 자수성가한 기업인으로 경향고무를 경영하고 있었다. 이 회사는 고무신, 운동화, 자동차 타이어 등 각종 고무제품과 워커 등의 군수제품을 제조하는 회사로 종업원 8백명에 공장 부지만 4천평이 넘는 상당히 큰 규모였다. 지금의 동양고무와 국제고무 등은 당시에는 조그만 공장이었다고 한다.

손씨는 품질이 뛰어난 제품의 생산을 기업의 모토로 삼고 경영에 전력했는데, 특히 고무신은 품질이 뛰어나 전국 각지로 팔려나갔다. 이처럼 정직하게 돈을 번 그는 사업을 점차 확장하면서, 또 한편 사회사업에도 열성을 보였다.

그 중에서도 교육기관에 대한 투자에 많은 관심을 보였다. 마산의 남중학교와 창신고등학교에 막대한 자금 지원을 했으며, 김해 진영농업고등학교도 설립했다.

경향고무는 후일 김대표가 야당의 주요 인물로 성장함에 따라 정치 바람에 휘말려 도산하고 말았다.

두 사람은 만난 이듬해 결혼식을 올렸다. 손명순씨의 신접 살림은 고생이 많았다. 거제도의 시집은 부자집이었으나 아직 전기가 들어오지 않는 시골이라 도시에서 자란 새댁에게는 금방 적응되지 않았다.

새댁은 우물에서 물을 길어다 나무를 때서 밥을 짓고, 숯불 다리미로 시댁 식구 옷을 다려야 했다.

대가집의 맏며느리 노릇을 하며 학업도 계속해야 했으므로 고충이 컸다. 당시 이화여대는 재학생의 결혼을 학칙으로 막고 있었지만 전시중에 피난와 있었던 터라 어수선했다.

후일 밝혀진 것이지만 당시 약학과 학과장은 손씨의 결혼 사실은 물론, 남편의 이름과 가족까지 다 알고 있었다고 한다.

김대표는 결혼 3주년째 되던 해인 1954년 피선거권을 얻게 되자, 그 해에 치르게 될 5·20선거(3대)에 거제에서 출마할 결심을 굳혔다. 그는 무소속 출마 준비를 하고 있었는데 자유당 이기붕 총무부장의 권유로 입당하여 자유당의 공천을 받았다.

개표 결과는 그의 압승이었다. 그의 나이 약관 26세로 헌정사상 전무후무한 최연소 등원 기록이 이때 수립됐다.

이와 같이 여당에서 시작한 김대표가 야당으로 돌아선 것은 이른바 4사5입 개헌파동이 계기였다. 그는 자유당의 직선제 개헌의 부당성을 지적하며 이를 반대하여 부표를 던지고 곧바로 다른 위원 11명과 함께 자유당을 탈당했다.

이때부터 신익희, 조병옥, 장면, 곽상훈 등 야당 원로들과 접촉을 가져 민주당 창당 발기인 33인의 한 사람이 됨으로써 본격적인 야당 정치인의 길을 걷기 시작했다.

그 후 김대표는 4대 총선에는 경남, 특히 부산의 기반이 약한 중앙당의 지시에 따라 지역구를 부산으로 옮겨 출마했으나 자유당의 공작으로 인해 낙선하고 말았다. 이 4대 총선의 낙선은 그의 총선 출마에서 유일한 낙선으로 기록됐다. 그러나 그는 낙선 후에도 활발한 정치활동을 벌여 5대 때부터는 다시 당선되어 38세 때에는 야전군 사령관이라 할 수 있는 원내총무를 맡았다. 그 후로 그는 연이어 5차례의 원내총무를 역임하게 되었다.

이렇게 김대표가 정치적으로 큰 재목으로 자라고 있을 때, 공화당 주변에서는 박대통령이 재선되자 영구 집권을 위한 3선개헌론이 고개를 들기 시작했다. 이에 질세라 야당과 재야는 거센 반대운동을 벌였고, 신민당은 그 구체적인 방법을 여러 모로 모색하고 있었다.

1969년 6월 20일 밤, 김대표는 의원총회의 결의에 따라 모 음식점에서 유진오 당수와 함께 밤 늦도록 개헌 저지책을 마련하고 상도동 자택으로 돌아가던 중 집앞 골목에서 초산 세례를 받았다.

그는 다음날 열린 국회에서 신상 발언을 통해, "이것은 우리 당의 개헌 반대 논의에 대한 모기관의 보복"이라고 자신 있게 폭로했다. 검찰, 경찰이 수사에 나섰으나 흐지부지되었다. 이 사건을 계기로 미국의 「워싱턴 포스트」지가 그를 박정희의 새로운 라이벌로 부각시킨 특집을 다루었다.

그 후 70년대 초에 있었던 대통령 선거를 겨냥해 40대의 대통령 후보가 나와야 한다는 소위 '40대 기수론'을 제창하여 이철승, 김대중씨와 함께 대권 후보 경선에 나서 1차 투표에서 최다 득표를 했지만 2차 투표에서 3위를 한 이철승씨가 지명을 못 받은 반발로 김대중씨에게 표를 몰아줌으로써 역전패당했다.

그러나 그는 투표에서의 승패에는 언제나 깨끗이 승복했다. 그는 실망을 딛고 "김대중씨의 승리는 곧 나의 승리다. 나는 그를 대통령으로 만들기 위해 전라도에서 경상도로, 멀리 무주 구천동에 이르기까지 나의 힘을 바치겠다"고 다짐했다. 또 그는 그렇게 했다.

그는 '10월유신' 때 미국에 체류하고 있었는데, 그는 이 소식을 듣고 주위의 만류에도 불구하고 "대통령을 하겠다던 내가 혼자 살겠다고 여기 남을 수 없다"며 한사코 귀국했다.

유신체제 아래이지만 그는 9대 국회에 진출하여 74년에는 임시 전당대회에서 총재로 당선되었다.

그가 총재로 당선된 후 개헌운동은 한층 열기를 뿜었다. 그러나 그는 75년 5월에 있었던 이른바 '박·김 회담'이 있고 나서부터의 행로에 대해 구설수에 오르더니 76년 5월에는 '각목대회'에서 총재에서 축출되는 불운을 겪었다.

하지만 그는 이에 굴하지 않고 79년 5·30 전당대회 때 또 다시 당권에 도전해 총재로 선출되는 끈기를 보여주었다.

김영삼 체제가 출범한 뒤 정국은 YH여공사건, 총재직무가처분 파동, 총재제명 등 파국으로 치달았다. 당시 여당 의원들은 79년 10월 4일 「뉴욕 타임즈」 회견 내용을 사대주의로 몰아 '정치적 사형선고'라 할 수 있는 의원직 제명을 결의했다.

그 후 얼마 안 가 10·26사건으로 공화당 시대는 끝나고 새로운 공화정을 맞이하게 되지만 김대표에게 가해지는 박해는 더욱 심하기만 했다.

80년 5월 20일부터 시작된 1차 연금은 이듬해 5월 1일까지 거의 1년 동안 계속되었다. 이 1년 동안을 그는 '자신과의 싸움' '분노의 1년'이라고 표현했다.

그는 81년 5월 1일 연금이 해제되자 민주산악회를 결성하여 민주세력의 결집을 도모하다가 다시 연금되었다. 이 2차 연금이 계속되던 10월 17일은 그의 장남 은철씨의 결혼일이었다. 전날 관할 경찰서장이 찾아왔다.

"내일 자제분 결혼식에 나가셔야죠?"

"연금이 풀리는 것이오?"

"한 시간 동안만 제가 안내하겠습니다."

"무슨 말이오? 국민들은 내가 연금돼 있는 줄도 모르는데. 그 동안 은총으로 자유로웠다는 것을 선전하라는 말이오?"

하며 단호히 거절하였다.

그는 또 광주 사태 3주년이 되는 83년 5월 18일, "광주 사태와 민주 투쟁에서 희생된 사람들의 고통에 동참하기 위해, 전두환 독재 정권에 저항하기 위해 이 투쟁을 전개한다"라고 밝히면서 23일간의 단식 투쟁에 돌입했다.

그의 이러한 단식투쟁은 당시 정권에 큰 타격을 주지는 못했지만, 흩어졌던 민주 세력을 결집시키는 역할과 동시에 우리나라의 독재상을 국내외에 전파시키는 역할을 충분히 했다.

23일간의 단식을 마치고 그는 다시 민주협을 결성하여 85년에 있었던 12대 총선에서 대혁명을 일으켰고, 이후 사분오열된 야권을 하나의 정당으로 통합하여 강력한 대여 투쟁에 앞장서 결국에는 6·29선언을 받아냈으며, 그 해 12월에 있었던 대통령 선거에 출마하지만 김대중씨와의 양보 없는 과욕으로 인해 결국 둘 다 낙선하고 말았다.

이후의 정치적 행동은 잘 알다시피 90년의 3당 합당으로 나타나는데, 그때 그는 '구국의 결단'이라는 표현으로 그 명분을 역설했지만 그를 아끼던 많은 사람들에게 실망과 배신감을 심어주기도 했다. 그러나 그의 진정한 뜻이 과연 무엇이었는가는 92년 12월이면 자연 밝혀지게 되는 것이다.

이렇게 어렵고 험난한 길을 달려온 김대표는 아내 손여사에게 월급 한 번 준 적이 없지만 그의 자녀들에 대한 사랑은 어느 부모 못지 않다.

김대표와 손명순 여사는 혜영, 혜경, 은철, 현철, 혜숙씨 등 2남3녀를 두었다.

장남 은철씨는 중앙고등학교와 한양대 열공학과를 졸업한 후 미국 페퍼다인 대학에서 영문학 석사과정을 마쳤다.

은철씨는 1982년 강원대 기악과를 졸업한 황경미씨와 결혼식을 올렸다. 그런데 당시 김대표는 연금 중이었다. 정부 당국에서는 어쩔 수 없이 김대표에게 1시간의 외출을 허가했다. 그러나 김대표는 그것을 거부했다. 국민들이 자신이 연금돼 있는 줄도 잘 모르는데, 자유롭게 다니는 모습을 보여주어서는 안 된다면서 참석하지 않았던 것이다.

결국 그날 오후에야 김대표의 자택에서 결혼 사진을 사돈 내외와 함께 찍었다고 한다.

현재 은철씨 내외는 슬하에 딸 하나를 두었으며 LA에서 오퍼상을 경영하고 있다.

차남 현철씨는 고려대 사학과를 졸업하고 미국 남가주의 사우드캘리포니아 대학에서 경영학을 전공하였다. 그는 87년 귀국하여 잠시 쌍용투자증권에 근무하다 그해 대통령 선거 때 그만두고 본격적으로 아버지의 선거 지원에 나섰다.

그는 88년 중앙조사연구소를 설립하여 각종 정책 수립에 기본 바탕이 되는 자료를 제공하고 있다. 자식들의 정치 참여를 금기시해 왔던 김대표도 둘째아들의 자연스러운 변신을 굳이 제어하지는 않았다.

그는 아직 정계에 언제 진출 여부를 구체적으로 밝히지는 않고 있으나, 15대 총선에는 진출하지 않겠느냐는 것이 주변의 관측이다. 현철씨는 김대표가 외국에 나갈 때는 물론 측근들이 건의하기 어려운 사항까지 서슴없이 진언하고 있는 것으로 알려지고 있다.

김대표가 청와대 정례 회동을 비롯, 정치적으로 주요한 결정을 내릴 경우에는 중앙조사연구소의 리포트가 상당한 역할을 하는 것으로 돼 있다.

현철씨는 84년 성심여대 의상학과를 졸업한 김정현씨와 결혼했는데, 그의 장인은 롯데물산 사장인 김웅세씨다.

김정현씨는 현철씨의 동생 혜숙씨와 국민학교, 중학교, 대학의 동기동창이다. 두 사람은 어릴 때부터 친한 친구로 혜숙씨가 이미 잘 알고 있는 현철씨와 정현씨를 중매했다고 한다. 이들 부부는 7살난 인덕군과 4살난 인규군 형제를 두고 있다.

김대표의 세 딸 중에서 큰딸 혜영씨는 경기여고를 졸업하고 연세대 도서관학과를 나왔다. 그녀는 둘째 남동생 현철씨와 함께 정치 성향이 강한 인물이다.

그녀의 남편 이창해씨도 정치에 뜻을 두었지만 김내표의 반대로 결국 미국 유학을 떠나 캘리포니아 대학에서 정치학 석사과정을 밟다가 포기하고 지금은 LA에서 무역업을 하고 있다. 그들은 1남1녀의 자녀를 두고 있다.

차녀 혜경씨도 언니와 같이 경기여고 출신이다. 그녀가 고등학교에 다닐 때 박대통령의 차녀 근영씨가 같은 학교에 다니고 있어서 두 사람은 주목을 받기도 했다.

근영씨가 말없이 조용하게 지내는 반면, 혜경씨는 남들에게 자기 주장 펴기를 좋아했으며 아버지에 대해서도 자부심이 강했다고 한다.

이화여대 음대를 수석으로 졸업한 혜경씨는 재미 교포 송영석씨와 결혼하여 현재 미국에서 살고 있다. 그들은 딸 둘을 두고 있다. 남편 송씨는 하와이대 건축학과를 졸업하고 컴퓨터 부품회사를 운영하고 있다. 한 가지 재미있는 것은 그의 원래 이름이 영삼이었다는 것. 결혼하면서 장인과 이름이 같아 영석으로 개명하게 되었다고 한다.

김대표의 막내딸 혜숙씨는 성심여대와 이화여대 대학원 성악과를 졸업했다. 그녀는 현재 미국 워싱턴에서 남편 이병로씨와 함께 살고 있다.

이병로씨는 코넬대와 뉴욕 포름 법대를 졸업하고 변호사로 일하고 있다. 그의 큰형과 쌍동이 형도 변호사이다. 그의 아버지 이춘근씨는 뉴욕에서 치과의사로 있으면서 뉴욕 민족문제연구소를 중심으로 한인회 활동을 하고 있다.

김대표는 1남5녀의 장남으로 태어났기 때문에 손아래로는 5명의 여동생이 있다.

김대표의 첫째동생은 호금씨이다. 그녀의 남편 김상기씨는 장인과 함께 수산업을 하다 작고했으며, 슬하에 3남1녀를 두었다. 그의 큰아들 김창수씨는 서울시청에 오랫동안 근무하다가 지금은 유림공사에 근무한다. 둘째아들 창진씨는 개인사업을 하고 있고, 셋째아들 창건씨는 대법원에 근무하고 있다. 막내딸 정림씨의 남편인 신정현씨가 김대표의 민족문제연구소 일을 한때 도왔다.

둘째동생 호아씨의 남편 김영모씨는 교직 생활을 거쳐 도로공사의 차장으로 일했다. 슬하에 1남3녀가 있다.

김대표의 셋째동생 호임씨는 남편 김상한씨와의 사이에 1남4녀를 두고 있다. 김상한씨는 부산에서 멸치어장과 백 5척을 갖고 있는 사업가이다. 연간 어획고가 3억원, 종사원이 40명 되는 규모이다. 그는 김대표의 친척 중 드러내놓고 김대표를 도와온 몇 안 되는 사람 중의 한 사람이다. 그는 부산에서 한영수산이라는 회사를 경영하면서 김대표의 부친 홍조옹의 멸치어장 일도 돕고, 김대표의 부산 지역구 및 인맥을 지원

관리해 온 김대표의 측근이다.

넷째동생 두선씨는 대학을 졸업하고 감리신학대 최영욱 교수와 결혼하여 슬하에 2남2녀를 두고 있다. 최교수는 교회 장로이며 정치에 뜻을 두었으나, 김대표의 만류로 그만두었다는 이야기가 있다. 그리고 두선씨는 교회 여전도회 회장직을 맡고 있는 독실한 기독교도이다. 또 그녀는 마산의 유아원 원장으로서 김대표의 여동생 중에서 가장 활발한 활동을 하고 있다.

막내동생인 두악씨는 숙명여대를 졸업했다. 그녀는 남편 김창원씨와 함께 미국 워싱턴에서 살고 있다. 김창원씨는 20년 전에 출국했는데, 지금은 중동 지역 국가들을 상대로 무역업을 하고 있다. 자녀는 1남1녀를 두었다. 그리고 그의 형인 김정원씨는 하버드대 법대를 졸업한 수재로 미국에서 변호사 활동을 하다가 헌새는 심대표의 외교 담당 특별보좌관으로 있다. 그의 부인은 미국인인데 역시 변호사이다.

다음으로 김대표의 처가 쪽 사람들을 살펴보자.

김대표의 장인은 앞에서도 잠시 언급했듯이 한때 마산의 재벌이었던 손상호씨이다. 손씨는 자수성가한 기업인으로 경향고무를 경영했었다.

손상호씨와 감덕순씨는 2남7녀의 많은 자녀를 두었는데, 맨위 장녀가 김대표의 부인인 손명순씨, 그 아래로 은배, 태자, 태강, 영식, 태희, 귀희, 은혜, 은주씨가 있다. 이들은 모두 대학을 나왔고 모두 결혼했다.

김대표의 첫째처남인 은배씨는 연세대 화학과를 졸업한 후 대구 오성고등학교에서 교직 생활을 하다가 5·16이 터져 체포돼 조사를 받는 등 곤욕을 치르기도 했다. 91년 작고한 김동영 전정무장관과 절친한 친구이기도 한 그는 계속 교직에 있으면서 김대표의 초산 테러 때도 참고인 조사 이유로 기관에 끌려가기도 했고 유신하에서 비판적 성향의 교사로 지목돼 해직됐다. 그 후 화공 약품을 만드는 사업을 했으나 결국 실패하고 10·26 이후 다시 복직됐는데, 그때는 고등학교가 아닌 국민학교 교사였다.

지금은 서울 난곡국민학교 교사로 있으면서 대한교육정책연구소란 연구 모임을 만들어 활동하고 있다.

10여년 전에 부인과 사별한 그는 부정한 것을 보고는 참지 못하는 청렴한 성품을 갖고 있어 때로는 주위의 사람들과 충돌을 빚는 경우가 잦았다.

그리고 김대표의 큰처제인 태자씨는 숙명여대 가정과를 졸업하고 도재영씨와 결혼하였다.

그녀의 남편 도씨는 한양공대와 연세대 대학원 기계과를 졸업했다. 그 후 오랫동안 기아산업에서 근무하다 아세아 자동차로 옮겨 상무이사를 지냈으며, 지금은 자동차 부품을 생산하는 (주)상진 사장으로 있다. 슬하에 2남1녀가 있다.

작은처제인 태강씨는 대구 계명대학을 졸업했다. 그녀는 이북 출신의 전지순씨와 결혼하여 슬하에 2남1녀를 두고 있다. 전씨는 농기구사업을 하다가 현재는 운동기구와 완구를 취급하는 사업을 하고 있다.

다음은 손상호씨의 차남이자 김대표의 둘째처남인 영식씨. 그는 한양대 기계공학과를 졸업했으며, 고려대 간호학과를 나온 김명옥씨와 결혼해서 아들 둘을 두었다. 그들은 현재 미국에서 사업을 하고 있다.

셋째처제인 태희씨는 부산의 동아대를 졸업하고 권창현씨와 결혼했는데, 권씨는 부산대 기계공학과를 졸업했다. 그들은 현재 1남1녀를 데리고 아프리카의 나이지리아에서 살고 있다. 무역업에 종사하고 있는 남편을 따라 87년 가족 모두가 이민을 떠났다.

　넷째처제 귀희씨는 대구 효성여대 성악과를 졸업한 후 결혼했으나 생활이 평탄치 못해 아들 하나를 데리고 살고 있다.

　다섯째처제 은혜씨는 한양여자전문대 의상학과를 졸업했고, 남편 박정연씨는 연세대를 나왔다. 그들은 의류공장을 경영하며 서울 시내 몇 개의 백화점에 정연패션이라는 매장도 두고 있다.

　김대표의 막내처제 은주씨는 학원강사를 하는 김창영씨와 결혼하여 서울에 살고 있다.

　이외에 현 청와대 정무수석 비서관인 손주환씨가 김대표의 부인 손명순 여사의 사촌동생이다. 그러니까 김대표에게 처사촌 처남이 되는 것이다.

◇ 金大中

저력의 정치인, 오뚜기 정치인. 목포 앞섬 하우
도에서 출발한 그의 왕좌 등극의 꿈은 과연
이루어질 것인가. 그의 정치 동기생인 김영삼씨
와 함께 청와대를 향한 레이스에서 승리자는
누구일까.

金大中家 가계도

김순례
김운식
장수금
김대봉
김용례
김안례
차용애
김대중
이희호
윤혜라
김홍일
김홍걸
임미경
지영
김만덕
정화
김대의
민병숙
화영
홍준
외 1남 1녀
신선련
김홍업
김대현
종대
2남 2녀
김진찬

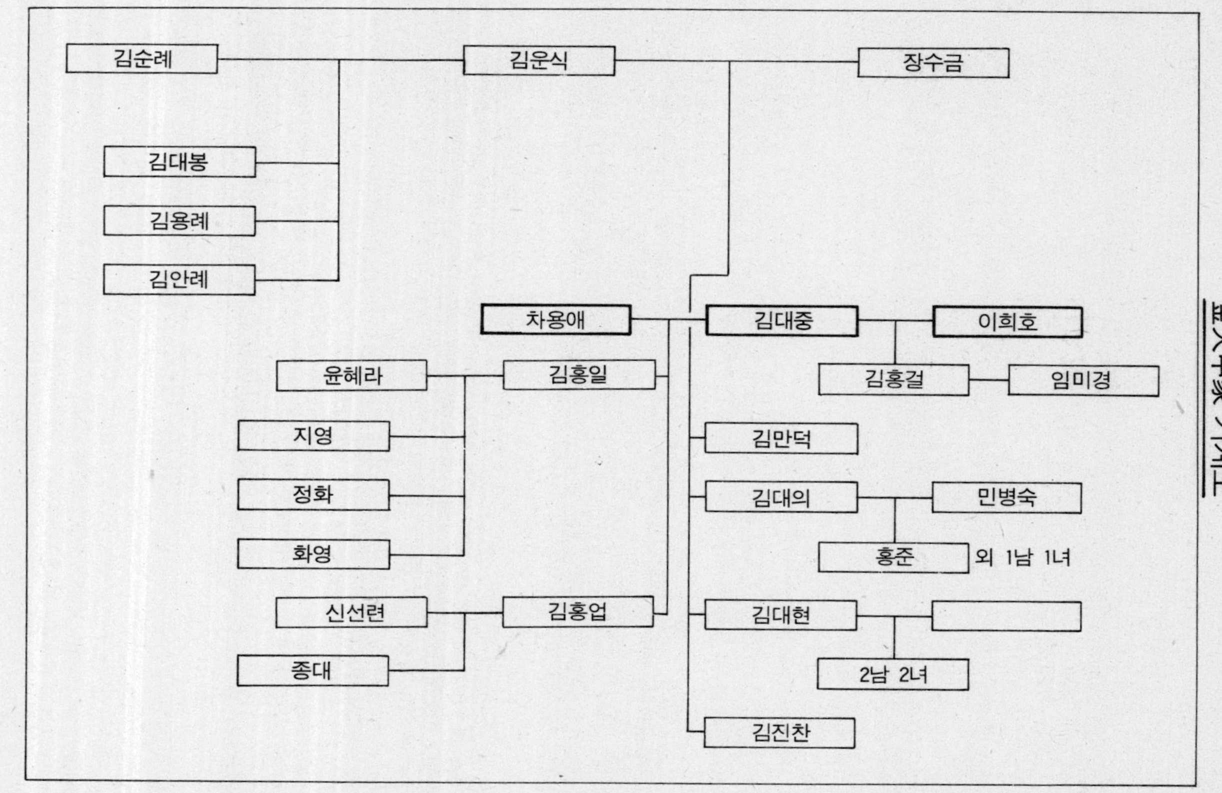

金 大 中

우리나라 정치인 중 가장 파란만장한 인생 역정을 살아온 김대중 민주당 공동 대표.

죽음의 문턱에 다다르기 다섯번, 6년간의 감옥 생활, 6년 반의 연금과 감시, 3년간의 망명 생활 등 그처럼 숱한 억업과 박해 속에서 험난한 정치 역정을 걸어온 정치인은 세계적으로도 드문 것으로 알려져 있다.

그에 대한 정치적 박해는 가족과 친척들에게까지 이어져 여러 가지 형태로 가해진 정치적 박해의 희생자가 되었다. 김대표의 일가 친척들은 그들이 인정하든 않든간에 어떤 형태로든지 그의 인생 역정과 무관하지 않은 삶을 살아올 수밖에 없었다. 평범한 집안일 경우 의당 있을 법한 친척들간의 왕래도 상당히 제한을 받아왔거나 아주 뜸했었다. 가까운 일가 친척들도 동교동의 출입을 극히 삼가야 했다.

이는 외부의 시선을 의식한 것이기도 하겠으나, 우선은 근거 있는 피해 의식의 소지로 여겨진다.

김대중 대표의 가문과 출생에 대해서는 그 동안 심심찮게 논란이 있었으나, 87년 9월 김판술 전국회의원이 김대표의 고향인 전남 신안군 하의도에 찾아가서 실증적으로 조사함으로써 명확히 밝혀졌다.

김판술씨에 따르면, 김대표의 문중의 한 서고에 4천여 권의 고서가 먼지에 싸여 있었는데 그 속에서 김해 김씨 대동보와 가승보가 발견돼 김대중 대표의 가문과 출생에 대해 기록으로 확인할 수 있었다는 것이다.

이 기록에 의하면 김대중 대표는 김해 김씨 안경공파 70대손이다. 수로왕을 1대로 하는 김해 김씨는 공인된 파만 해도 1백50개가 넘으며, 우리나라 인구의 12%(약 4백80만명)를 차지하는 최대의 성이다.

우리나라 최초의 천주교 사제로 이조 말에 순교한 김대건 신부의 10대조와 김대중 대표의 11대조가 형제지간이라고 한다. 그렇게 보면 김대표의 항렬이 높은 편에 있다는 것을 알 수 있다.

김대표는 1924년 1월 6일 전남 신안군 하의면 대리 213번지에서 태어났다. 음력으로는 1923년 12월 3일이 된다. 아직까지도 그의 나이에 혼란이 많은 것은 이렇듯 음력과 양력 사이의 해가 바꿈과 함께 호적상으로는 1923년 12월 3일자로 등재돼 있는 까닭이다. 김대표의 집안에서는 생일과 설 등을 양력으로 쇠고 있으므로, 그는 올해 우리나라 나이로 68세가 된다.

김대표가 태어난 하의도는 목포에서 쾌속선을 타고 2시간 30분을 가야 한다. 그 섬은 바람이 조금만 드세도 배가 다니지 않는, 면적 36.93km²의 낙도이며 김대표의 고향 마을은 이 섬에서도 가장 못사는 동네인 대리이다.

현재 이 섬 하의도는 해마다 사람이 줄어 90년만 해도 1,302호에 인구가 5,943명이었는데 91년 9월에 조사한 것을 보면 무려 1천명이나 줄은 5,080명만이 살고 있다. 이들의 생계는 고기가 많이 잡히지 않아 소규모의 염전과 농업에 의존하고 있다. 사실 대리에 있는 집은 김대표의 생가가 아니다. 그가 태어나서 국민학교 4학년까지 다닌 곳은 대리의 옆마을인 후광리이다. 그러니까 그의 출생지는 후광리인 것이다. 김대표의 아호 후광(後廣)은 이 마을 이름을 딴 것이다. 현재 거기에는 집이 없고 잡초만이 무성한 폐허이다.

김대표가 태어난 하의도는 앞에서 말한 바와 같은 지리적 의미 외에도 독특한 배경을 가진 반항의 섬이기도 하다. 그는 「독재와 나의 투쟁」이란 저서에서 자신의 고향을 반골의 역사로 메워진 고장이라고 소개하고 있다.

그의 집안이 이곳 하의도로 들어온 것은 김대표의 9대조부터였다. 하의도로 들어온 김대표의 선대들은 소지주로 비교저 유복한 생활을 해왔다고 한다. 그런데 일제 때 일본인이 하의도의 모든 땅을 빼앗아버려 동양척식회사의 소유가 되었고, 주민들은 소작농으로 전락해 버렸다. 그러자 그의 아버지 김운식씨는 하의도 주민을 대표하여 '땅 되찾기 운동'이라는 이른바 소작쟁의에 앞장섰었다. 그는 소송을 제기해 목포와 서울을 다니며 가산도 많이 탕진했다고 한다. 또 이곳은 해방 직후 미군정에 대해 최초의 식량 폭동을 일으킨 곳이기도 하다. 김대표는 "내가 태어난 이러한 토양이 민중과 같이 불의에 항거하는 힘을 주었다"고 술회하곤 했다.

김대표의 조부는 김사언씨로 한학을 즐겨하던 선비였다. 훈도는 아니었지만 면 사람들을 모아놓고 가르칠 정도로 학문이 높았다.

부친 운식씨도 학문이 높고 풍류를 즐기는 선비였다. 일부다처가 허물이 되지 않던 시절 김대표의 부친 운식씨는 첫부인인 김순례씨를 두고, 17세에 결혼하여 일찌기 남편과 사별하고 수절 중이던 장수금씨와 새 생활을 시작했다.

장여사 쪽에서 볼 때 김운식씨와의 혼인은 세번째였다. 두 차례의 혼인 실패 후 혼자 지내다가 김운식씨에게 후취로 가게 된 것이다. 여기서 김대표의 출생에 관한 시비가 종종 있어 왔으나 앞서 말한 김판술씨의 조사 보고도 있고, 하의도에 사는 친지들의 증언도 김대중 대표가 분명히 김운식씨의 소생임을 확인해 주고 있다.

김운식씨는 장여사와의 사이에 3남2녀를 두었는데 그 첫째가 김대표이다. 이에 앞서 운식씨는 첫부인과의 사이에도 1남2녀를 두었다. 그러니까 김대표의 형제는 4남4녀가 되는 것이다.

김운식씨에게 시집온 장여사는 섬이면서도 고기가 잡히지 않는 그곳에서 농사를 지어 살림을 꾸려 나갔다.

농사일을 모르던 남편 운식씨는 바깥으로 돌 뿐 집안 일에는 신경을 쓰지 않았기 때문에, 그녀는 살림에 보탬이 되는 일이라면 무엇이든 부지런히 찾아서 했다. 이때 그녀는 돈은 있다가도 없을 수 있지만 머리에 든 지식은 영원히 남을 것이라는 생각을 하게 되었다.

그 후 장여사는 자식들에 대한 교육에 무척 열성이었다. 그래서 1937년 가을에 가족들을 데리고 목포로 나왔다. 쌀 한 가마니에 5~6원 하던 시절에 거금 1천3백원을 주고 '영신 여관'을 사들였다. 이것은 개인의 사업을 위한 것이 아니라 자식의 교육을 위해서였다. 김대표는 그때 어머니의 그런 결단과 열성이 없었다면 지금의 자신은 없었다고 할 만큼 늘 어머니의 결단과 용기에 감사한다고 했다.

이렇게 김대표에게 정신적으로 많은 영향을 주었던 어머니 장여사는 72년 동교동에서, 아버지 김운식씨는 74년 하의도에서 각각 작고했다.

　김대표는 어릴 적에는 초암 선생이 가르치는 서당에서 한문을 배웠다. 그리고 그가 아홉살 되던 해 많은 사람들의 숙원이던 4년제 하의도 보통학교가 문을 열었다.

　학교가 없어 배우고 싶어도 배우지 못했던 아이들이 학교로 몰려들었다.

　나이 많은 아이들은 2학년에 편입되었고 어린 아이들은 1학년부터 다녔다. 김대표는 2학년 학생이 되었다.

　그가 4학년 무렵부터는 일본말로 이름을 고쳐야 했고, 우리말 교육은 아예 없어져버렸다. 그리고 1주일에 한번씩 신사참배를 해야 했다.

　어린 나이에 민족적 감정에 눈을 뜬 그는 걸핏하면 일본 학생들과 싸워 사상이 나쁘다고 곤욕도 치르고 성적이 떨어지는 불평등도 당했다.

　당시 일제 시대 학교를 다녔던 아이들이라면 누구나 당해야 했던 치욕과 울분을 김대표도 겪으면서 자랐다.

　하의보통학교 4학년을 마치자 그는 더 이상 배울 것이 없었다. 그래서 그의 어머니는 그를 목포로 유학을 보냈다. 13세에 혼자 목포로 나온 김대표는 국회의원을 지낸 바 있는 김경인씨 집 다락방에서 객지 생활을 시작했다.

　그가 목포 북교국민학교 5학년에 편입하여 발군의 실력을 보일 때, 앞에서도 언급했듯이 어머니의 결단으로 모든 가족이 목포로 이사를 왔다.

　김대표는 목포 북교국민학교를 졸업하고 목포의 명문 목포상고에 1등으로 진학할 정도로 수재였다.

　목포상고에 진학한 그는 1, 2학년 때 줄곧 수석을 차지하는 등 뛰어난 실력을 갖추고 있었다. 특히 작문과 역사 성적이 뛰어났으며 웅변에도 대단한 소질을 가지고 있었다. 그는 훗날 정치인이 되어서 토론과 웅변은 타의 추종을 불허할 정도로 뛰어났다. 목포상고 3학년 때는 반일 지하운동에 참가, 선생들로부터 미움도 많이 받았다. 비밀리에 학교 당국에서 하는 친일 반대 모의를 하고 다녔으므로 그는 요주의 인물로 지목되어 있었다.

그의 어머니 장여사는 아들의 그런 모습을 늘 바라만 봤다. 다른 어느 집 아들보다 공부 잘하고 사려 깊은 아들이었기에 그가 하는 일은 옳다고 믿어주었다.

목포상고 4학년 때부터는 학생자치회에 관계하였다. 질문하고 답하는 과정에서 그는 한 가지 문제를 파기 시작하면 끝까지 질문을 늘어놓아 '건방지다'는 소리를 듣기도 했다.

김대표는 목포상고를 졸업하고 난 후 만주 건국대를 지원했다. 합격을 했지만 시대적인 혼란과 가정 일이 겹쳐 진학하지는 못했다. 그러다 6·25후 부산에서 건국대학을 3년간 다녔다.

그는 목포상고를 졸업하고 일본인이 경영하던 '전남기전주식회사'에 취직하여 사회 생활의 첫발을 디뎠다.

2년쯤 일을 했을 때 8·15해방이 되어 일본인 선주가 본국으로 돌아가게 되면서 2척의 배가 김대표에게 넘어왔다. 여기에 외상과 융자로 5척의 배를 더 구입해 '홍국해운주식회사'를 세워 부산으로 본사를 옮겼다.

여기서 그는 자연스럽게 장택상 총리와 이범석 장군과 교류가 이루어졌다. 해운업이 전쟁 후 쇠퇴기를 맞자 그는 본격적으로 정계에 뛰어들었다. 1954년 5월 3대 국회의원 선거 때 목포에서 무소속으로 처음 입후보했다. 그러나 결과는 낙선이었다. 그는 또 제4대 총선에서도 강원도 인제에서 입후보했으나 또다시 실패하였다. 그러다 세번째 5대 국회의 인제보궐선거에서 당선의 영광을 안았다. 그러나 그는 국회의원 당선증을 받은 지 이틀 후 5·16이 일어나 의사당에 들어가 보지도 못한 채 교도소로 직행하는 불운을 겪었다.

5·16 이후 그는 민주당 신파에 줄을 대 정치적 활로를 되찾았다. 당의 선전부장 자리에서 출세 코스인 당 대변인을 맡을 수 있었고, 대변인으로서 착실히 성장, 6대 국회에 진출하면서 건설위에서 두각을 나타냈다. 이때 선을 보인 달변과 이론은 어지간히 공화당 정부를 괴롭혔고, 마침내 6·8선거에서 박정희 대통령 자신이 김대중 의원과 맞붙은 공화당의 김병삼 후보를 지원 유세할 만큼 목포는 전국 제1의 격전지가 되기도 했다.

그의 선거 전략은 이때 크게 돋보였는데 이른바 마타도어, 데마고그(선동)의 능수라 하여 여당에서 신랄한 비판을 받았다. 그 후에도 정부 여당측은 김씨에 대한 이때의 이미지를 계속 국민에게 주려고 했다. 또한 이때의 능란한 조직 솜씨가 후에 71년 대통령 선거전에 활용된 계기가 됐다. 이 선거로 해서 그는 정치적으로 크게 성장했다.

67년 7대 국회에 들어와서 유진오 당수로부터 원내총무에 지명을 받기도 했으나 원내 인준 과정에서 김영삼씨에게 패배했다. 이 일은 두 김씨의 첫 조우전에서 김대중씨의 패배로 기록된다.

그러나 그는 3년 후 대통령 후보 지명전에서 설욕의 기회를 얻는다. 먼저 '40대 기수론'을 제창하여 기선을 제압한 김영삼씨와 뒤늦게 뛰어든 김대중, 이철승씨 등이 대통령 후보 지명전에서 각축을 벌이게 되었다.

70년 9월 후보 지명을 위한 전당대회에서 김대중은 유진산 당수의 지명을 받아 압승하리라던 김영삼씨를 40여표 차로 누르고 역전승했다. 1차 투표에서 김영삼씨에게 뒤졌지만, 지명을 받지 못한 이철승계의 반발이 2차 투표에서 김씨에게 가세한 것이 결정적인 승인이 되었고, 대의원들의 심리를 파악, 끝까지 버틴 것도 주효했다. 그 자신의 표현대로 대중 속에 파고든 끈기' 때문이었다. 조직 관리면에서도 철저한 맨투맨식의 대인 접촉으로 저변에 파고든다는 게 특징이다. 그는 이 지명전에서 산골짝 판자촌까지 대의원을 찾아가 인간적인 호소를 했던 것이다.

그는 공식 조직보다 비공식 조직의 원리를 철저히 채택, 적용하고 있다. 김대표가 거의 수난의 정치로 일관해 왔기 때문에 그의 조직 참모들은 표면에 나서지 않는 것을 특징으로 하고 있다. 인제 선거 때 알게 되어 격심했던 6·8 목포 선거에서 각종 전술과 조직을 잘 활용한 일급 참모인 엄창록씨가 그 후 증발된 사실은 그 동안의 사정을 잘 말해 준다. 여당의 기관 쪽에서 그를 두고 1.3.3, 1.3.5, 1.3.8 등 공산당식 점조직의 명수라느니 흑색 전술의 명수라는 등 별소문이 나돈 끝에 돌연 잠적해 버렸는데, 지금 그는 해외에 거주한다고 한다.

71년의 4·27 대통령 선거는 공화당의 박정희 후보와 신민당의 김대중 후보 간의 견곤일척의 싸움이었다. 선거 막바지 김후보의 장충단 유세와 박후보의 남산 공원 유세에 각각 1백만의 청중을 동원하는 뜨거운 선거였다. 김후보는 이 유세에서 "만일 이번 선거에서 또다시 박정희씨의 당선을 허용한다면 이 나라에는 영원히 선거가 없는 총통 시대가 올 것"이라고 주장했다. 이 때문에 그는 허위 사실 유포 등 선거법 위반 사범으로 입건되기도 했지만, 후에 그의 발언은 사실로 증명되었다.

　이 선거에서 김후보는 4백50만표를 얻었지만 90만표를 더 얻은 박후보에게 승리를 안겨줬다. 막강한 금력과 행정 선거하에서도 이 같은 표를 획득한 것은 당시 국민들의 정권 교체 요구가 크게 작용했지만, 그의 달변과 특유의 전략 전술이 주효했던 듯하다.

　6대 국회에서의 한·일조약비준 반대운동을 전후하여 필리버스터(의사 지연 전술) 5시간 20분의 기록을 남겼던 그는 대통령 선거에서 대중을 말로 휘어잡았던 것이다. 그러나 그 같은 말을 하기 위해서는 끝없는 노력과 사전 준비가 있었다는 게 그의 고백이다. 어떤 때는 15분 연설하기 위해 10시간 준비한 적도 있으며, 국회에서 예산안 심의를 할 때는 한번 발언하기 위해 1주일을 준비하고 연습까지 했다고 한다. 그는 특히 말만 잘하는 정치인이 아니라는 점을 보여주기 위해 정책 제시에 주력했다. 그가 제시했던 '남북 교류론', '4대국 안전보장론', '이중곡가제', '행정 수도안', '국영방송 공영제' 등의 정책 대안들 중에는 나중에 집권당에 의해 채택된 것도 적지 않다.

　아무튼 그의 4백50만표 신화는 박대통령으로 하여금 김대중 또는 선거 공포증을 유발, 10월유신을 낳았는지도 모른다. 그리고 유신 후에도 그는 박대통령으로부터 10·26때까지 모진 박해를 받아야 했다.

　유신 당시 해외에 머물러 있었던 김씨는 유신 후 귀국하지 않고 미국과 일본을 왕래하며 민주화를 위한 반정부 활동을 벌이고 있었다. 일본에서 한민통 결성을 추진하고 있던 그는 동경의 어느 호텔에서 괴청년들에게 납치됐다가 며칠 후 동교동에 모습을 나타냈다. 그가 서울에서 납치 경위를 밝힌 바에 의하면, 동경에서 토막 살해되거나 물에 던져져 수중고혼이 될 뻔했다는 것이다. 이 사건은 너무도 극적이기도 했지만, 일본측으로서는 중대한 주권 침해로 받아들여져 심각한 외교 분쟁을 낳았다.

그는 유신체제 아래서도 민주회복 국민협의회를 만들어 꾸준히 민주화 운동을 전개했다. 특히 76년 3월 1일을 기해 발표한 '3·1 민주구국 선언문' 사건으로 그는 재판에 회부되어 다시 옥고를 겪어야 했다. 이 사건은 김씨가 주모자라 할 수 있다. 행동의 자유가 없던 그는 사건 전 정일형, 이태영 박사, 문익환 목사 등과 접촉, 선언문 발표 계획을 밝히고 동조자의 서명을 당부했다. 이 선언문 서명자는 김씨를 비롯, 윤보선, 함석헌, 정일형, 문동환, 함세웅, 이문영, 신현봉, 이해동, 서남동, 안병무, 문정현, 장덕필, 김승훈, 윤반태, 이우정씨 등이었다. 그날 서명자 전원은 체포되어 재판에 회부됐다. 김씨는 징역 5년에 자격 정지 5년의 선고를 받았다. 유신의 피해자들이 많이 있지만 그는 바로 유신 피해자의 상징이었다.

10·26 이후에도 계속 연금 상태에 있다가 12월 8일 겨우 연금이 풀렸고, 80년 봄 3김의 경쟁으로 인해 정치의 봄이 활짝 피는 듯했으나 그것도 잠시뿐, 5·17 사태로 다시 어둡고 추운 4년 7개월의 겨울을 맞아야 했다.

그날 80년 5월 17일 저녁 김대표는 응접실에 앉아 있다가 들이닥친 일단의 군인들에 의해 연행됐다. 그로부터 그의 소식이 끊어졌다. 두 달쯤 뒤에 그는 군법회의장에 모습을 나타냈다. 물론 죄수의 몸으로.

그의 죄목은 국가보안법 위반과 내란음모 혐의였다. 그해 여름 그에 대한 재판은 제한된, 적은 사람들이 지켜보는 가운데 일사천리로 진행되었다. 그의 공소 사실은 이미 세상에 알려졌는데 이를 간추리면 다음과 같다.

하나는 그가 학생을 선동, 내란음모를 했다는 것이고, 또 하나는 광주

사태를 그가 선동했다는 이유이며, 나머지는 한민통에 연루되었다는 것이다. 군법회의는 그에게 사형을 선고했다.

그 후 81년 1월 23일 대법원에서 사형이 확정됐으나, 대통령의 사면 조치로 무기로 감형됐다. 그리고 이듬해 82년 3월 3일 전두환 대통령 취임 1주년 특별 사면에 따라 무기에서 20년으로 특별 감형되었다. 그로부터 82년 12월 미국으로 갈 때까지 어두운 영어의 생활을 해야 했다.

그는 교도소에 수감되어 있는 동안 꽃을 가꾸며 마음을 안정시켰고, 독서로 폭넓은 지식을 익혔다. 그리고 그가 교도소에 있는 동안 잊을 수 없었던 것은 그 속에 있으면서 한 권의 책을 만들어냈다는 것이다. 그것은 가족에게 보냈던 편지들을 모은 「김대중 옥중 서신—민족의 한을 안고」이다. 이 책은 미국에 건너간 다음 83년 겨울에 미국과 일본에서 각각 한국어와 일본어로 발간했다.

김대표는 이렇게 교도소 내에서도 꾸준히 자신의 삶을 키워나가다 82년 크리스마스 직전 자유의 몸이 되었다.

그것은 5공 정부가 그를 신병치료 명목으로 미국으로 추방하려 했기 때문이다. 미국에 가기로 결정된 후 16일 일단 서울대학교병원에 이송되었다. 병원에 가기 전날 교도소측에서 굳이 머리를 깎았다. 그는 후에 "특별한 이유는 없고 당국의 심술 때문이었는데 당해 본 사람은 알겠지만 가장 슬픈 일 중에 하나였다"고 후일 회고했다.

병원에 이송된 1주일 후인 23일 비밀리에 그는 출국 조치됐다.

그의 미국 생활은 매스컴과의 회견으로부터 시작하여 정계, 재계, 교계의 인사들과 친분을 돈독히 하는 한편, 한국의 암울한 인권 상황을 전하며 도움을 청하는 것으로 일관됐다.

그는 또 본국에 있을 때 들었던 김영삼씨의 단식 투쟁을 지지하는 성명을 내고 그의 측근들로 하여금 김영삼씨를 적극 도우라고 전하였다.

김대표는 84년 2월 2년의 미국 생활을 청산하고 귀국할 뜻을 밝혔으나 정부로부터 제지당했다. 그가 귀국한 것은 이듬해 2월 7일, 워싱턴을 출발하여 동경을 거쳐 2월 8일 김포 공항에 도착함으로써 만 2년 47일만에 그리운 조국의 땅을 밟았다.

이후 그는 그해 있었던 2·12총선에서 새로운 야당을 건설하는 데 커다란 역할을 했으나, 여러 가지 정치적 변수로 그 동안의 동지였던 김영삼씨와 갈라서고 말았다. 이런 두 사람의 결별은 87년 있었던 대통령 선거에서 민선정부 수립의 결정적 기회를 놓치게 되었고, 결국에는 90년 3당 통합이라는 정계개편의 빌미를 제공하였다.

현재 그는 92년 12월에 있을 대선을 위해 야당을 통합한 뒤 그 전초적인 14대 총선에서 목표에 달하는 의석을 달성한 뒤 대권도전에서의 승리를 다지며 부지런히 뛰고 있다.

김대중 대표는 첫부인인 차용애씨와 사별하고, 두번째 부인인 이희호씨와는 1962년 결혼했다.

첫부인인 차여사는 목포의 유수한 차씨 가문의 출신이었으며, 그는 부친 차보륜씨와 모친 장점순씨 사이의 5남3녀 중 맏딸이었다.

차보륜씨는 그 당시 목포뿐 아니라 전라도에서 가장 규모가 컸다는 광선인쇄소를 경영하고 있었다. 일제 때 목포부자문위원을 지내기도 했던 유지였다.

6·25 당시 김대중씨의 세 형제가 인민군에게 잡혔다가 총살 직전에 탈출해 살았는데, 장인인 차씨의 경우는 더 극적이었다. 부르조아라 하여 1백43명과 함께 총살을 당했으나 그 중에서 유일하게 살아 남은

사람이 보륜씨이다. 그는 총에 맞아 기절했는데 아직 절명하지 않은 것을 알고 더 쏜 두 발도 귓가를 스쳐 기적적으로 구사일생했다. 이 일로 차씨는 귀가 먹게 되고, 이미 인민군에게 인쇄기와 종이 등을 몰수당해 가세가 많이 기울게 되었다.

김대중 대표와 결혼할 당시 차용애씨는 일본에 건너가 여학교를 다니고 있다가 전쟁 말기여서 졸업을 못 하고 귀국한 상태였다. 그녀는 상당한 미인이었으며, 성격도 온화하고 낙천적이었다고 한다. 이들은 1944년 결혼했다.

1959년 김대중 후보의 인제 보궐선거 직후 그녀는 별세했다. 그 사인에 대해서는 말이 많았다. 거듭된 실패와 가난 때문에 자살한 것이란 소문이 있었을 정도로 고생을 많이 했다. 그런데도 구김살 하나 없이 남편을 보필하며 홍일, 홍업 두 아들을 잘 키웠다고 한다. 자살이 아니라 고혈압으로 갑자기 쓰러져 별세했다는 것이 가족들의 한결 같은 이야기이다.

김대표는 "아내는 제아무리 고통스러운 때일지라도 불평 한 마디 없이 나에게 용기를 북돋아 주었습니다. '남자가 한번 세상에 태어난 이상 후회 없는 인생을 보내야 합니다'라면서 목숨을 걸고 싸우도록 나를 격려해 주었습니다. 그뿐 아닙니다. '만약 당신이 체포되더라도 집안 일일랑 조금도 걱정하지 마세요. 제발 남자답게 싸워 주세요'라고 자주 말했습니다. 그 목소리가 지금도 귓가에 남아 있습니다'라고 회고했다.

차용애 여사의 형제들은 그녀가 작고한 뒤 요즘도 김대표 쪽과 가깝게 지내고 있다. 특히 이희호씨와는 살아 있을 때의 차용애 여사 못지않게 다정한 남매, 자매지간처럼 지낸다고 한다.

차여사의 오빠인 차원식씨는 김대표와 목포상고 동창지간이며, 보사부 약정국과 보건소, 동사무소 등에서 근무하기도 했다.

차여사 밑으로는 남동생 넷과 여동생 둘이 있다.

차태식씨는 광주에서 공무원으로 지내다가 퇴직해 현재 서울 중계동에서 살고 있다. 차인식씨와 차우식씨는 서울과 전주에서 보험업에 종사하고 있다. 특히 우식씨는 71년 대통령 선거 당시 김대표를 수행하며 적극적으로 정치 활동을 도왔다. 막내동생인 차창식씨도 김대표를 도왔으며, 현재 서울 천호동에서 식당을 경영하고 있다.

여동생 둘 중 첫째인 차은경씨는 남편이 의사로 여수에서 오래 살다가 현재 서울의 잠실에서 병원을 개업하고 있다. 둘째동생 명자씨는 20여년 전 별세했다.

차용애 여사 형제들도 김대표와의 관계로 당국으로부터 유·무형의 박해를 많이 받은 것으로 전해진다. 공무원을 했던 차원식씨의 경우 40여년 전 고려대를 졸업한 지식인임에도 불구하고 그런 박해 때문에 한 군데 오래 있지 못하고 보건소, 동사무소 등을 전전하게 되었다는 것이다.

한편 82년 대형 금융부정사건의 주인공인 장영자씨가 김대중 대표와 가까운 친척이 된다는 사실이 87년 확인되었다. 즉 김대중씨의 전부인 차용애 여사의 모친 장점순씨와 장영자씨의 부친 장병준씨는 친남매지간으로 장영자씨는 차용애 여사의 외사촌동생이 되며 김대중 대표에게는 외사촌처제가 된다.

이렇게 보면 김대중씨는 아이러니컬하게도 장영자씨 언니 장성희씨의 남편인 이규광씨와 외사촌 동서지간이 되고, 결국 이씨의 조카인 이순자 여사와도 멀지 않은 인척이 되어 인연의 기묘함에 아연케 된다.

한편 김대중 대표는 앞에서 잠시 언급했듯이 첫부인 차용애씨와의 사이에 홍일, 홍업 두 아들을 두었다.

김대중 대표가 차여사와 사별한 것은 1959년, 그 후 3년만에 그는 이희호씨와 재혼을 하게 되었다.

김대중 대표와 이희호씨가 처음 만난 것은 피난지 부산에서였다. 이여사는 그때를 이렇게 기억한다.

"51년인가 어느 회합에서 김정례 의원 등 몇몇 분과 점심을 함께 했을 때가 첫 만남이었던 것으로 기억합니다. 당시는 사업가였는데 지금처럼 살이 찌진 않았어요. 특별한 기억은 없고, 사업가이면서도 책을 많이 보는 분이란 인상을 받았지요."

이씨는 당시 황신덕, 박순천, 이숙종, 이태영씨 등과 함께 '여성문제연구회'를 창립, 전시봉사활동을 하고 있었다. 또 이희호씨는 대한부인청년단의 외교국장으로 이미 적극적인 사회활동을 하고 있던 터였다. 그때 대한부인청년단은 모윤숙씨가 단장으로, 김정례씨가 훈련국장으로 있었다. 그 당시 김대중씨는 이미 결혼해 있었다. 그러다 다시 만나 가까워진 것은 61년 후반, 이때는 결혼 상대자로 김대중씨와 만났다.

1922년 9월 21일 종로구 관수동에서 태어난 이희호씨는 충청남도 서산에 내려가 병원을 개업한 아버지를 따라 그곳에서 어린 시절을 보냈다. 그 후 서울에 올라와 이화여전을 마치고, 충남 삽교에서 잠시 국민학교 교사를 지내다, 해방 후 서울대에서 교육학을 전공했다.

6·25 피난 시절에는 부산에 있었고, 54년 미국으로 건너가 램버드 대학에서 사회학을 공부하고, 스카릿 대학에서 사회학석사 학위를 받았다. 이 시절 김대표는 목포에서 정치 활동을 했으며, 1959년 상처를 하게 되었다.

이희호씨가 미국에서 돌아온 것은 1958년, 귀국 후 이화여대 사회사업학과에서 강의를 하고 있었다. 그 후 1959년 대한 YMCA연합회 총무직을 맡아 다시 여성단체에 발을 들여놓게 되었다.

이로써 두 사람은 사회 활동상 얼굴을 마주할 시기를 갖게 되기 시작한다. 이때 두 사람의 가교 역할을 한 분이 정일형·이태영 박사 부부다. 당시 김대표는 정치 활동을 하지 못하게 된 국회의원이었다.

61년 강원도 인제군 보궐선거에서 국회의원으로 당선된 김후보는 그때 마침 5·16 이후 정치 활동이 금지되었기 때문에 실업자 아닌 실업자였다.

5·16 이후 실업자 신세를 먼치 못했던 김씨가 정박사네 사랑방을 자주 드나들었고, 그때 이화여대 학장으로 있던 이태영 박사를 만나러 이희호 교수도 자주 드나들어 아주 자연스럽게 두 사람은 만나게 된 것이다.

이태영 박사는 "이희호씨는 내가 본 여성 중에 아주 드물게 똑똑하고 훌륭한 사람이었어요. 김대중씨 재혼 문제가 나오길래 그런 얘기를 하면서 두번인가 추천해 준 기억이 납니다"라고 회상한 적이 있다.

"대범한 성격과 어려운 처지의 사람들을 생각하고, 자신의 일에 도움을 주되 간섭하지 않는 사고방식이 마음에 들었어요."

이렇게 결혼할 결심을 굳힌 이희호씨는 10여 개월 남짓 본격적인 연애(?) 기간을 갖는다.

두 사람은 1962년 5월 10일 결혼식을 올렸다. 이희호씨는 김대중씨보다 15개월 위로서 당시 만 39세였고 김대중씨는 만 37세였다. 결혼식은 이희호씨의 외삼촌이자 경제계의 원로인 이원순씨(한국해외개발 사장) 댁에서 올렸다.

　그때 김대표는 3년 전에 사별한 부인과의 사이에서 낳은 홍일, 홍업 두 아들을 데리고 있었다. 이 당시 홍일은 14살, 홍업은 12살이었다. 결혼 전 김대중 대표는 아현동에 살았다. 막다른 골목에 있는 작고 허름한 한옥이 그의 집이었다. 국회의원이라고 해도 추석 같은 명절에도 선물 꾸러기가 바리바리 들어온 적이 없었고, 그의 여동생이 병에 걸려 죽었을 때도 찾아오는 사람이 드물었다고 한다.

　두 사람의 험난한 인생행로를 예고나 하듯 김대중씨는 신혼 9일만에 군정 당국에 의해 반정부 혁명기도 혐의로 체포되고 말았다.

　"오는 5월 10일은 당신과 나의 결혼 기념일입니다. 우리가 결혼하자 10일만에 당시 군정 아래서 민주당 반혁명 사건에 무고되어 한 달을 감옥에 있었습니다. 우리의 결혼은 출발부터 시련으로 시작되었던 것입니다. 그 후 지금까지 세번 감옥살이, 세번의 죽음이 고비, 세번의 국회의원 당선, 71년의 대통령 선거, 그리고 무엇보다도 홍걸이를 얻었습니다. 당신의 훌륭한 내조덕으로 나는 오늘까지 자기의 양심과 하느님께 충실한 삶의 길을 떠나지 않을 수 있었습니다. 감사하기 그지없는 것은 당신이 홍일이와 홍업이의 사이에 나보다 훨씬 더 큰 사람으로 서로 맺어졌으며, 이제 큰며느리와 지영이 정화까지 사랑으로 감싸주고 있는 점입니다. 나의 감사와 행복함은 무엇으로도 표현할 수가 없습니다. 5월 10일 앞서 미리 드리는 나의 존경과 사랑과 감사의 메시지를 받으시오(하락)."

　김대중씨가 옥중에서 아내 이희호씨에게 보낸 이 편지 뒤에는 1981년 4월 22일이라 적혀 있다.

　이 편지에서처럼 한 달 뒤 옥고에서 풀려났지만, 그 후 두 사람이 한 지붕 밑에서 살았던 시간은 결혼 25년 동안 그리 길지 않았다. 수없이 체포, 구속, 입건이 거듭되는 야당 정치가의 부인이었기에 본의 아니게 떨어져 살아야 했다.

김대중 대표는 오랜 동안 부인과 떨어져 있었지만 한번도 아내에게서 따스한 시선을 돌린 적이 없다.

옥중에 있으면서도 아내와 자식들에게 남편과 아버지의 마음을 전하는 일을 잊지 않았다. 김대표는 아내는 물론 자식에게 읽어야 할 책을 일일이 적어 보낼 정도로 세심했고, 또 손녀들에 대한 보고픔을 쓰기도 했다.

이희호씨는 앞에서도 이야기했듯이 서울 토박이다. 부친 이용기씨는 세브란스 의대 출신으로서 우리나라 의사면허 4호라고 한다. 서산, 서울 등지에서 개업하면서 공의로도 일했고, 작고하기 전 경기도 포천도립병원 원장을 지냈다.

이희호씨의 형제는 6남2녀이다. 큰오빠인 이강호씨는 증권회사 사장과 한국증권협회 회장을 지냈다. 81년에 로타리클럽 회장을 맡기도 한 그는 지금도 그 회원으로 활동하고 있다. 의사였던 둘째오빠 경호씨는 작고했으며, 셋째오빠인 태호씨는 서울 강남에서 가게를 운영하고 있다.

여동생 이영호씨의 부군은 은행 지점장과 부동산회사 사장을 지냈다.

이희호씨는 남동생 셋을 두고 있는데 골동품 사업을 하는 상호씨, 그리고 서울 대림동에서 약국을 경영하다 지금은 부동산 임대업을 하는 철호씨가 있고, 막내동생인 성호씨는 미국으로 유학간 후 시민권을 얻어 워싱턴에서 살고 있으며 한때 여행사를 경영했었다.

김대표에게는 처남이 되는 이여사의 형제들은 정치적인 입장에서 벗어나 누나와 자형을 돕는다는 하나의 인간적인 차원에서 드러나지 않게 도와주고 있다.

작고한 경호씨는 71년 대통령 선거 및 국회의원 지원유세 당시 어려운 길을 마다하지 않고 김대표의 주치의로 수행했었다. 서울 필동에서 살고 있는 큰오빠 강호씨는 김대표가 어려울 때 동교동 사람들의 의지가 되어 뒤를 보살펴주었다고 한다.

김대중 대표는 첫부인 차여사와의 사이에서 태어난 홍일과 홍업, 그리고 두번째 부인 이여사와의 사이에 태어난 홍걸씨 등 아들 셋을 두고 있다.

장남 홍일씨는 경희대 정치외교학과를 졸업했으며, 대학 재학 중인 71년 대통령 선거 때 선거운동을 하면서부터 현재까지 줄곧 아버지의 정치 활동을 돕고 있다.

그는 지난 80년 5·17 때에 내란음모죄로 구속되는 등 정치적 고난을 부친과 함께 했으며, 부친의 후광을 업은 득보다 실이 많았다는 것이 홍일씨 측근들의 주장이다.

김대표도 91년 관훈 토론회와 14대 공천 과정 때 아들 홍일씨에 대해, "아들은 나 때문에 정치도 사업도 못하고 누명만 쓰고 있다. 그러니 이제는 아들에게 빚을 갚는 셈치고 자기의 앞길을 열어주고 싶다"며 14대 공천을 시사했다. 하지만 민주당 공천심사위에서 반발하여 결국 공천에 실패했다.

김대표는 자신의 아들이 이번에도 공천을 받지 못한다는 것을 알고 눈물을 보였다고 한다. 그러나 홍일씨는 출마는 못했지만 동교동의 자금 관리와 민주당 영입 대상자들을 만나는 등 막강한 영향력을 행사하고 있다는 후문이고 보면 언젠가는 정치 일선에 나타나지 않을까 하는 관측이다.

홍일씨는 부인 윤혜라씨와 74년 8월 15일에 결혼했다. 공교롭게도 이날은 '박대통령 저격사건'으로 육영수 여사가 운명하던 날이다.

이들의 결혼은 동생 홍업씨의 소개로 이루어졌다.

윤혜라씨는 홍업씨 친구의 여동생이었던 것이다. 그들은 슬하에 세 딸 지영, 정화, 화영을 두고 있다.

윤혜라씨의 부친 윤경빈씨는 독립유공자로서 백범 김구 선생 기념사업회의 상임이사, 독립유공자회 및 광복군동지회의 부회장을 맡고 있다.

일본 명지대학을 졸업한 후 학병으로 끌려갔다가 김준엽, 장준하씨와 함께 학병에서 탈출하여 상해 임정으로 갔다. 거기서 광복군 총사령관의 부관으로 이청천 장군을 보좌했으며, 백범이 암살당하기 전까지 그의 경호대장으로 활동했었다.

방직계통의 무역업을 했던 윤씨는 유신 이후 납치사건 등으로 가장 탄압을 받던 시기의 김대중씨 집에 딸을 출가시킨 데 대해, "김대중씨의 정치적인 입장 때문에 딸의 결혼을 반대한다는 것은 있을 수 없는 일이라 생각해 반대하지 않았다"고 밝혔다. 요즘도 김대표와 정초에 서로 오가며 인사를 나누는 등 교분이 두텁다고 한다.

차남 홍업씨는 경희대 경영학과를 나왔다.

홍업씨는 82년 12월 아버지와 함께 미국으로 간 이후 지금까지 미국에 거주하면서 LA에 있는 한국인권문제연구소 서부지부 간사로 일하고 있다.

그는 솔라즈 청문회에서도 많은 한국인권문제 사례를 발효하는 등 한국의 민주화에 기여하고 있다.

  그는 같은 경희대 동문인 신선련씨와 결혼해 아들 종대를 두고 있다. 부인 신선련씨는 감사원 감사위원인 신현수씨의 큰딸이다.

  두 사람이 결혼에 이르기까지의 과정은 한편의 드라마에 가깝다. 두 사람이 사귀고 있다는 것을 신현수 위원이 안 것은 81년초 김대중씨가 '내란음모사건'으로 수감돼 있을 때였다.

  신위원은 딸의 결혼을 강력히 반대했었다. 강제로 수십 차례 선을 보이고, 둘째딸을 먼저 결혼시키기도 했다. 그러나 신선련씨는 집을 뛰쳐나가면서까지 고집을 꺾지 않았다.

  얼마 후 집에 돌아온 신선련씨가 "결혼할 생각이 없으며 미국 가서 공부나 더 하고 싶다"고 해서 83년 12월 유학을 보내게 되었는데, 그것이 사실은 이미 미국에 가 있었던 홍업씨와 만나 결혼하기 위한 작전이었다. 여기에는 거듭되는 결혼 좌절로 고통스러워하는 아들을 안타깝게 여긴 김대표가 일조를 했다고 한다.

  결국 이들은 이듬해인 84년 3월 워싱턴에서 결혼식을 올렸다.

  한편 신선련씨는 결혼 날짜 직전에 이 사실을 부모님께 알렸는데, 신현수 위원은 사표낼 각오를 하고 감사원장에게 털어놓았고, 이 이야기는 당시 전두환 대통령에게까지 보고됐는데 뜻밖에 축하를 해 주었다고 당시 매스컴은 보도한 바 있다.

  그러나 이들 부부는 신감사위원의 부인 한숙자씨가 첫 외국 여행이라 여권을 내는 데 시간이 걸려 결혼식이 끝난 84년 3월 23일 하오 6시 30분 김포발 KAL기 018편으로 미국에 도착, 사돈이 된 김대표의 집에 초대되어 저녁식사 대접을 받은 것으로 알려졌다.

  김대표의 막내아들은 홍걸씨이다.

  김대표는 특히 막내아들인 홍걸씨에 대해 애틋한 감정을 느끼고 있는

데, 여러 차례의 시련 속에서 정상적인 성장 환경을 만들어주지 못했다는 아버지로서의 안타까움 때문이다.

국민학교 시절 아버지의 납치사건을 겪었고, 투옥으로 인해 떨어져 지낸 날이 많았으며, 고대 불문과에 입학한 82년 겨울에는 '김대중 내란 음모사건'으로 강제 출국당했던 아버지를 따라 미국으로 건너갔다.

그곳 에모리 대학에서 사회학을 전공하던 중 87년 군복무 관계로 귀국한 홍걸군은 1년 6개월의 방위병 근무를 마치고 90년 복학했다.

그는 대학 2학년 때인 90년 6월 25일 부산에서 사업을 하는 임정상씨의 장녀 미경양과 결혼하였다.

신부 미경양은 서울 중앙여고를 졸업하고 83년 동덕여대 사학과에 입학했다가 84년 일본으로 건너가 동경에 있는 문화복장학원에서 의상 디자인을 전공했다.

그들은 홍걸군이 방위병 근무할 때 고등학교 친구의 소개로 알게 됐다고 한다.

한편 김대표에게는 한 명의 형과 여섯명의 동생이 있었다.

그의 이복 형제 중 형 김대봉씨는 하의도에서 농사를 짓다 작고했고, 두 자매 순례, 안례씨는 신안군 하의도와 장산면으로 출가해 지금도 농사를 짓고 있다. 그리고 그의 친모에게서 태어난 여동생 둘 중 첫째는 6·25 때 자동차 사고로 죽고, 둘째는 4·19 직후 이화여대 재학 중 신장병으로 죽었다.

현재 김대표와 가장 가까운 손아래는 두 남동생 대의씨와 대현씨이다.

특히 대의씨는 형인 김대표를 젊었을 때부터 최근까지 가장 가까이서 도와왔다. 해방 직후 형과 함께 해운업을 했었고, 71년 대통령 선거 당시에는 가장 바쁘게 일했다. 주로 종친회 쪽 일을 담당해 왔으며, 한때 한국내외문제연구소 이사를 맡았었다.

정치에는 적성이 안 맞는다는 대의씨는 이렇게 말했다.

"정권의 견제가 너무 심해 사람들을 만날 수가 없었어요. 사업은 물론 사회 활동조차도 할 수가 없었던 거죠. 형님의 정치 활동을 도와오긴 했는데, 막상 저 개인적으로 아무것도 한 일이 없는 셈입니다."

현재 서울 연남동의 허름한 한옥에서 살고 있는데, 동네 사람들로부터 "야당 인사 티 안 내고 소박하게 산다"는 평을 듣는다고 한다.

부인 민병숙씨와의 사이에는 2남2녀를 두었는데, 장남인 김홍준씨는 15세의 소년 시절에 비정한 정치적 박해의 희생자가 되었던 주인공이다.

71년 대통령 선거를 앞두고 발생한 '김대중 후보 자택 폭발사건'의 범인으로 조작돼 구속되는 등 어린 나이에 엄청난 고통을 겪었던 것이다. 지금은 장성해 보험회사의 과장으로 근무하고 있다.

김대표의 둘째동생인 대현씨는 22년간 군생활을 한 헌병 소령 출신이다. 77년에 예편 후 건축업을 하다 80년 '서울의 봄' 당시 군복무 경험을 살려 형의 경호역을 맡았다가 5·17 때 형과 함께 구속돼 1년간 옥고를 치렀다.

85년 형이 귀국하자 86년 2월까지 다시 경호를 맡다가 옥중에서 당한 고통이 원인이 되어 몸이 불편해 서울 화곡동 집에서 쉬고 있으며, 슬하에 2남2녀를 두고 있다. 이들도 대의씨 자녀들과 마찬가지로 80년 '김대중 사건' 당시 학교에서 '빨갱이 가족'이라고 친구들이 놀려 학교에 못 다니겠다며 울었다고 한다.

지금까지 서술한 내용에서도 알 수 있듯이 그와 그의 친인척들은 엄청난 고통을 겪으며 살아왔다. 그런 그들이 어쩌면 마지막 기회가 될 92년 대권 경쟁에 김대표가 또다시 나선다면 어떤 역할을 할지 무척 궁금하다.

◇ 金 鍾 泌

3김 시대의 주역. 그러나 제7공화국을 맞는
청와대행 레이스에서 자진 포기하고 물러섰
다. 풍운아 김종필. 그러나 아직도 그에겐 권좌
를 넘보는 꿈을 완전히 버리지는 못했다고.

金鍾泌家 가계도

김상배 / 이정훈
김종식
김종관 / 신흥자
김종필 / 박영옥
김종소
김종락 / 김초묘
김종익 / 이의겸
김종호 / 김복례
김혜진
김진태
김리디아 / 김진아
이동보 / 김예리
4남
김황태
김일태
박흥식 / 김승자
이미경 / 김지태
조성순 / 김익태
정문희 / 김인태
김순란 / 김성태
김춘태
영준
영진
영덕
영하
김이태
김휘태
김민태
김정태
심인숙 / 김숙자
1남 1녀
1남 1녀
2남
김도헌
1남 1녀
2녀
1남 1녀

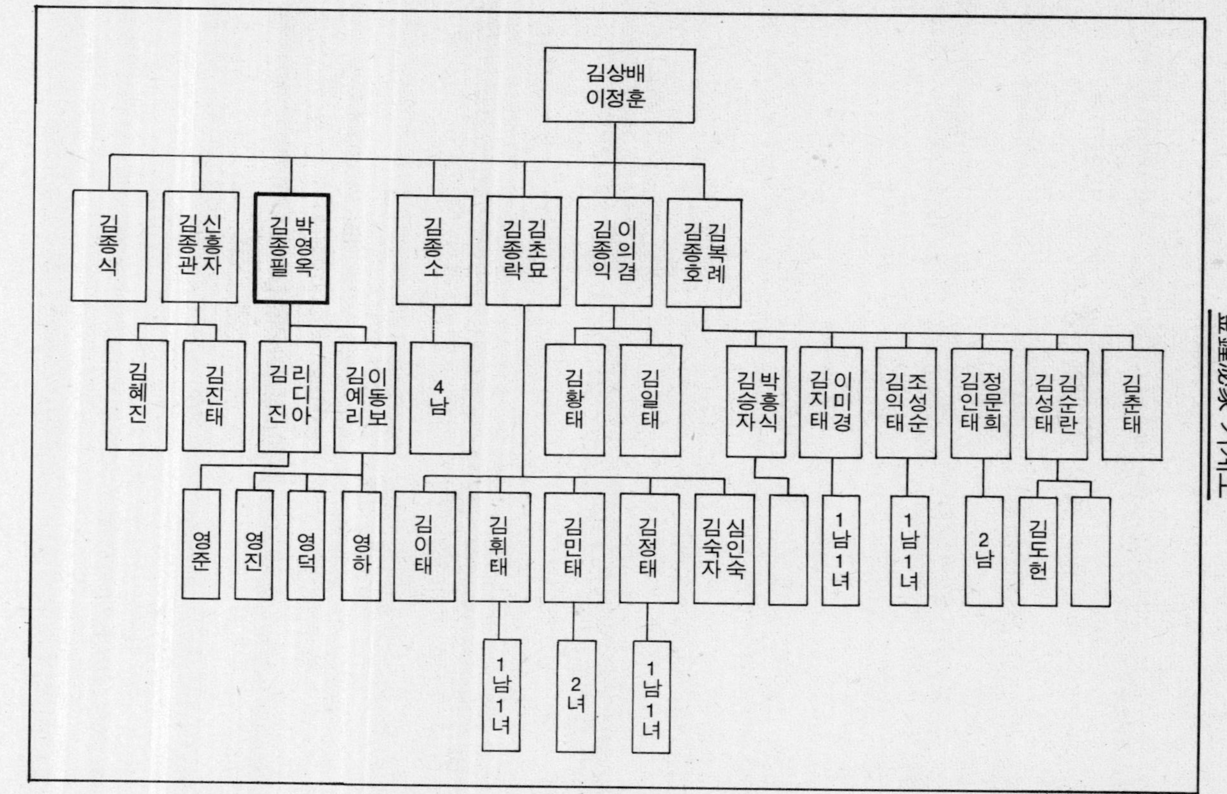

金 鍾 泌

혁명 지도자와 그 참모, 대통령과 국무총리, 처삼촌과 조카사위로서 박대통령 집권 18년 동인 줄곧 2인사로 봉해 오던 김종필씨, 그는 자신의 처지를 "종이 팔랑개비야, 바람이 불 때까지 낮잠이나 자거라"는 일본 노래에 비유하며 기다림의 세월을 인내해 왔다고 한다.

지금은 민자당의 최고위원으로서 그의 이상과 포부를 펼치기 위해 팔랑개비를 돌릴 바람을 모으고 있다.

JP의 본관은 김해 김씨로 김수로왕 72대손이다.

JP는 유학자이며 우의정의 직위에까지 오른 갑봉 김유항 대감의 직계 후손이다. 갑봉은 기호학파의 거두 율곡 이이와 사계 김장생의 학품을 이어받은 노론파의 유학자로 노론이 득세한 숙종 때 송시열이 정권을 잡자 회양부사를 역임하였다. 순종 15년 기사환국으로 잠시 관계를 떠난 갑봉은 숙종 20년 관직에 다시 복귀하여 전라도 관찰사, 대사헌, 형조, 병조판서를 지낸 후 우의정의 직위에 이르렀다. 그러나 경종 2년 갑오사화로 노론파가 화를 당해 송시열이 사약을 받고 죽는 등 몰락하자 노론의 본거지인 충남 청양의 말티로 낙향하였다.

청양 말티에서 살던 집안은 JP의 고조 때 청양 백금리로 옮겼고, 조부 현택씨 대에 이르러 비로소 부여에 정착했다.

조부는 외산에서 잠시 살다 인근 마을인 반교리로 터전을 옮겨 그곳에서 3대 독자인 김상배씨를 낳았다.

JP의 집안은 갑봉 대감 이후 쇠퇴의 길을 걸어왔으나 조부 현택씨에 의하여 번창하기 시작했다. 조부는 기골이 장대한 장사형의 인물로 매우 근면하여 쓰러진 집안을 일으키기 위해 많은 노력을 하였다.

생전에 쌀 3천섬을 수확하는 경제적 기반을 닦아 JP의 집안이 '충청도 갑부' 소리를 들을 수 있는 기틀을 마련하였다.

그는 92세까지 장수하였는데 식생활과 자녀 교육의 중요성을 일찌감치 깨달아 외아들 상배씨를 집에서 30리나 떨어진 보령군 남포국민학교에 입학시켜 신학문을 배우게 하였다.

신학문을 배운 JP의 부친은 매우 진보적인 사람이었다. 또한 부친의 영향을 받아 자식 교육에 매우 엄했다. 그러나 갑부치고는 매우 인정이 많아 동네의 어려운 사람을 도와주어 마을에서 늘 존경받는 어른이었다.

상배씨는 측량기사로 첫 사회생활을 시작했는데, 일제시대 토지 등록에 따른 분규가 일어났을 때 측량사로서 그 분규를 잘 해결하여 주민들의 신망을 얻었다. 이것이 인연이 되어 그는 규암면 면장과 부면장을 십수년 동안 지냈다. 당시 JP의 조부는 아들 상배씨가 면장이 되어 주민들을 위한 일에 돈을 너무 쏟는다고 다소 못마땅해 했다고 한다.

JP의 아버지 상배씨는 12살이나 아래인 이정훈씨를 아내로 맞아들였다. 그리고 그는 7형제를 두었는데, JP는 이 중에서 다섯번째이다

(1926년 11월 23일생).

　이여사는 전주 이씨로 군산에서 큰 양조장을 하다가 그 후 종업원 5, 6명이 딸린 '충남상회'라는 가게를 경영하게 된 군산 부자집에서 1887년 11월 23일 태어났다(김종필씨와 어머니 이정훈 여사는 공교롭게도 생일이 같다).

　부여군에서 한두 집 있을 3천석 농사 집안이었지만 남편 상배씨는 집안 일보다는 면장으로 동리 일에 더 바빴으므로 집안 일은 늘상 이여사 차지였다.

　농촌에서의 부자집 며느리는 호강보다는 오히려 일거리만 많은 법이다. 이여사는 부자집으로 시집은 왔으나 평생 일에 파묻혀 살아 가는 평범한 촌부, 시골 동네 어귀에서 흔히 만날 수 있는 한국의 전형적인 여인이었다.

　이여사는 그곳에서 장남 종호, 차남 종익씨를 낳고 부여군 규암면 외리 돌말로 이사를 나왔다. 돌말로 이사와서 이여사는 JP를 비롯하여 다섯 아들을 더 낳았다. '다남다복' 사상의 시대에선 더할 수 없는 복이었고, 더구나 3대째 독자 집안이라 그녀의 득남은 집안의 경사였다.

　이여사와 상배씨는 성격이 후덕하여 문 밖에서 "송암, 송암"(상배씨 아호)을 부르는 소리가 끊일 새가 없었다. 그때마다 이여사는 찾아오는 손님 치르랴 집안 일 하랴 정신없이 움직였고, 밤에는 또 물레와 씨름을 해야 했다.

　이여사는 남편이 아이들에게 엄한 것과는 반대로 항상 너그러운 마음으로 자식을 대했다. 남편이 한치의 여유도 없는 용돈을 자식들에게 나눠 주면, 이여사는 뒤에서 사탕 사 먹을 돈까지 염두에 두고 몰래 용돈을 챙겨주었다고 한다.

이여사의 생애는 보이지 않는 뒷바라지로 점철되어 있었다.

JP가 7살 나던 해 부여군 부여읍 쌍북리 거무내 마을로 이사하면서 상배씨는 부여면장이 되었다. 부여에서는 가장 큰 면의 면장이 되자 그의 집을 찾는 손님의 수는 더욱 늘었다. 자연 이여사의 몸도 빨라져야 했다. 그러나 그녀는 자식들에게 여전히 따뜻하고 포근한 어머니였다. 엄한 성격의 아버지와 인자하고 자상한 어머니는 늘 조화를 이루어 화목한 가정을 꾸려나갔다고 한다.

JP의 부친은 JP가 21세 되던 해인 1947년 타계했고, 어머니는 전쟁이 끝나고 세상이 조용해진 무렵인 1954년 6월 3일 노환과 위장병이 심해 67세의 나이로 세상을 떴다. 현대의학 수준이라면 충분히 고칠 수 있을 터이지만 그 당시로서는 손쓸 수 있는 병이 아니었다.

JP는 어린 시절 지독한 개구장이였다고 한다. 동네에서 말썽이 생겼다 하면 으레 JP였는데, 동네에서 밤서리, 참외서리도 많이 했지만 주로 일본인 애들을 골탕 먹이는 데 선수였다. 당시 동네에서 JP에게 안 맞아본 애가 없을 정도였다. 다행히 부친이 그 지방에서 손꼽히는 유지였기에망정이지 그렇지 않았다면 고생깨나 했을 것임에 틀림이 없었다.

동네 사람들은 JP의 말썽이 일본애들을 상대로 한 것이기에 내심 좋아했다고 한다. 하지만 어머니로서는 말썽꾸러기 JP에게 무슨 일이 생길까봐 무척 마음을 죄었던 모양이다. 오죽했으면 동네에서 JP를 '괴수'라고 했을까.

이렇게 어린 시절을 개구쟁이로 보낸 JP는 8살이 되던 해 부여국민학교에 들어갔다. 그는 비록 개구쟁이였지만 공부에 있어서는 남에게 뒤지지 않고 입학에서 졸업 때까지 줄곧 1등과 급장을 놓치지 않았다. 또

상배씨의 친구인 한학자 윤응구 선생한테서는 한문도 배웠다. 그때까지 배운 한문과 서예 솜씨가 지금까지 돋보인다.

말썽 잘 부리던 소년 JP가 부여국민학교를 졸업하고 공주중학에 입학하였다. JP는 중학교에 가서도 타고난 리더십과 다재다능한 재질로 두각을 나타냈다. 급장과 중대장 노릇을 하면서 그림, 만도린, 풍금, 검도(2단)에 능해 친구, 후배들에게 선망의 대상이 되었다. 일본신문에 글을 써서 응모해 1등으로 당선되기도 했다.

공주중학 시절 JP는 독서에 열중하게 되었다. 중학 3, 4학년 때가 독서의 절정기였는데, 하루에 한 권의 책을 읽겠다는 목표를 세우고 다 읽지 않으면 결석을 하면서까지 책을 읽었다.

JP는 이때 생긴 자신의 버릇을 가리켜 '난독의 시대'라고 회상했다. 그는 주로 역사와 전기류를 닥치는 대로 읽어 나갔다.

역사책을 읽으면서 그는 "역사는 기록되는 것이 아니라 기록해 나가는 것이다"라고 믿게 되었다.

공주중학 4학년을 마친 JP는 도쿄로 건너가서 중앙대학 예과에 입학했다.

"그때가 44년 3월이었는데 처음에는 법률가가 돼 볼까 하고 거기로 가게 되었다. 그런데 일본에 가서 보니까 전쟁 말기라서 콩깻묵 배급을 주는데 먹을 수도 없고, 또 돈이 있어도 사 먹을 것도 없었다. 그리고 전쟁도 끝날 것 같고 해서 5월 초에 나와 버렸다."

귀국한 김종필씨는 대전사범학교 강습과에 입학하여 1년 과정을 수료하고 국민학교 교사 노릇을 4개월간 했다. 그 후 JP는 대전사범대학 부속국민학교 교사를 그만두고 46년 서울사대 교육부에 진학했다.

JP는 서울대 사대에 다니면서 한편으로는 택시를 구입, 대학생 사장이 되었다. JP로서는 가장 활발한 의욕의 시기였다. 돈도 잘 벌었고 대학에서 많은 친구도 사귈 수 있었다. 그런데 JP는 서울 사대를 졸업 못하고(2년 수료) 사병으로서 온양의 13연대에 지원 입대하고 만다. 전혀 다른 방향의 선회였다.

JP가 서울 사대를 중도에 그만두고 군에 입대하게 된 데에는 두 가지 이유가 있었다. 첫째 이유는 아버지의 사망이었다. 충남 부자로 손꼽히던 JP의 집안은 일제 말기부터 가세가 기울기 시작했다. 부친 상배씨는 일제시대 때 면장을 지냈다는 사실을 늘 꺼림칙하게 생각하였다. 그래서 거기에 대한 죄스러움을 조금이라도 씻고자 공주에 고등교육기관을 설립하여 여생을 봉사하려 했고, 개성 인삼을 부여 지방에 이식하는 등의 농업혁명을 시도하였다. 그러나 상배씨의 이 같은 의욕은 기술 부족으로 실패하고 거기에 따른 과로가 겹쳐 사망하기에 이른 것이다.

두번째의 이유는 JP자신의 사업 부진과 청춘의 고민 때문이었다. 앞서 말한 대로 JP는 서울 시내에서 '택시' 회사를 차려 처음에는 그런 대로 돈을 벌었다. 그러던 중 한 이화여대생을 사귀게 되어 데이트라는 걸 하였다고 한다.

JP는 비록 대학생의 신분이지만 택시 사업에서 벌어들이는 돈이 있어 데이트 자금은 부족하지 않았다. 상대되는 여성도 JP가 싫지는 않았던 모양이다. 연인이 당시로선 드문 대학생이고 더구나 JP회사의 '택시'가 종로, 을지로를 종횡무진 달리는 모습을 거리에서 목격할 때마다 청년 기업가로서의 앞날을 창창하게 봤을지도 모른다. 그런데 JP의 '택시' 사업은 처음과는 달리 곤경에 처하게 되었고 그럴 즈음 부친마저 별세한 것이다. 거기다가 두 사람 사이는 결혼할 것이냐 안할 것이냐는 심각한 고민에 빠졌다.

이런 가정사와 청춘의 홍역이 겹쳐 일종의 탈출구로써 군입대를 결행케 되었던 것 같다.

그런데 "여우굴을 피하다가 호랑이굴에 들었다"는 말이 있듯이 일종의 현실 도피의 수단으로 군에 입대했는데, 선임하사가 JP를 호되게 고생시켰다. 견디다 못한 JP는 한밤중에 탈영, 빗속을 달려 온양에서 천안의 친구집으로 갔다. 그리고 그날 밤 친구로부터 옷을 얻어 갈아입고 이튿날 서울로 올라오고 말았다.

그리고는 자신을 고생시킨 선임하사에게 복수(?)하겠다는 일념으로 육사 교도대에 들어갔다. 6개월간의 교도대 생활을 마치고 다시 육군사관학교에 8기생으로 입학, 48년 졸업 때 드디어 소위 계급장을 달게 되었다.

육사 졸업 후 JP는 별도로 군사정보학교 훈련과정을 밟았다. 그는 훈련과정에서 임무수행을 위해 작전국 지프차를 탈취해 와 그 대담성과 기지에 교관들이 놀랐다는 후문이다.

졸업시의 성적은 1천60여명 중 2등이었다. 그런데 그 후에 어떤 사정에 의해 2등이 9등으로 둔갑되기도 했다.

아무튼 대한민국 국군장교로서 소위 계급장을 달게 된 JP는 당시 소령이었던 유양수씨의 주선으로 육군본부 정보국 전투정보과에 보직을 받고 군인 생활을 시작하게 된다.

장교가 되자 JP는 자신을 괴롭혔던 온양의 선임하사를 잊을 수가 없었다. 그 사람에 대한 복수심으로 온양의 13연대를 탈영, 육사에 진학한 것이다. 장교가 되어야만 복수할 수 있었기 때문이다. 더욱이 장교가 되자 받은 보직도 정보국이니 온양의 선임하사를 수배하기란 식은 죽 먹기였다. 즉시 호출령이 내려졌다.

호출령을 받고 육본에 도착한 선임하사는 왕년의 부하였던 JP에게 깍듯이 거수경례를 붙였다.

"온양 13연대 선임하사 ×××, 명령받고 출두했습니다."

아무튼 그날 JP는 육본 사무실에서는 사람들 눈이 많아 혼내주지 못하고 삼각지 부근의 대포집에서 조용히 만나 그간의 스트레스(?)를 풀기로 작정했다.

대포집으로 찾아온 선임하사는 술집 문을 들어서자마자 JP가 앉은 탁자를 향해 거수경례를 하고는 빳빳이 부동자세로 서 있었다. 그날 밤 JP는 막걸리값까지 자신이 내어 선임하사와 주거니 받거니 하며 취하게 마셨다.

그 뒤로 JP는 선임하사에 대한 복수심을 깨끗이 잊었다. 오히려 선임 하사의 뒤를 돌봐주기도 했다. 그 선임하사는 훗날 6·25때 의정부 전투 에서 죽었다고 한다.

어떻게 보면 선임하사는 JP에게 있어 잊을 수 없는(?) 사람이기도 하다. JP로 하여금 육사에 가게 했고 육사 졸업 후 정보국 내에서 박정 희씨를 만나게 되는 인연을 맺게 되었기 때문이다.

1950년 6월 24일 밤, 육본 작전정보과 야간 근무자 JP는 25일 새벽 공산군의 남침을 보고받았다. 당시 JP의 계급은 중위였다. 임관하여 정보계통에 근무한 지 1년 남짓한 무렵이었다. 그는 아군의 후퇴에 따라 동료인 김재덕 소위와 함께 서빙고 나루터에서 쪽배를 타고 가까스로 한강을 건널 수 있었다.

JP가 군 재직시 전투에 참가하지 않았다는 점이 지적되고 있는데 이는 사실이 아니다. 물론 작전정보 분야에서 주로 일했지만, 중령까지 진급하는 동안 수색중대장으로 금성 지역에서 전투에 참여하기도 했다.

그의 군생활은 군부의 정화를 주장하는 하극상 사건의 16명 주모자로 끼어 석정선 중령과 함께 투옥되는 등 파란이 많았다. 그가 별을 단 것은 5·16 이후인 1963년이었고 준장으로의 진급과 동시 예편되었던 것이다.

앞에서도 말했듯이 JP의 인생은 군에서 박정희씨를 알게 됨으로써 새로운 변화의 계기를 만들게 된다. 현재의 부인인 박영옥씨와의 결혼, 그리고 박정희 소장의 5·16쿠데타에의 참여가 그렇다.

JP와 박영옥씨의 결혼은 전쟁 중에 이루어졌다. 김종필 후보가 육본 정보장교로 대구에 머물고 있을 때 상사(정보국 전투정보과장)는 문관으로 있다가 현역으로 복귀된 박정희 중령이었다.

JP는 박정희 중령 밑에서 북한반장으로 일하고 있었다. 정보국 사무실은 대구 시내 영남여관에 자리잡고 있었다. 박정희 중령은 가끔 부하들을 데리고 부근의 식당으로 국수를 먹으러 다녔고, JP는 그 부근에서 하숙을 하고 있던 박정희 중령의 질녀 영옥씨와 마주치곤 했다.

영옥씨는 때로 삼촌을 만나러 육본을 왕래하는 동안 삼촌 밑에서 일하고 있던 김종필이라는 얼굴이 말쑥한 문학 청년 타입의 장교와 눈길이 마주쳤다.

이때마다 JP는 영옥씨에게 향하는 시선을 거두기가 어려웠다. 상관의 조카딸이라는 관계 때문에 JP는 자신의 심정을 표면으로 노출시킬 수 없었다. 그러던 중 JP는 브라운의 '단 한번만이라도 딱 한 사람에게' 라는 싯귀를 적은 러브레터를 보냈다.

당시 고향 선산에서 여학교를 졸업하고 국민학교에서 교편을 잡고 있던 박영옥씨는 6·25가 나자 삼촌을 따라 육군본부가 있는 대구로 피난을 가 있었다. JP의 편지를 받은 박영옥씨는 그의 태도가 싫지 않았다고 훗날 고백한다.

두 사람은 피난지 대구에서 방 2칸으로 신혼살림을 시작했다. 그러나 JP가 워낙 사람을 좋아하는 성품이라 신혼 중에도 두 사람이 오붓한 시간을 가져볼 수 없게 늘 집안은 친구며 동료들로 붐볐다. 분주한 나날로 신혼살림을 시작한 박여사는 5·16으로 인해 더욱 바빠졌다. 이러한 바쁜 아내 노릇은 1979년 10·26때까지 계속됐는데, 80년대 초 외국에 나가 있을 때 비로소 한가한 시간을 가지게 되었다. JP는 미국에 있던 80년대 초, 몇년 동안을 아내 박영옥 여사만을 위해 보냈다고 한다. 이들 부부에게는 이때가 신혼이었다.

그들은 결혼 이듬해 딸 예리씨를 낳았다. JP가 대위로 휴전 직전의 금성지구 제6사단 19연대 수색중대장으로 근무하고 있을 때였다. 따라서 신혼이 오래 지속될 리 없었다. 전쟁 중이었고 박영옥씨는 아이가 있어 후방에 있어야 했다.

그러나 박영옥 여사는 정열적이었다. JP가 최전선 춘천에 있을 때 박여사는 그곳까지 와서 전세방을 얻었다. 갓난 딸을 업고 남편을 찾아왔던 것이다. 이 소식을 듣고 JP가 외출이 금지된 상황에서 부대장의 배려로 아내를 찾아가 보니 가마니와 모포를 둘러친 판자집에 딸과 아내가 있었다. JP는 그런 아내의 모습이 가엾게 생각되어 진한 애정이 물컥 쏟아졌다.

충청도 양반이었던 JP와 경상도 처녀 박영옥 여사의 결혼생활은 전장을 옮겨 다니며 시작되었다. 남편이 내일을 알 수 없는 전쟁통의 군인임에도 불구하고 영옥씨는 JP의 곁을 떠나려 하지 않았던 것이다.

JP 부부의 사랑 이야기는 5·16 이후에도 계속된다. 5·16 거사 당시 박여사는 임신 7개월로 둘째아이를 갖고 있었다. JP는 임신 중에 쇼크가 클까봐 세심하게 거사 계획을 처음부터 다 이야기해 주지 않았다.

그러나 박여사는 진행 과정을 일일이 다 알지는 못했지만 남편이 삼촌과 함께 큰일을 한다는 것을 알고 있었다.

거사 전 비밀이 암암리에 퍼져 남편이 자유롭게 행동을 못하고 집에 자주 못 들어와 밖에서 쪽지를 보내 오면, 임신 7개월의 박여사가 필요한 자금을 전달하기도 했다.

JP는 이때 거사가 실패할 경우 뱃속의 아이가 유복자가 될지도 모른다는 생각에 이름을 미리 지어 주었다. 김진, 아들 이름이었다. 아버지대에서 좋은 세상의 기틀을 만들면 더 좋은 세상을 만들라는 뜻으로 지은 이름이었다. JP는 5·16 하루 전날 박여사에게 이렇게 말했다.

"뱃속에 든 애는 아들일 거야. 대체로 유복자는 아들이라더라. 내가 없어진 후에도 아들에게 아버지가 무슨 일을 하다 갔다란 것만 말해 주오."

이때 박여사는 아무 말 없이 '당신의 일에 따르겠다'는 눈빛만 보였다.

5·16쿠데타가 성공하자 61년 6월 10일 초대 중앙정보부장에 임명된 JP는 쿠데타의 방해 요소를 제거하는 등 막강한 권력을 행사했다.

그러나 JP에게 승승장구만 있었던 것은 아니었다. 정보부라는, 권력 기관의 핵심적인 자리에 있으면서도 JP에 반대하는 세력이 내부에 건재했고, 반 JP 세력과 갈등을 일으켰던 것이다.

그 갈등의 시작은 공화당 사전 조직과 4대 의혹사건, 김·오호히라 메모, 3선개헌 찬반투쟁, 복지회사건 등 많은 사건들이 직·간접적인 원인으로 작용했고, 그때마다 JP는 정치적인 상승과 하강을 겪지 않을 수 없었다.

이러한 JP의 정치적 굴곡은 유신이 끝나고 '서울의 봄'이 왔을 때 끝나는가 싶었으나, 이어지는 5·17로 인해 다시 피해를 당할 수밖에 없었다.

이때 그는 부정 축재자로 몰려 재산을 국가에 헌납함과 함께 정계 은퇴를 선언하고 미국으로 떠났다.

그의 미국 생활은 같은 시기에 미국에 건너간 김대중씨에 비해 아주 조용하게 가족과 보냈다.

JP는 국내 정세가 6·29로 인해 호전되자 87년 다시 귀국하여 그해 10월 구공화당 인사를 중심으로 신민주공화당을 창당, 스스로 대선에 출마했지만 실패하고 말았다. 그러나 대선에 실패한 그에게도 희망은 있었다. 이듬해 있었던 13대 총선에서 그가 이끄는 공화당이 20여명이나 당선되었기 때문이다. 이것은 그에게 다시 한번 정치적 야심을 실현시킬 수 있는 기회로 여겨졌고, 결국에는 그 세를 몰아 3당 통합이라는 작품을 만들어내기도 했다. 그러나 14대 총선에서는 그의 지지 기반 지역이었던 충남에서도 참패를 당하는 등 공화계는 크게 위축되었다.

JP는 7형제 중 5번째로 위로 종호, 종익, 종라, 종소 등 형이 네 명이고 아래로는 종관과 종식 등 두 동생을 두었다. 막내 종식은 중학교 때 실종되어 사망한 것으로 추정되어 현재는 6형제가 생존해 있다.

JP의 형제들은 매우 의가 두터운 것으로 알려져 있다. JP가 5·17 이후 미국에서 거주할 때 셋째형인 종락씨의 재정적인 도움을 받아 왔고, JP가 대통령 선거 출마를 선언하자 큰형과 둘째형이 발벗고 나서 동생을 위해 동분서주하며 뛰었다.

JP의 큰형 김종호씨는 1913년생으로 팔순의 고령이다. 그는 매사에 신중하고 보편적인 성품으로 집안의 어른으로서 3년여에 걸친 작업 끝에 붓글씨로 가계의 내력을 문집으로 작성하는 등 한학에도 밝고 한시에도 조예가 깊다.

종호씨는 공주중을 거쳐 다시 지방의 명문인 이리농업전문학교를 나와 일제시대 때 단양 및 홍성군청에서 판민관(현재의 계장 직급)으로 일했다.

해방이 되고 관리 생활을 청산한 종호씨는 잠시 농사일을 보다 가산을 정리하여 54년 서울로 이주했다. 서울로 이사한 후 나이 40이 넘어 공무원 시험에 응시, 서울시 공무원이 되어 주사급으로 종로구청에서 근무하다 5 · 16 직후 그만두었다.

그 후 제사공장을 경영했지만 별 재미를 못 보았고, 70년부터 80년까지 10년간 중앙곡물협회 회장직을 맡았었다.

그는 경주 김씨인 김복례씨와 결혼하여 슬하에 4남3녀를 두었다. 부인 김씨는 건강이 좋지 않았는데, 지금은 많이 회복되어 상도동집에서 손자 키우는 재미로 지내고 있다.

종호씨의 큰아들 성태씨는 경희대 출신으로 미국에서 사업을 하다 82년 병으로 죽었다. 큰며느리 김순란씨는 현재 뉴욕에서 1남1녀를 데리고 살고 있다.

둘째아들 인태씨는 서울고와 성균관대를 졸업하고 미국 애리조나주립대학에서 국제정치학 석사학위를 받았다. 귀국 후 단국대에 출강했지만 호구지책으로 유원건설에 입사, 과장으로 중동 건설현장에서 3년간 근무하다가 87년 4월 퇴사하고, 현재는 '범우문화사'라는 개인사업체를 운영하고 있다. 부인 정문희씨와의 사이에 2남이 있다.

셋째 익태씨는 경희대를 졸업하고 화물운송업에 종사하고 있다. 부인 전성순씨와의 사이에 1남1녀를 두고 있으며, 넷째 지태씨도 경희대 섬유과를 졸업하고 현재 오퍼상을 경영하고 있다. 부인 이미경씨와의 사이에 1남1녀를 두었다.

JP의 둘째형 김종익씨는 JP와 같은 길을 걸었던 정치인이다. 68년 부여에서 보궐선거를 통해 7대 국회의원으로 정계에 입문하여 8대, 9대 국회의원을 지냈고, 76년 공화당 중앙위원회 부의장직까지 거쳤던 인물이다.

10·26이후 정계를 떠나 동빙고동의 자택에서 취미인 난을 재배하며 은둔 생활을 했지만, 87년 JP의 대선 출마와 함께 정계로 복귀했다.

배재중을 거쳐 한양대 상경대를 졸업한 종익씨는 국회의원이 되기 전 경제문제연구회장과 삼원농상회장을 거친 경제통이다. 사고가 논리적이고 판단력이 빠른 편으로 날카로운 성격이나 손주들에게 옛날 이야기를 해주는 것을 좋아하는 자상한 면도 있다. 부인 이의겸씨와 슬하에 1남1녀를 두었다.

종익씨의 큰아들 희태씨는 1남1녀의 아버지로 한양대 기계과를 나와 수원 삼성전자에서 간부로 근무 중이며, 딸 일태씨는 현재 프랑스에서 불문학을 전공하고 있다.

JP의 셋째형 김종락씨는 은퇴한 다른 형제들과는 달리 아직도 현역에서 뛰고 있는 사업가이다. 현재 코리아타코마조선공업 주식회사의 회장으로 있다.

형제 중 가장 대담하고 호쾌한 성격으로 알려진 종락씨는 만능 스포츠맨이기도 해 아시아 야구연맹 회장을 거쳐 현재는 세계야구연맹 부회장직을 맡고 있다. 종락씨는 한국 야구 발전에 기여한 공로로 대한민국 체육상을 받기도 했다.

김종락씨는 공주중을 거쳐 1943년 일본 니혼대학 상경학부를 졸업하고, 49년 한일은행의 전신인 한국상호은행 일반 행원으로서 사회생활을 시작하였다.

그는 이후 54년 한일은행 종로지점장 및 본점 관리부 참사, 제1심사과장을 거쳐 1961년 한일은행 취체역이 되었다.

그 이듬해 한일은행 상무, 66년에 전무, 1968년에 서울은행장에 올랐다. 그리고 1970년에 대한종합건축회사 사장, 72년에는 조선회사인 코리아타코마사를 설립, 회장직에 올랐다.

이 회사의 사업 내용은 선박제조업 외에 해외자원개발사업, 해상운송사업 및 유도산업, 종합무역업, 일반기계와 철구조물사업 등 다양하다. 79년에는 상공부로부터 수출입 허가를 받아 특수선과 어선을 수출하고 있는데 최근의 수출 실적은 저조한 편이다. 연간 생산 능력은 1만5천톤으로 종업원수는 1천3백명이다.

종락씨는 운동 외에 음악, 사진 등 취미가 다양하며, 「너와 나를 위하여」라는 수필집을 내기도 했다.

부인은 동갑내기 일본인인 나까도가와 사나에씨로 한국명은 김초묘. 이들은 종락씨가 일본에서 공부하던 시절 하숙집 근처에 부인이 살고 있어 자연스럽게 알게 되어 결혼까지 이르렀다. 4남1녀를 두고 있다. 김초묘씨는 JP일가족에게 세심하고 자상한 성품의 소유자로 알려져 있다. 손자들에게 세뱃돈을 줄 때는 자신이 직접 만든 봉투에 넣어줄 정도로 사소한 일에도 정성을 다한다. 그래서 손주들에게 인기가 높다고 한다.

종락씨의 장남 정태씨는 연세대 영문과를 나와 영국에서 수학한 뒤

아버지 회사에서 상무로 있다가 87년에는 계열기업인 코리아타코마 국제회사라는 무역회사를 맡아 사장으로 있다. 슬하에 자녀는 1남1녀를 두었다.

차남 민태씨는 성균관대 행정학과를 나와 역시 아버지 회사의 일본 지사장으로 있다가 귀국하여 부산에서 아버지 회사에 근무하고 있다. 그는 두 명의 딸을 두고 있다.

3남 휘태씨는 민태씨와 같은 성균관대 행정학과를 졸업하고 코리아타코마 뉴욕 지사장으로 일하고 있다. 1남1녀의 아버지이다.

막내 이태씨는 뉴욕에서 대학원에 재학 중 86년 현지에서 결혼했다. 외동딸 숙자씨는 시애틀에 거주하고 있으며, 남편은 심인수씨로 무역업을 하는 사람이다.

JP의 바로 윗형은 김종소씨이다.

그는 일찌기 불교에 심취하여 사회와 인연을 끊고 거사로 불리며 불자의 길을 걷고 있다.

종소씨가 불교에 심취하게 된 것은 6·25동란이 터져 부산으로 피난을 가서부터였다고 한다. 하루 앞도 내다볼 수 없었던 불안한 상황이 종교적 귀의처를 찾게 만들었고, 그래서 그는 자연스럽게 절을 찾았다고 한다. 그렇게 하기까지에는 어머니의 영향이 컸다고 한다.

종소씨는 40대에 들어서는 이름이 났건 안 났건 수많은 절을 찾아다니며 열심히 기도를 드렸다고 한다. 이 기간 동안 그는 보통 사람으로는 한번도 어려운 백일기도를 열다섯번이나 했다고 한다.

그는 현재 미국의 헐리우드 마리포사가 1613번지에서 「보리사」라는 절을 지어 점도 봐주고 기도하며 지내고 있다.

부인 이모씨와의 사이에 4남을 두었는데 큰아들 형준씨는 87년 실내

장식을 공부하러 LA에 가 있고, 그 외 형제들은 어머니와 북한산 부근에서 살고 있다고 한다.

생존하는 JP의 유일한 동생인 종관씨는 갑부였던 집안이 8·15해방 후 토지개혁으로 토지를 몰수당하고 몰락하는 바람에 피해를 가장 많이 보았다. 당시 대전고등학교 3학년이던 종관씨는 가세가 기우는 바람에 형제 중 유일하게 대학 공부를 하지 못했다.

그는 다른 형제들과는 달리 내성적이고 조용한 성격을 지녔고, 고교시절 그림에 뛰어난 솜씨를 보였지만 뜻을 이루지 못했다. 6·25가 일어나자 사병으로 입대했다가 장교 시험에 합격, 중위로 제대하고 62년 건설부 산하 직원으로 들어가 65년 건설부 예산과 주사직을 거쳐 주택공사 과장으로 재직했다. 그 후 한남동 외인주택 관리과장, 반포 아파트 관리소장 등을 지내다 80년 5·17 이후 해직당하기도 했다.

국민학교 교사 출신인 부인 신홍자씨가 처남 회사의 경리관계 일을 봐주고 있다. 37세라는 비교적 늦은 결혼이라 자녀들은 아직 어리다. 큰아들 진태씨는 현재 군복무를 마치고 취업준비를 하고 있고, 딸 혜진은 중 3때 전교 수석을 할 만큼 수재이며 고등학생이다.

JP가의 7형제 중 막내인 종식씨는 앞에서 밝혔듯이 청주중학교에 다니던 시절 실종되어 현재 가족들은 사망한 것으로 추정하고 있다. 그가 살아 있다면 현재 54세이다. 공산군의 부여 침입이 임박할 무렵 다른 가족들은 고향인 외산으로 피난을 갔으나, 종식씨는 학교에 들렀다가 논산을 거쳐 외산으로 가겠다고 말하며 먼저 집을 떠났는데, 그 후 소식이 단절되었다는 것이다.

큰형 종호씨는 막내동생의 실종에 대해 당시 청주중학교로 가는 길목에서 큰 전투가 벌어졌다는 말을 나중에 들었는데, 동생이 그 길을 지나가다가 변을 당한 것으로 추정하고 있다. 5·16후 JP가 중앙정보부장이 되었을 때 이 동생의 생사를 확인코자 여러 방면으로 노력했으나 알 수가 없었다고 한다.

JP의 부친 상배씨는 외동아들이어서 JP는 삼촌, 사촌형제가 없다. 모친 이정훈씨만이 남동생 하나가 있을 뿐이다.

JP의 외삼촌 이소만씨는 군산에서 장사를 크게 하였으며, 현재는 90의 고령으로 군산에 살고 있다.

JP의 부인은 이미 세상에 잘 알려진 바와 같이 박대통령의 조카딸 박영옥씨이다. 박영옥씨의 부친, 그러니까 JP의 장인은 박대통령의 셋째형 박상희씨이다. 박상희씨는 박성빈씨의 5남2녀 중 넷째로 차남이었다.

박상희씨는 형제 중에서 박대통령과 함께 보통학교까지 졸업했고 일찍부터 사회활동을 통해 진보적인 생각을 가졌는데, 정신적으로 박대통령에게 큰 영향을 끼친 인물로 알려져 있다. 해방 전부터 동아일보 지국을 운영하던 박상희씨는 해방 후 혼란한 정국 속에서 좌익 성향을 갖게 되었다. 1946년 대구 10·26 폭동에 가담해 39세의 한창 나이로 현장에서 즉결처분되고 말았다.

이때 맏딸 박영옥씨의 나이는 16세였다. 따라서 JP는 장인의 얼굴을 본 적이 없다.

상희씨는 부인 조귀분씨와의 사이에 1남4녀를 남겼는데, 모두 부인이 혼자의 힘으로 키웠다. 그녀는 80의 고령이나 정정한 편으로 외아들 준홍씨와 함께 살고 있다.

박상희씨가 죽고 난 후 당시 군에 있던 박대통령은 조카들을 데리고 홀로 살아가는 형수를 자주 찾아가 보살폈다. 특히 큰조카딸 영옥씨를 몹시 귀여워하였고, 이로 인해 영옥씨는 삼촌으로부터 잃어버린 부정을 다시 맛보았다고 한다.

영옥씨에게는 여동생 셋, 남동생이 하나 있다. JP의 큰처제 계옥씨는 김용태씨에게 출가하여 1남2녀를 두었다. 김용태씨는 박정희 대통령 생전에 청와대·경호실에 근무하였고, 광업진흥공사 이사로 재직하였다. 그 후 처남인 준홍씨와 함께 일식집을 운영하고 있다.

JP의 둘째처제 금자씨는 국무총리 행정조정실에 근무한 적이 있는 반기언씨와 결혼하여 가정을 꾸몄으나, 지난 78년 병으로 세상을 떠났다. 반씨는 현재 개인사업을 하고 있다. 슬하에 1남2녀를 두었다.

막내처제인 설자씨는 김희용씨를 남편으로 맞았는데, 희용씨는 벽산그룹 김인득 회장의 차남이다. 현재 김희용씨는 벽산그룹 계열사인 인회산업주식회사의 대표이사로 재지 중이다. 자녀는 2남1녀를 두고 있다.

JP의 유일한 처남인 준홍씨는 유복자로 태어났다. 준홍씨는 삼촌인 박대통령의 도움으로 제1무임소장관실 정무조정실장으로 근무하였고 대한축구협회 회장직도 맡았었다. 74년 미국에 유학, 조지 워싱턴 대학에서 국제정치학과를 수료하였다.

5·17 이후 은거하다 84년 역삼동에 고급 일식집 '만당'을 차려 운영하고 있다. 지난 13대 총선에서 사촌형인 재홍씨와 맞붙어 낙선하였다.

JP와 부인 영옥씨는 슬하에 1남1녀를 두었다.

아들 진씨는 1961년생으로 서울 중동고등학교를 졸업한 80년도에 고려대 경제학과에 입학했다. 대학 1학년을 마치고 그는 곧바로 군에 입대하여 3년간 사병생활을 끝내고는 다시 복학을 하지 않았다. 그는 경제학에서 국제정치학으로 전공을 바꾸어 미국 유타 대학으로 유학을 떠났다. 그는 87년 대통령 선거 때 부친인 JP를 돕기 위해 일시 귀국했으나 정부·여당이 자신의 부친을 탄압하고 야당이 흑색선전을 하는 등 정치의 비정함에 충격을 받고는 다시 도미하여 전공을 건축미술로 변경했다는 것이 주변의 설명이다.

진씨는 몇년 전 유타 대학에서 사귀게 된 과테말라 처녀와 동거하고 있으며 4살난 아들까지 두었다는 사실이 밝혀졌다. 그녀의 이름은 리디아. 진씨와는 동갑내기로서 눈에 띄는 미인은 아니지만 성격이 무척 밝고 붙임성이 좋아 함께 있는 사람을 편하게 해준다고 한다. 그들은 87년 대선 때 함께 귀국하여 부모의 허락을 받으려 했으나 JP의 강력한 반대에 부딪혔다. 87년 귀국 당시 진씨의 아들 인영군의 돌잔치를 치렀는데도 JP내외는 참석하지 않을 정도로 심한 반대를 했다고 한다. 그러나 결국 JP는 "자식하고 싸워 이기는 부모 없다"면서 결혼을 승낙했다. 그래서 진씨는 90년 12월 12일 정식 결혼식을 올렸다. 현재는 미국으로 돌아가 학업을 계속하고 있다.

JP의 외동딸 예리씨는 51년생으로 이화여고, 이화여대 조소과를 74년 졸업하고 그 다음날인 2월 26일 결혼식을 올렸다. 남편은 중앙고등학교를 졸업하고 미국 플로리다 주립대를 나와 현재 코오롱 고속관광 대표이사로 있는 이동보씨이다. 맞선 본 지 한 달만의 전격 결혼이었다. 이동보씨는 코오롱 명예회장 이원만씨의 차남이다.

예리씨의 결혼 때 권세 좋은 정치가와 재벌의 결합이 '정략 결혼'이 아니냐는 세간의 비난도 있었지만, 그 후 이 두 부부는 별 탈없이 단란한 가정을 꾸려 왔으나 최근에는 부부간의 마찰이 심해 JP가 걱정하고 있다고 한다.

예리씨는 조용한 성격으로 매사에 조심성이 많은 편이고, 동보씨는 대범하고 적극적인 성격으로 야망이 많다.

슬하에 중학교에 다니는 아들 영덕군과 고등학생인 딸 영화양, 그리고 국민학교에 입학한 막내 영진을 두고 있다. 막내 영진이 백혈병에 걸려 집안이 온통 슬픔에 잠긴 적이 있다.

손주를 지극히 사랑하는 JP내외가 손주를 보러 수시로 다닌다고 한다. 다행히 가족의 정성이 지극한 끝에 많이 회복되었다.

예리씨는 84년 자신의 전공을 살려 압구정동에 '단(單)'이라는 실내장식품 판매점을 차렸다.

JP의 사돈인 이원만 회장은 영일 출신으로 41년 일본대를 중퇴하고 정계와 경제계를 두루 거친 사업가 겸 정치인이다. 50년 삼경물산 사장이 된 후 다음해 한국나일론 회장이 된 이회장은 60년 민주당 참의원의원이 되어 정계에 입문한 뒤 62년 수출산업공단 이사장으로 다시 경제계로 복귀하였으나, 63년과 67년 대구 동구지역에서 공화당 소속으로 출마하여 6, 7대 국회의원을 지냈다. 72년 한국나일론 명예회장, 77년 코오롱그룹 명예회장으로 있다.

◇ 鄭 周 永

40개를 헤아리는 거대한 계열 기업군과 20여만 명의 종업원을 거느린 '현대군단'의 총수 정주영 국민당 총재. 14대총선에 하늘에서 뚝 떨어지듯 정계에 뛰어들어 국민당 돌풍을 일으킨 머슴살이 출신 정씨는 이제 내친 김에 청와대를 향해 발진했다.

鄭周永家 가계도

鄭棒植
韓成實
恩姬
有希
夢弼
李良子
鄭周永
邊仲錫
亨淑
夢國
李光姬
夢元
洪仁和
智惠
太宣
智敏
智然
聖伊
宣斗勳
明伊
丁太暎
允伊
義宣
夢九
李正華
鄭仁永
金月桂
鄭順永
朴炳任
文淑(입양)
夢善
金美熙
夢錫
安貞海
夢燻
朴芝暎
夢鏞
金秀薰
正淑
李周煥
在恩
至恩
聲宣
志宣
教宣
夢根
禹景淑
慶姬
鄭熙永
日宣
文宣
大宣
夢禹
李幸子
鄭世永
朴榮子
淑英
盧慶秀
夢奎
有景
憲禧
仁榮
志伊
英伊
英宣
夢憲
玄貞恩
鄭信永
張貞子
一鄉
林光樹
夢爀
李文熙
基宣
南伊
善伊
夢準
金寧明
鄭相永
趙恩珠
夢進
洪恩珍
夢翼
夢烈
志娟
容奭
容範
容傳
貞伊
京宣
夢允
金薰永
玄宣
夢一
權俊希
鄭熙永
金永柱
允洙
韓淑子
根洙
許敬
容民
邦娟
保延
灶延

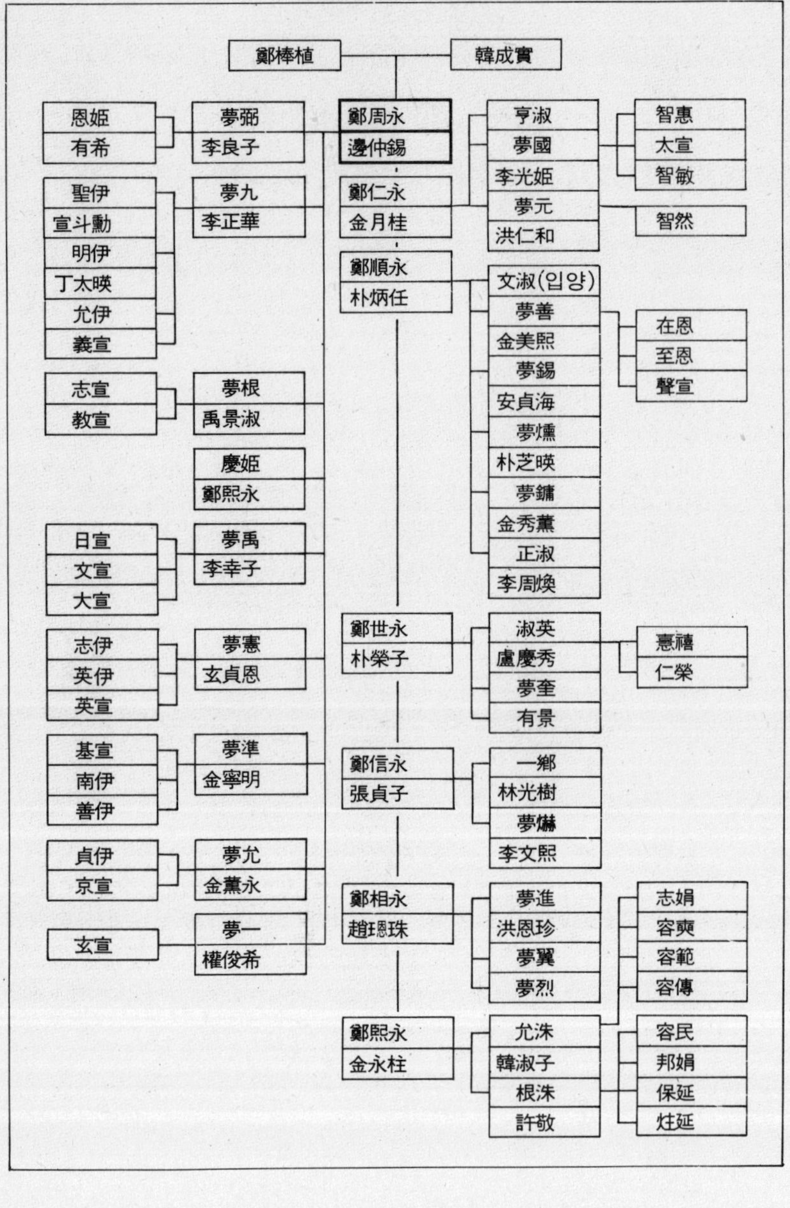

鄭 周 永

39개를 헤아리는 거대한 계열 기업군과 17만2천명의 종업원을 거느린 '현대군단'.

이 거대 기업군의 총수였던 정주영씨는 불과 30여년만에 국내 정상의 기업인으로 올라선 입지전적인 인물이다.

정주영씨의 진면목을 안다는 것은 쉬운 일이 아니다. 그것은 정씨 자신이 각기 다른 여러 가지 이미지와 얼굴을 갖고 있기 때문이다.

그에 대한 긍정적 평가는 때를 아는 남다른 통찰력과 예지, 추진력, 그리고 근검절약의 생활철학 등에서 나온다. 그는 돈 많은 노동자이고, 불도저 같은 저돌성으로 독특한 정주영 스타일을 창조한 기업인이며, 수많은 역경을 극복한 현대인, 현대 정신을 창조한 신화의 주인공이기도 하다.

반면 일해재단 건립과 관계된 문제에서도 나타났듯이 정치 세력과 결탁하여 각종 특혜를 독식한 상징적 인물이라는 부정적 평가도 받고 있다. 이런 부정적 평가는 그가 92년 벽두 국민당을 창당하여 정치판에 뛰어듦으로써 더욱 강하게 나타나고 있다. 돈이면 무엇이든 할 수 있다고 생각하는 사람으로 평가받는 것이다. 그러나 재벌기업의 정당 창당이라는 부정적 시각에도 불구하고 국민당은 3·24 총선에서 24석(전국구 포함 31석)의 당선자를 내어 세인을 놀라게 했다.

그런가 하면 다른 그룹에서는 유례를 찾기 힘든 현대그룹 주요 계열사의 장기 출혈성 노사 분규는 그를 노동운동을 탄압하는 인물로 비치게 하기도 했다.

기업발전과 관련된 숱한 신화의 주인공인 그가 이번엔 본무대를 벗어나 정치계로 뛰어들어 새로운 야망의 세월을 꿈꾸고 있다. 그는 총선의 돌풍을 연말의 대통령 선거에서도 기대하며 대권에 도전할 것으로 알려졌다.

신화와 같은 그의 성공 드라마는 부친에 대한 줄기찬 반역으로부터 시작되었다는 것이 본인의 이야기다.

그는 그 자신이 "전국에서 가장 많은 눈이 오고 원산의 명사십리보다 해당화가 더 찬란하다"고 자랑하는 강원도 통천군 송전면 아산리에서 부친 정봉식씨와 모친 한성실씨 사이의 6남2녀의 장남으로 태어났다. 이때가 1915년 11월 25일이었다.

정주영씨는 어릴 적 서당 공부와 그 자신이 전공했다는 「신문대학」 (일간신문 구독)을 통해 전문가 버금가는 한문 실력과 폭넓은 식견을 갖출 수 있었다.

15세에 송전공립보통학교를 2등으로 졸업한 그는 이때부터 3년 동안 4차례나 가출을 시도하면서 훌륭한 농군을 만들고자 한 그의 부친에 대한 줄기찬 반역을 시도하기 시작했다.

19세 되던 해 늦은 봄, 그는 집에서 키우던 황소 판돈 40원과 작은아버지의 송아지 판돈 30원을 가지고 4번째 가출을 시도하여 오늘날 현대 그룹의 초석을 닦는다.

그는 인천에서부터 부두 노동자, 농사 품앗이, 건축 공사장 인부, 공장 견습공 등으로 연명하며 목적지인 서울로 향했다.

서울에서의 그의 첫직장은 쌀도매상인 '부흥상회'의 배달부, 즉 쌀집 점원이었다. 그는 이 가게에서 부지런히 일하여 주인으로부터 가게를 물려받는 행운을 안았다. 이때부터 정주영씨에게는 항상 행운이 따라 사업은 날로 번창하여 40년에는 자동차 수리공장인 아도서비스를 설립 운영하였고, 46년 4월에는 현대자동차공업사를 설립하였다.

이어 47년 5월 25일에는 현대자동차공업사를 통합한 현대토건사의 간판을 내걸면서 오늘날 현대그룹의 모체를 만들었다.

이후 정주영씨는 그의 독특한 예지와 통찰력으로 조선, 자동치, 전자 산업 등의 잇단 진출에 성공하여 비약적인 성장을 거듭했다.

이런 그의 성공은 자신의 끊임없는 노력과 창의성 때문이었지만 그에 못지않게 창업 동기인 매부 김영주씨, 인영, 순영, 세영, 상영 등의 형제들, 그리고 이명박, 이춘림 등 전문 경영인들의 헌신적인 협조가 있었기에 가능했다.

정주영 회장은 국내 다른 재벌기업들의 창업사에서는 발견하기 힘든 가정과 가족의 복을 누린 기업인이기도 하다.

첫째동생 인영씨는 현재 한라중공업, 한라자원, 만도기계, 한라공조 등을 주축으로 한 한라그룹 회장. 그는 긴 와병을 이기고 일어나 올초 휠체어 위에서 경영을 지휘, 세인의 주목을 받기도 했다. 지난 77년 중동 건설진출을 놓고 형인 정주영 회장과 대립, 독립해 나올 때까지 그는 20년간 현대의 기틀을 다지는 데 기여했던 인물이다. 이후 중공업

투자문제로 정명예회장과 더욱 불편한 관계에 빠졌던 정인영 회장은 와병과 은행지급보증 등을 계기로 형과 화해의 길을 걷고 있다. 이번 국세청과 정주영 회장이 대립할 무렵 국세심판소는 정인영 회장 일가에 대해 59억원의 증여세 부과 취소 판결을 내려 주목을 받기도 했다.

둘째동생 순영씨는 현대시멘트를 맡아 경영해 오다가 지난해 말 성우그룹을 출범시켜 다시 화제에 올랐다. 재창업을 선언한 성우그룹은 시멘트를 근간으로 자동차부품, 종합운수사업 등 업종 다각화에 주력키로 하고 종합기획실까지 갖췄다. 현대종합금속, 서한정기, 서한밴딕스 등 기존 회사들과 큰형의 현대 계열사가 이미 튼튼한 유대관계를 맺고 있다는 점에서 양측은 실질적으로 협력관계를 계속해야 할 입장이기도 하다.

셋째동생 세영씨는 현재 현대그룹 회장자리에 있다. 그는 맏형인 주영씨를 떠받든 채로 그룹 경영을 이끌어가고 있는 셈이다. 그러나 정세영 회장이 현대그룹을 실질적으로 이끌고 있다고 간주하는 사람은 거의 없다. 그 자리에 4년이 넘도록 그는 간판뿐이라는 평가를 씻지 못하고 있기 때문이다. 대신 현대자동차에는 세영 회장의 혼이 담겨 있는 것으로 볼 수 있다. 67년 현대자동차 사장에 취임했던 그는 숱한 화제를 뿌리며 회사를 이끌어 본궤도에 올려놓았다. 포니차를 미국에 수출하기 시작하면서 그는 '포니정'이란 애칭도 함께 얻었다. 정세영 회장은 현재 현대자동차 회장이기도 하다.

현대그룹의 2세승계 현대자동차, 그리고 정세영 회장의 위상 등이 거론되면 이야기는 복잡해진다. 정회장이 "정세영 회장 체제는 과도체제가 아니라 앞으로 10년은 더 갈 수 있다"고 말하는 것도 이와 상당한 관련을 맺고 있다. 자동차를 뺀 현대그룹이란 상상을 할 수 없을 게 뻔하다. 그렇다고 정세영 회장이 자동차를 포기할 입장도 아니고……
현재 상태가 '정씨 패밀리'로서는 가장 편안하긴 하지만 2세승계의 진통
은 시시각각 다가오고 있어 그들을 초조하게 만들고 있는 것이다.

넷째동생 상영씨는 중소기업 수준에 불과했던 건축자재회사 금강을
알차게 키웠고, 도료전문회사인 고려화학을 설립, 형들 못지 않게 경영
수완을 발휘해 왔다. 그는 또 금강을 주축으로 종합건설, 레저산업, 고려
화학을 중심으로 첨단정밀 화학산업 진출을 각각 모색하고 있다. 그런데
상영 회장의 금강그룹도 다시 주식변칙증여조사에 덜컥 걸려들었다.
국세청은 상영 회장이 고려화학 이사로 있는 장남 몽진씨, 금강이사인
몽익씨, 금강종합 건설차장인 몽열씨에게 실권주를 배정한 혐의를 잡고
조사에 착수해 있는 것. 어쨌든 이번 파문은 '정씨 패밀리' 전반에게
밀려들고 있는 게 분명해 보인다.

정주영씨에게는 1명의 여동생인 희영씨가 있는데 그는 6남1녀의 정회
장 형제 중에서 유일한 여자 형제였기 때문에 그 희귀성으로 하여 정씨
가문의 귀한 존재였다. 남자 형제들 사이에서 자칫 딱딱해지기 쉬운
분위기를 부드럽게 조성하는 것도 그녀의 역할이었고, 올케 변중석씨의
시집살이를 옆에서 도와준 사람도 그녀였다.

그러나 희영씨의 성격은 어느 편이냐 하면 큰오빠 정주영 회장을
닮아 괄괄하고 직선적이며 매우 활동적인 여인이다. 남자 형제들 틈에서
자라 그리 되었는지는 알 수 없으나, 희영씨는 남자였으면 정주영 회장
못지 않은 거물이 되었을지도 모른다는 평판이 나 있다. 정회장의 아들
딸들에게는 유일한 고모인 희영씨는 그 지위(?)를 십분 활용, 집안의
일이 꼬이고 어려운 일이 생길 때는 거중조절하고 모두를 설득하여
좋은 결말로 이끌어내는 '약방의 감초' 역할을 다하고 있다는 이야기

다.

신설동의 '아도(Art) 서비스' 공장 시절 이야기다. 공장에 자주 드나들던 총각 택시 운전사가 있었다. 당시 택시 운전사는 귀한 직업이었다. 그리고 요즘 운전사들과는 달리 운전만 하는 것이 아니라 자동차를 완전 분해하여 재조립할 정도로 정비에도 도통해 있는 사람들이어야 했다.

택시 운전사 김영주씨가 공장에 자주 드나들면서 사장 동생 희영씨를 눈여겨보게 되었고, 두 사람 사이에 오가는 싫지 않은 분위기를 눈치챈 올케 변씨가 남편 정주영 사장을 구슬렸다. 희영씨의 나이 열여덟 때, 두 사람은 결혼했다.

김영주씨는 현대엔진의 회장이 되어 있다. 김씨와 희영씨 사이에 태어난 아들 김윤수씨는 한국프렌지공업의 사장이다. 희영씨는 남편 김회장과 함께 울산에 살고 있는데 집안에 무슨 일이 있으면 상경한다. 일단 희영씨가 상경하면 활달한 그녀의 성격 때문에 정씨 집안의 분위기는 희영씨 페이스가 된다.

정주영 회장은 85년에 '이산 가족'이 됐던 사촌여동생 정옥영씨(54)를 찾아 세간의 화제를 모은 적이 있었다. 경남 김해 부근에서 가난하게 살다가 뜻밖의 한국 제일의 재벌을 사촌오라비로 확인하게 된 옥영씨는 그 당장 이삿짐을 꾸려 서울로 올라왔고, 현대 왕국의 그늘 속에서 새로운 삶을 시작했다.

정주영씨 집안에는 직계와 방계 그리고 현대그룹과 분가한 그룹을 합쳐 모두 9명의 회장이 있다.

그리고 정주영씨 자신은 현재 6남1녀의 자녀, 9명의 며느리와 사위, 22명의 친손자를 든 대가족의 가장이기도 하다.

대가족을 이끄는 만큼 구성원 모두가 순탄할 수만은 없었다. 그의 말처럼 '시련'은 가족사에도 닥쳤다.

동아일보 기자로 재직하던 넷째동생 신영씨를 62년 4월 서독 함부르크에서 교통사고로 잃었다. 그리고 82년 4월에는 인천제철 사장으로 근무하던 장남 몽필씨를 역시 교통사고로 잃는 참변을 당하기도 했다. 또 90년 4월에는 넷째아들 몽우씨가 고등학교 때 다친 후유증으로 자살을 하여 희수를 넘긴 그에게 감당키 어려운 또 다른 비극을 안겨주었다.

정주영씨는 타고난 농사꾼이었다. 농군 집안의 장남으로 태어났고 서산 간척지에 3천4백만평의 농지를 갖고 있는 한국 최대의 농사꾼이다. 그래서 그는 자식 교육도 농사꾼의 철학으로 가르쳤다.

정주영씨는 자식 교육에 대해서는 가혹하리만치 엄격했던 것으로 소문나 있다. 그가 교육을 위해 드는 매는 회초리가 아니라 몽둥이였다.

정주영씨의 이 같은 교육으로 인해 몽구, 몽근, 몽헌, 몽준, 몽윤, 몽일씨 등 그의 아들들은 재벌 2세들이 흔히 휘말리는 스캔들 한번 없이 자라왔다.

현대그룹 경영의 상층부를 이루고 있는 그의 아들들이 경영의 최일선에 등장한 것은 정주영씨가 형제들에게 기업 분가를 끝낸 직후부터였다.

족벌 경영이란 말을 싫어했던 정주영씨는 가급적 2세들을 일선에 앉히지 않으려 했던 것으로 알려져 왔다. 하지만 형제들의 분가에 따른 공백과 장남의 갑작스런 죽음은 모든 아들들을 경영에 참여시키게 하는 계기가 되었다.

정주영씨의 장남 몽필씨는 자식들에게 매우 엄격했던 부친으로부터 가장 엄한 교육을 받으며 자랐다. 항상 사업에 바빠서 대화할 틈이 없었고, 그러면서도 엄하기만 한 아버지가 몽필씨에게는 무서운 존재였다. 따라서 청년기의 그는 집안에서 벗어나 '탈선'의 기미를 보였다. 이것이 아버지 정주영의 실망을 부채질했다.

현대계열의 동서산업 경영을 맡겼으나 부도를 내고 영국으로 도망쳐 있던 그를 삼촌들이 정회장을 설득, 다시 불러들여 인천제철의 사장직을 맡겼다. 인천제철 사장직을 맡은 장남 몽필씨는 아버지의 자신에 대한 신뢰도를 만회하기 위해 전력을 기울여 경영에 몰두했다.

그러다가 울산의 현대중공업측과 업무협의를 끝내고 새벽 출근길을 나서던 그는 그라나다 승용차의 충돌사고 및 연이은 화재로 참변을 당했다. 사고 이후 정회장은 "승용차가 견고한 외제차였더라도 아들을 잃지는 않았을 것"이라고 비통해 했던 것으로 알려져 있다.

불의의 사고로 장남을 잃은 정회장은 이후 자식에 대한 태도가 크게 달라졌다고 한다. 장남에 대한 애틋한 정이 자연히 미망인이 된 며느리에게 쏟아졌고, 동서산업은 며느리에게 주어졌다. 현재 현대계열에서 벗어나 독립회사가 된 동서산업은 큰며느리 이양자씨의 동생 이영복씨가 경영하고 있다.

실질적으로 장남격인 차남 몽구씨는 현대그룹의 2세승계 이야기가 거론될 때마다 주목받고 있는 인물이다. 87년 숙부인 세영씨가 그룹 회장 자리를 이어받았을 때 몽구씨 역시 그룹 내에서 상당한 입지를 확보했다. 그의 영문 이름 이니셜을 딴 'MK사단'이란 말도 바로 이때 생긴 것이다. 경북고, 한양대, 미국 YMC대를 거쳤던 그는 70년 2월 현대자동차 서울사업소에 발을 들여놓으면서 경영에 뛰어들었다. 이어 그는 74년부터 86년에 걸쳐 현대자동차 서비스, 현대정공, 현대강관, 현대산업개발, 인천제철 사장을 거쳤다. 87년 몽구씨는 이들 5개회사 회장에 취임했고, 89년 현대중장비산업을 설립, 모두 6개회사로 MK사단을 구축했다. 그는 부친을 빼닮은 스타일에 친화력과 보스 기질을 동시에 갖고 있는 것으로 평가되고 있는데, 이는 현대그룹의 대권 승계 가능성과도 연관을 맺고 있다. 그룹 회장직 승계는 시간만 남았을 뿐 아무 이견이 없으리라는 이야기다.

MK사단의 움직임 중 가장 민감한 반응을 불러 일으키는 것은 핵심 기업인 현대정공과 현대자동차서비스의 행보다. 철도차량 메이커인 현대정공은 요트, 헬기, 지프차, 공작기계 분야로 사업영역을 확대하고 있으며, 현대자동차서비스는 숙부 세영 회장의 현대자동차 판매권을 계속 흡수하고 있기 때문이다. 대권의 향방에 태풍의 눈격인 현대사동자와의 묘한 대립관계를 이루고 있는 이 상황은 앞으로도 주목거리가 될 게 분명하다.

하지만 일부 다른 견해도 있다. MK사단 주력기업이 현대의 밑천인 건설중공업, 자동차, 전자와 거리가 있다는 점이다. 이로 인해 몽구씨는 그룹 대권과 오히려 멀어져 있다는 평가를 받기도 한다. 그러나 정회장의 평소 이야기는 이런 대권승계 추측을 일단 보류케 한다. "내가 물러나면 현대에서 그룹 회장은 없어진다. 일인 후계자를 설정하지 않고 있다는 뜻이다. 그룹 경영권을 몽땅 남겨주는 대신 전문경영체제를 도입할 생각이다." 그러나 과연 그렇게 될 것이라고 믿는 이는 별로 없을지도 모른다.

3남 몽근씨는 현대백화점과 금강개발산업 회장직을 맡아 조용히 경영을 꾸려가고 있는 인물이다. 한양대 토목공학과를 나와 현대건설에서 경영수업을 받았던 그는 뒤늦게 시작한 현대그룹의 백화점 사업을 실속 있는 알짜 기업의 궤도에 올리는 수완을 발휘하고 있다. 그 밑이 정회장의 외딸 경희씨다. 그녀는 특별한 대외 활동이 없고, 남편 정희영씨가 선진해운을 맡아 경영 중이다. 재미있는 것은 정회장의 사위인 희영씨의 성이 정씨인데다 이름 끝자가 정회장 형제 돌림자와 똑같아 착각을 불러 일으키고 있는 점이다. 실제로 사위 희영씨 이름 석자는 정회장의 여동생 이름과 한자까지 그대로여서 화제가 되기도 했다.

5남 몽헌씨가 차지하고 있는 현대그룹 내 위상도 상당하다. 연세대에서 국문학을 전공하고 미국 페어레이 디킨슨 대학에서 경영학을 공부했던 그는 귀국 후 현대건설 기획실에서 경영수업을 받았다. 현재는 현대엘리베이터 회장, 현대전자 사장, 현대상선 부회장, 현대알렌브레들리 사장 직함을 갖고 있다. 몽헌씨가 맡고 있는 회사는 형의 MK사단에 버금가는 세력을 형성하고 있다는 게 재계 사람들의 진단이다.

6남 몽준씨는 학업 경력이나 대외 활동면에서 현대의 대들보 역할을 해내기에 손색 없는 사람이다. 서울대 경제학과, 미국 MIT경영대학원을 나온 그는 82년 기라성 같은 형들을 제치고 현대의 주력기업 현대중공업 사장에 취임했던 것. 당시 그는 정회장의 확실한 후계자로 물망에 오르기도 했다. 몽준씨는 87년 울산의 명예를 걸고 13대 총선에 출마, 국회의원 자리를 거머쥐었고, 그 후 경영 일선에서는 물러났다. 그의 공식 직함은 현대중공업 회장이다. 우람한 체구에 소탈한 성격의 소유자인 몽준씨는 아직도 아버지 정회장의 각별한 보살핌 속에 있는 게 사실이다. 그의 그룹 경영 컴백을 기정사실로 받아들이고 있는 것은 그룹 안팎에서 공히 마찬가지다. 그 시기가 언제가 될는지는 미지수지만 그룹 경영권 승계와도 밀접한 관계를 맺게 될 공산이 크다. 그러나 어쨌건 그는 14대 총선에서도 울산에서 출마, 당선되어 정치 역정을 계속하게 됐다.

7남 몽윤씨는 샌프란시스코 주립대에서 경영학을 공부한 뒤 현대종합상사에 적을 뒀다가 지금은 현대해상화재보험 사장을 맡고 있다. 또 정회장의 막내아들 몽일씨는 현재 국제종합금융으로 성장하기 위해 기량을 닦고 있는 중이다.

이쯤에서 보면 정회장의 2세들은 그룹 내에서 나름대로 입지를 다져가고 있는 것으로 간주할 만하다. 일종의 분권체제가 구축되고 있다고나 할까. 확실한 승계구도가 설정되지 않은 상태에서 진행된 이 같은 상황은 정회장에겐 무척 고심스런 요소가 될 게 뻔하다. 자신의 형제들이 그랬듯이 이들 아들들이 각기 분가를 강행할 경우, 거대 현대군함의 위세가 떨어질 우려가 있다는 뜻이다. 어쨌든 세월은 흐르고 있고, 현대그룹을 보는 세상 사람의 관심은 남다를 수밖에 없다.

해외 여행이 잦았던 정주영씨는 김포 국제공항을 가장 많이 이용한 사람 중의 하나다.

하루가 멀다 하고 김포 공항을 오가던 정주영씨가 출국하는 날이나 귀국하는 날 공항 출입국장에는 예외 없이 일렬로 도열한 한 무리의 남녀들이 그를 환송하거나 환영하는 것을 볼 수 있었다.

이들 환영, 환송단의 남자들은 그의 아들들이고 여자들은 그가 아들보다 더 아낀다는 며느리들이다.

여기서 철저하게 남성 위주로 모든 것이 이루어지는 정주영가의 여인들에 대해 살펴보자.

80여 명의 대가문에서 수문장 역할을 하는 아내 변중석씨는 강원도 통원이 고향으로 정주영씨의 이웃 마을 태생이다. 그녀의 집안 역시

7남매의 대가족으로 정씨 집안과 다를 바가 없었다.

변중석씨는 열일곱에 당시 서울의 쌀 도매상인 부흥상회에 근무하다 이제 막 경일상회라는 자신의 가게를 처음으로 마련할 무렵의 정주영씨와 결혼했다. 그러므로 변씨가 결혼했을 때 정주영씨는 점원에서 일약 '사장'으로 발돋움할 중요한 시기였다.

6남1녀의 정주영씨 본가에는 시동생들이 우글거렸다. 시누이로는 정희영 한 사람이 있었는데 시누이 올케 사이는 일반적 통념과는 달리 무척 좋은 편이었고, 시동생들도 형수를 끔찍이 사랑하고 따랐다. 물론 맏형 정주영씨가 아버지와 같은 권위로 동생들 위에 군림하였으나, 그 뒤에는 형수와 시동생 시누이끼리의 깊은 이해와 사랑이 더욱 크게 작용하여 이들 형제들을 한국 최고의 '빅스러더스'로 결속, 성장시켰다.

신혼의 정·변씨 커플이 처음으로 살림을 차린 곳은 낙산 꼭대기 빈민가였다. 부흥상회 주인의 딸네집 건넌방에 세를 들었는데 둘이 누우면 꽉 찰 정도로 좁고 부엌도 없는 곳이었다. 이 무렵 정주영씨는 엉덩이가 해진 '당꼬바지'를 누덕누덕 기워 입고 쌀을 배달하고 있었다. 그런 몰골이지만 미래의 한국 최고의 재벌은 억척으로 돈을 모아 수년만에 시골에다 논 30여 마지기를 사들여 효도를 했고, 경일상회를 때려치운 후 아도서비스라는 자동차 정비업에 손을 대 오늘날의 현대자동차, 현대중공업의 씨앗을 잉태시켜 나갔다. 그와 함께 서대문 근처 현저동의 산꼭대기에다 집도 하나 장만하였다. 오늘날 정주영·변중석 부부의 위상에서 바라보면 참으로 당치도 않은 고생이겠으나 시골에서 올라온 사람들의 평균적 성장 과정으로 볼 때는 빠른 고속 행진이었다.

아도서비스 공장은 신설동에 있었다. 종업원의 밥을 해 먹이는 일이 변씨의 몫이 되자, 집도 현저동에서 공장 근처의 신설동으로 옮겼다.

시골에 있던 동생 순영과 여동생 희영이 올라와 합류했고, 장남 몽필이 태어났다. 거기에다 시골의 부모들까지 올라와 정주영씨의 집안은 삽시간에 20명이 넘는 대가족으로 발전했다. 그런 대가족을 거두고 보살피는 기둥이 바로 변씨였다. 현대그룹이 '거인 정주영'의 힘으로 이루어진 '기적'으로 일컬어지는 것도 당연한 일이기는 하지만, 그 뒤에 숨은 변씨의 '보이지 않는 힘'이 없었다면 그런 기적이 불가능했다는 것 또한 사실인 것 같다.

정주영씨는 국내 유력 재벌 가운데 가장 담백한 사돈관계를 맺고 있는 사람 중의 한 사람이다.

그는 마음만 먹으면 얼마든지 권문세가와 혼사를 맺을 수 있었지만, 8남1녀 모두를 자유 결혼시켜 거의 대부분 평범한 사람들이다.

6남 몽준씨의 장인이 전외무부장관 김동조씨라는 것이 제일 알려진 권문세가(?)로 꼽힐 정도이다. 그러나 그것도 따지고 보면 김동조 전외무부장관이 외무 관료로 일관해 왔을 뿐이지 누구처럼 서슬 시퍼런 기관을 틀어쥐거나 정당의 요직에 앉았거나 또는 어느 정권의 '실세'였던 적이 없으므로 현대그룹의 덩치에 미루어 정책 결혼이라 부르기는 어렵다.

정주영씨의 며느리들은 장남 몽필씨의 부인인 이양자씨, 차남 몽구씨의 부인인 이정화씨, 3남 몽근씨의 부인인 유경숙씨, 4남 몽우씨의 부인인 이행자씨, 5남 몽헌씨의 부인인 현정은씨, 6남 몽준씨의 부인인 김영명씨, 7남 몽윤씨의 부인인 김혜영씨, 8남 몽일씨의 부인인 막내며느리 권준희씨가 있고, 그의 유일한 사위로 정희영씨가 있다.

91년에 타계한 맏며느리 이양자씨는 충남 서천이 고향으로 평범한 부모의 장녀로 태어나 이화여대를 졸업했다. 그녀는 타계하기 전까지 현대그룹에서 분리된 동서산업을 경영하고 있었는데, 지금은 이씨의 동생이 맡아 경영하고 있다.

둘째며느리 이정화씨와 셋째며느리 우경숙씨는 친정이 거의 알려지지 않은 평범한 가정집의 딸들이다.

90년 사망한 4남 몽우씨의 부인 이행자씨는 한양대 재학 시절부터 미모의 여인으로 불리웠고 대학 시절 몽우씨와의 연애를 결혼으로 이었다. 현대알루미늄의 이진호 부회장은 그녀의 친정 오빠다.

다섯째며느리 현정은씨는 옛 신한해운 현영원 회장의 딸이다. 76년 정은씨가 몽헌씨와 결혼할 당시 신한해운은 아세아상선에 흡수됐고 이는 지금의 현대상선의 모체가 됐다. 정회장에게는 사돈인 현회장이 이 회사를 이끌고 있다. 여섯째 김영명씨는 외교관이었던 아버지 김동조 전외무부장관을 따라 다니느라 해외에서 15년간을 생활했으며, 미국 웨슬리대에서 정치학을 전공했다. 남편 몽준씨와는 미국에서 만났다. 세련된 외모와 매너로 지금은 국회의원이 된 남편을 후원하고 있다. 부친인 김동조씨는 현대중공업 고문 자격으로 해외 활동을 계속 중이다.

일곱째며느리 김혜영씨는 이화여대 출신으로 중견기업인 부국석면 김진형 회장의 딸이다. 또 막내며느리 권준희씨는 미국에서 몽일씨를 만나 결혼했다. 부친인 권영찬씨는 미국 사업을 청산하고 귀국, 현재 현대중전기 회장이다. 정회장의 동생 고 신영씨의 미망인 장정자씨는 정회장의 배려로 현대고등학교 이사장을 맡고 있다. 장씨는 첼리스트로서 대학 강사를 지내기도 했다.

정주영씨의 유일한 사위는 정희영씨인데 정주영씨가 사위를 구할 때 많은 사람들은 정경유착의 정략 결혼이 이루어지지 않을까 하는 기대도 있었다. 그러나 정회장의 사위 고르기 방식은 전혀 엉뚱했다. 그는 그룹 내외 공채사원들 중 똑똑한 사원 몇 명을 뽑아 집에 초대하여 식구들(당사자인 딸을 포함하여)로 하여금 평점을 메기게 했고, 여기서 선발된 가장 우수한 청년을 사윗감으로 골랐다. 행운의 사나이는 정희영이라는 이름의 청년이었다.

이명박 전현대건설 회장과 함께 공채사원 중 우수 두뇌로 꼽히는 정희영씨는 결혼 후 잠깐 그룹 내에 머물러 있다가 곧 독립을 선언, 선진해운이라는 자신의 기업을 경영하고 있으며, 천마산 스키장도 함께 운영하여 또 다른 사업 수완을 발휘하고 있다.

정주영씨는 보기 드문 '연애결혼 찬미자'라는 것을 자식들의 결혼을 통해서도 알 수 있다.

정주영씨의 결혼관은 "결혼은 일생에서 가장 중요한 일로 여기에 물질과 권력이 개입돼서는 안 된다. 결혼은 인간 대 인간의 만남이어야 한다"는 것이었다.

정주영씨는 자녀들이 결혼할 나이가 되면 연애해서 상대자를 집으로 데리고 오도록 했다. 그는 자녀들과 사귀는 상대가 집안을 드나들면 간단한 인사만 나누고 먼 발치서 지켜보기만 했다.

그가 자녀들의 연애 시절 던지는 충고는 "후회 없을 만큼 사귀고 결혼하라"는 정도였다.

자녀들이 1~2년 정도의 교제 끝에 "이 사람만한 이가 없다"는 말을 하면 자신도 봐둔 것이 있기에 예외 없이 허락해 주었다. 대신 결혼 승낙시, "평생 이혼 얘기는 내 앞에서 꺼내지 말라"는 다짐을 받았다고 한다.

정주영씨 내외는 검소하고 평범한 일상 생활을 유지했고, 이는 곧

아들들에게도 그대로 계승되고 있다.

한편 부인 변여사는 "언제나 조심스럽게 행동하고 겸손하고 남의 눈에 띄는 일은 하지 말라"는 말로 교육시킨다.

변여사는 남달리 많은 씨앗을 보았으면서도 차별을 하지 않고 자녀들을 키워내 보살이라는 평을 듣고 있다.

정주영씨의 오늘이 있기까지에는 보살의 인내, 관용, 음덕 때문으로 보는 사람도 많은데, 또 다른 야망을 향해 도전하는 남편에게 그 보살의 힘이 계속 효력을 발휘할지 두고 볼 일이다.

◇ 李鍾贊

그는 조선조 선조 때 영의정을 지낸 백사 이항복공의 12대손이다. 정치 1번지 종로·중구에서 3번 연이어 국회의원으로 당선한 이종찬 의원은 차세대 대권 주자로 행보를 시작했다. 기라성 같은 가문과 경기고를 바탕으로 청와대를 향해 질주하고 있다.

李鍾贊家 가계도

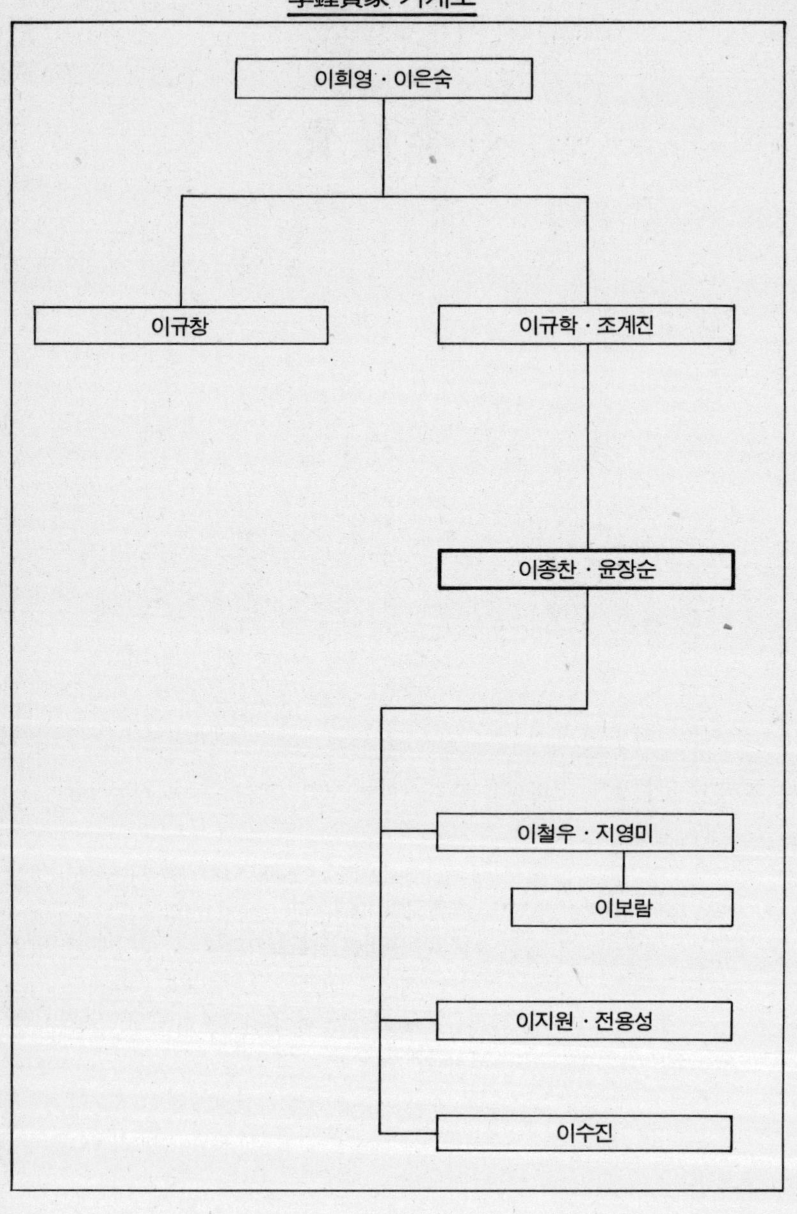

李 鍾 贊

정치 1번지로 꼽히는 종로에서 국회의원에 네번이나 내리 당선되어 주목을 끈 이종찬 의원(민자당, 55세)이 차세대 대권 주자로 떠오르고 있다.

온화한 성품의 정치 스타일로 '여권 내 야권'이란 소리를 듣고 있는 이의원은 지난해 국내 정치학 관련 교수 2백명이 뽑은 '차세대 지도자'를 묻는 설문에서 35.5%의 높은 지지를 얻어 73명의 추천 지도자감 중 1위에 올랐다.

"여론 조사 결과가 저를 제1의 차세대 지도자감으로 지목했다니 일단은 기쁘고 흐뭇합니다. 저의 정치를 믿어주는 결과로 보여지니까요. 그러나 사실 부담스럽습니다. 시기와 여건상 당장 대권 도전에 나설 것도 아니고 나선다고 할 수 있는 상태도 아닌데 벌써 그런 소리를 듣는다는 것이 말입니다. 제가 해야 할 일도 아직 많이 남았고요."

자신의 대권 도전설을 오히려 경계한 이의원은, 그러면서도 차기 대권 도전자는 반드시 '당내 경선'에 의해 가려져야 할 것이라는 주장을 폈다.

이의원이 자신의 대권 도전설을 부인함에도 꾸준히 그가 제1의 당내 대권 후보감으로 꼽히는 데는 그만한 이유가 있었다. 첫째, 이 의원의 정치 스타일이 온건하며 지방색을 탈피해 있어, 대중들에게 폭넓은 인기를 누리고 있다는 것이다. 둘째, 정치는 타협과 합의하에 바탕을 둬 이끌어야 한다는 그의 주장처럼 그가 지닌 생각이 합리적이란 점이다. 셋째, 여당이면서도 당을 비판해야 할 때는 비판할 줄 아는 정직성을 지니고 있다는 것이다. 이는 바로, 온건하고 합리적이며 정직한 인상이 그의 정치관에 버팀목이 되어 주고 있다는 것을 나타낸다. 92년 3월 24일의 총선이 민자당의 패배로 끝난 뒤 곧바로 이어진 민자당 내 대통령 후보 경선에서 이 의원은 출마를 선언함으로써 그의 오랜 숙고를 끝냈다.

이의원은 조선 선조 때 영의정을 지낸 백사 이항복공의 12대손이다. 본관은 경주이씨 상서공파.

그의 조부는 6형제(健榮 石榮 哲榮 會榮 始榮 護榮) 중 넷째였다. 이 가운데 둘째할아버지(石榮)가 6형제의 숙부(이의원의 종증조부)이자 고종 때 영의정을 지낸 큰 부자집 '가오실 대감'(裕元)댁으로 양자를 갔다(이의원의 증조부 裕承씨는 고종 때 이조판서를 지냈다). 이의원의 조부 회영씨는 한일합방이 되자 빼앗긴 나라를 되찾기 위해 6형제가 모여 회의를 하고 중국으로 떠날 것을 결의한다.

형제들 중 가오실 대감의 양자로 들어간 석영씨에게 재산이 좀 있었다.

비밀리에 재산을 처분하여 거금 38만원을 만들어 6형제 모두가 1911년 봄 40여명의 가족들을 이끌고 서간도로 갔다.

회영씨는 1912년 통화현에 이주하여 이동령, 장유순씨와 함께 경학사란 조직을 만들었다가 이를 모체로 신흥무관학교를 세웠다. 회영씨는 발기인이었고 둘째할아버지 석영씨는 교주를 맡았다. 신흥무관학교는 본과에서 중학과정을, 특별과에서 사관양성 교육을 했다.

만주에서 한국 사람만으로 군사교육을 시킨 효시였다. 졸업생 중에는 변영태, 지청천 장군 등이 있다.

작은할아버지 시영씨는 상해 임시정부에서 초대 부통령을 지낸 분이다.

회영씨는 무력항일투쟁의 주장자였으며, 만주사변으로 항일투사들이 쫓겨나오는 것과는 반대로 대련으로 잠입했다가 천진에서 일본 경찰에 붙잡혀 고문을 당한 끝에 순국했다.

이의원의 아버지 이규학씨는 상해의 프랑스 조계에서 프랑스 전차회사의 매표원으로 생계를 꾸리면서 비밀문서 연락을 하다가 역시 일본 사람에게 붙잡혀 얻어맞는 바람에 거의 청력을 잃었다(73년 12월 별세).

작은아버지 규창씨는 상해에서 일본거류민단장을 암살한 후 붙잡혀 국내로 압송되어 15년형을 선고받고 감옥에서도 비라를 뿌리는 바람에 다시 2년이 추가됐으나, 옥고를 치른 지 13년만에 해방을 맞아 풀려났다.

이의원의 할머니 이은숙 여사는 남편을 따라 중국을 누비면서 독립지사를 돕고, 「민족운동가의 아내의 수기」라는 책도 냈다.

어머니 조계진 여사는 한말 영상을 지낸 조정구씨의 따님으로, 대원군의 외손녀이자 고종의 생질녀이기도 하다.

이의원은 이런 독립운동가를 선대로 하여 1936년 4월 29일 상해에서 태어났다.

이종찬 의원의 어린 시절은 가난했다. 중국 상해가 출생지인 그는 11살이 될 때까지 그곳에서 살았다. 당시에는 자신의 집안이 독립운동가의 집안이란 것을 몰랐기에 왜 가난해야 하는지도 알 수 없었다.

"상해에서의 어린 시절엔 가계를 어머니께서 꾸려 가셨습니다. 일본인들의 고문으로 귀가 들리지 않으셨던 아버지는 프랑스 전차 매표원으로 일하시면서 월급의 반은 임시정부 운영 자금으로, 나머지 반은 조부의 독립운동 활동비로 드렸으니, 생계는 어머니께서 맡으실 수밖에 없었지요."

지금도 굉장한 영화광인 이의원의 영화감상 취미도 바로 상해의 유년 시절로부터 생겨난 것이다. 날품이나 행상을 하면서 어린 이의원을 데리고 다닐 수 없었던 어머니 조여사가 영화관에다 그를 맡겨 놓았다가 행상에서 돌아오는 길에 데려가곤 하던 생활 속에서 자연 몸에 익은 것이었다.

이의원은 상해에서 소학교 3학년까지 다니다가 해방 후인 46년, 독립된 조국으로 돌아가야 한다고 결심한 부모와 함께 귀국하여 동대문 근처 창신동에 삶의 터전을 잡았다. 그리고 창신국민학교에 편입했다.

이후 경기중·고를 거친 그는 56년 육사 16기로 입학하게 된다.

육사를 지망한 배경은 당시 젊은이들에게 유행하고 있던 나세리즘(Nasserism)의 영향 때문이기도 했다. 말하자면 '나라를 구하기 위해서'라고 하는 거창한 동기가 깔려 있었던 것이다.

그러나 물론 그라고 해서 대학 진학의 꿈이 없었던 것은 아니었다. 역사에 대한 관심 때문에 서울대 문리대 사학과에도 원서를 냈다. 육사 합격 통지서를 받고 서울대 응시를 포기할 것이냐로 한동안 망설이다가 결국은 부친의 권고에 따라 육사 진학을 결정했다고 한다. 당시 그의 집안은 찢어질 듯 가난했는데, 아버지는 그에게 "돈이 없어 육사에 간다는 생각일랑 말고, 선조들이 신흥무관학교를 세웠던 그 정신에 따라 사관학교에 들어가거라. 우리나라가 문에만 치중해 와서 지금 이렇게 약하게 되지 않았느냐"는 뜻을 밝혔다.

육사로 진학한 그는 아직도 서울대 입학원서의 수험표만은 기념으로 보관하고 있다.

육사를 나온 그가 정치의 길을 걷게 되기까지의 경위는 역시 설명이 필요할 것 같다. 육사 졸업 성적이 3등이었던 그는 전방 소대장을 거쳐 중위 계급으로 연대 작전장교 자리를 맡고 있다가 5·16을 맞이했다. 국가재건최고회의에서 육사의 각 기별로 성적 좋은 사람들을 뽑자, 그는 최고회의 경제위원회에서 유원식 장군의 비서 노릇을 하게 됐다. 말하자면 군지휘관으로서의 정코스가 아닌 외도를 하게 된 셈이었고, 그래서 그는 원대 복귀 후에도 정보분야를 선택, 시험을 쳐서 중앙정보부에 들어가는 길을 택했다.

그는 71년 소령으로 예편한 후 외교관 자격으로 영국에 나갔다가 돌아와서 중앙정보부의 국장, 기획조정실장 등을 지냈고, 80년 10월에는 입법의원이 되면서 민정당 창당 작업에 나섰다.

민정당이 창당된 후 원내총무와 사무총장 등 중요 보직을 두루 거쳤다.

그리고 3당 합당으로 민자당이 새로 생긴 후로는 정치쇄신을 부르짖고 나선 민자당 내 민정계 의원들로 이루어진 '8인방'의 중추 역할을 맡고 있다.

한편 이종찬씨는 국민학교 동창생인 윤장순씨를 기나긴 연애 끝에 배우자로 맞아 31년째 남다른 부부애를 자랑하고 있다.

두 사람이 처음 만난 것은 창신국교 4학년 때인 47년이었다. 당시 이종찬은 1반 반장을 하면서 7반 반장이었던 윤씨와 합반으로 공부와 청소, 그리고 연극무대에 함께 주인공으로 서는 등 자연스레 친해졌던 것이다.

"또래들을 몰고 다니며 제게 짓궂게 굴 때도 많았지만, 그때부터 저는 '재가 평범한 애는 아니구나'하고 생각했어요."

윤씨는 이종찬이 중국에서 온데다 약간 뚱뚱해 '짱꼴라' '돼지'란 별명을 갖고 있었지만 지도력과 정의감 등이 남달랐다고 회상한다.

이 두 소년소녀는 줄곧 반장, 수석을 하며 창신국교에서 유명한 사이가 됐고, 특히 이종찬씨는 그때 이미 윤씨를 '내 것'이라고 점찍을 정도로 조숙했다.

국민학교를 졸업한 이종찬씨는 경기중학교로 진학했고, 윤여사는 경기여중에 입학했다. 둘은 국민학교 때처럼 한 학교에서 같이 지낼 수는 없었지만 틈틈이 만나 음악 감상실에도 가고 문학 토론도 하는 등 사춘기적 우정과 사랑을 키웠다.

이런 그들에게 방해꾼이 나타났다. 그것은 '동족상잔의비극'인 6·25였다. 사춘기의 감정이 막 일기 시작했을 때 터진 6·25로 그들은 본의 아닌 이별을 하게 됐다.

그러나 대구로 피난한 윤여사와 제주로 떠난 이종찬씨는 곧 다시 만날 수 있었다. 윤여사에 대한 그리움이 커가기만 하던 이의원이 어머니를 조르다시피 해 대구로 피난갈 수 있었다. 겉으로는 윤여사 이야기를 어머니에게 꺼낼 수 없었던 이의원은 형이 있는 영천으로 가자는 말로 어머니를 설득했다.

당시 대구 연합중학교에는 윤여사가 다니고 있었고, 이의원은 대구

대건중학교에 들어갔다.

대구에 머물게 된 둘 사이에 지금도 잊을 수 없는 에피소드가 하나 있다. 그것은 이의원이 윤여사에게 장문의 연애 편지를 보냈던 일이다.

이 편지가 연합중학교 선생에게 발각되는 바람에 윤여사는 정학 처분을 받고 말았다. 결국 둘 사이는 만천하에 공개됐고, 이의원은 집안 식구들에게 사정 이야기를 해 연합중학교로 옮겨갈 수 있었다.

"처음엔 사태 수습을 어찌해야 할까 고민도 많았습니다. 지금의 제 아내에게도 미안했구요. 생각 끝에 모든 사실을 숨김없이 집안 식구에게 털어놔서 도움을 받는 것이 좋겠다는 것으로 결론을 냈지요."

이의원은 그래선지 어떤 문제든 독불장군식으로 처리하는 것보다는 여러 사람과 의견을 교환해 처리하는 것이 좋다는 생각을 지금껏 하고 있으며, 정치도 크게 그 범주를 벗어나지 않는 선에서 처리한다.

대구에서 서울로 올라온 이의원과 윤여사는 각각 고등학교에 진학하고 나서는 제법 진지한 만남의 시간을 만들 수 있었다. 언제부터인가 서로의 눈빛만 봐도 무슨 이야기를 해야 할 것인지 간파할 수 있게 된 것도 그 시절이었다. 꿈 많던 고교 시절을 보냈다.

그러나 이들에게도 사랑의 휴식기는 있었다. 그들이 고2 때의 일이다. 학교에서 돌아온 윤여사는 이의원이 다른 학교 학생들과 패싸움을 해 경찰서로 불려가고 정학을 당했다는 소식을 들었다. 너무나 놀라고 화가 치민 윤여사는 즉시 깡패짓을 하는 학생하고는 못 만난다면서 절교를 선언했다.

그 후 그들은 1년여의 긴 냉전을 거쳐 윤여사가 절교를 해제했다. 그룹을 만들어 낙제를 겨우 면할 정도로 놀아대던 이의원의 성적이 상위권으로 오르는 등 개전의 정을 보였기 때문이다.

고등학교를 졸업한 윤여사는 이화여대 영문과에 입학했다. 애초 문학을 사랑했던 자신의 뜻에 따라 선택한 것이었다. 반면 이의원은 육군사관학교로 진로를 결정했다.

사관생도인 이의원과 청순한 대학생인 윤여사는 비로소 남의 눈을 의식하지 않고 자연스런 만남을 가질 수 있었다. 둘의 사랑이 어느 정도였던가는 윤여사가 4년 동안 꼬박 육군사관학교에 면회를 간 것만 봐도 알 수 있다.

국민학교 때의 만남, 중학교 때의 교제, 고등학교 시절의 정, 사관학교 재학시의 첫사랑 등 한 사람과의 관계에서 모두 겪은 이의원과 윤여사는 15년간의 긴 열애 끝인 60년 4월 마침내 결혼에 골인했다.

이의원은 주위의 도움으로 간신히 신부에게 3부 다이아 반지를, 윤씨는 카메라와 만년필을 선물했다.

완고한 부친 탓에 대학을 졸업하고도 유학이나 취업은 생각도 못한 윤씨는 평범한 새색시로 가정에 머물렀다.

이의원이 전방에 배치되면서 두 사람은 주말 부부가 돼야 했지만 정작 문제는 궁핍한 살림살이였다. 쥐꼬리만한 전방 소대장 월급은 막사 짓기나 사병 휴가비로 나가기 일쑤였기 때문에, 윤씨는 친정에서 생활비를 타다 쓴 적이 한두번이 아니었다. 그러나 이들의 결혼생활은 행복 그 자체였다.

결혼 후 18년간을 전세살이로 전전하며 14번이나 이사를 하고서 겨우 48평짜리 아파트를 장만했지만, 윤여사는 시부모 모시는 일과 1남2녀의 자녀 뒷바라지하기, 남편에 대한 내조를 하는 것이 즐거운 일이라고 했다.

88년에 이사온 종로의 대지 1백80평, 건평 80평의 한옥에는 4대가 함께 살고 있다.

이의원의 모친 조계진 여사와 이의원의 내외, 손녀 보람이, 막내딸 수진씨가 대가족을 이루며 화목하게 지낸다.

큰딸은 지원씨로 코리아 해럴드 기자며, 사위 전용성씨는 현재 삼성전자에 근무하고 있다.

그리고 장남 철우씨와 며느리 지영미씨는 둘 다 서울대를 나와 영국에서 각각 법학과 의학박사 과정을 밟고 있다.

이의원은 어려서부터 많은 가족들과 생활했기 때문에 대가족 생활을 즐겁게 여기는 편이다. 그리고 부모에게 효도하는 자식들이 있는 집안은 행복한 집이며 결코 망하는 법이 없다는 말로 '효'의 중요성을 강조하기도 했다.

위로 어머니를 모시고 살기 때문에 부부지간의 대화도 자연 조심스러워지고 부부 싸움을 할 때도 여느 부부의 싸움과는 다르게 한다.

그들의 부부 싸움은 서로가 입을 굳게 다물면서 시작된다. 말을 하게 되면 필요 이상으로 큰 싸움이 날 것을 염려하기 때문이다. 결국 말만 건네지 않을 뿐 일상의 생활은 언제나와 같다.

흔한 말로 머리 싸매고 드러눕지도 않으며 하루이틀 외박하는 일도 없다. 말을 안 함으로써 시작된 싸움은 상대에게 말을 건넴으로써 끝이 난다.

"부부 싸움을 해서 제가 이긴 적은 한번도 없습니다. 먼저 화를 푸는 것이 제 아내인데, 그것이 제가 지게 되는 이유지요. 오랫동안을 친구로 지내 왔고 결혼 생활도 31년째인 우리 부부이기에 사실 이렇다하게 생각날 정도의 싸움은 없었습니다. 우리에겐 서로와 서로를 이해하는 마음과 믿음이 강하거든요."

　가정 생활이 편안해지기 위해선 대화와 합리적 사고가 중요하다고 느끼는 이의원은 정치라는 것 역시 상대방을 존중하는 자세로 이끌어 나갈 때 무리가 없다고 자신 있게 말한다.

◇ 李 基 澤

4 · 19 학생 혁명의 도화선이었던 4 · 18 고대 데모의 선두 지휘자. 그는 당시 고려대 학생위원장. 그래서 7대 국회에서는 4 · 19 세대의 대표로 원내로 진출했다. 양김의 칼날 위에서 조심스러운 대권 도전 행보를 계속해 온 그에게 양김 시대가 종말이 예고되는 차세대 왕좌는 그가 차지할 것인가?

李 基 澤

　민주당의 이기택 대표는 92년 5월 8일 국회의원회관 대회의실에서 기자 회견을 갖고 세대교체와 지역감정 해소를 위해 5월 26일 열리는 민주당 전당대회에서 대통령후보 경선에 출마할 것이라고 선언했다.

　이대표는 이날 회견에서 "대다수 국민들과 동지들은 새 시대에 맞는 새 인물을 민주당의 후보로 선정할 것을 요구하고 있다"고 평소의 세대교체 주장을 거듭 천명하고, "지역분할주의를 탈피한 국민통합과 화해의 주역으로서 그릇된 과거에 대한 청산과 개혁의 실천의지와 민족 경제난을 해결할 수 있는 국가 경영 능력을 갖춘 새 인물이 새 시대의 선택이 될 것"이라고 말했다.

　그는 이어 "아직껏 청산되지 못한 과제들을 해결 하고 정치·경제적으로 난국에 처한 국가와 민족의 당면 문제를 해결하기 위해 민주당 대통령후보 경선 출마 의사를 밝힌다"고 말했다.

　이대표는 또 "민주화투쟁사와 한국정치사에 길이 남을 선배 정치인이 많으나 지금 투쟁의 시대는 막을 내렸다"면서 "그들의 역할은 시대적

변천에 따라 마감하고 정권교체의 역할은 새 시대의 새로운 선택에 적합한 리더십을 창출하는 것이 시대 정신에 부합되며, 이런 점을 고려해 정권교체의 역할을 자임하고자 한다"고 말했다.

이기택씨는 드디어 대권도전을 공식 선언했다. 물론 이번 도전에서 막강한 DJ(김대중)를 누르고 대선에 나섰을 것이라고 확신하는 사람은 거의 없다. 그러나 '대통령후보 경선 출마선언'은 이제 그도 '왕좌'를 향해 점점 접근해 가고 있다는 사실을 국민에게 심어주었다는 점이 가장 큰 의미가 있다.

4 · 19의 주역

이기택 대표는 경북 영일군 청하면 필하리가 고향이다. 농사를 짓던 중농 집안의 4남매 중 막내로 부산중학과 부산상고를 나왔다. 중고등학교 때 줄곧 반장을 했으며, 고등학교 때 성적은 평균 90점이 넘었다. 그의 부친 이동섭(李東燮)씨는 한의(漢醫) 쪽에 관심을 기울이다가 6·25 전에 부산으로 나와 고무신 공장을 차렸다가 불이 나는 바람에 문을 닫기도 했다. 80년 5·17 직후에 돌아가셨다.

그가 고려대 상대에 입학한 것은 친구들보다 1년 정도 늦었으며, 3학년 2학기 때 있었던 학생위원장 선거에 "서울 출신과 지방 출산이 대결해야 한다"면서 친구들이 네 번이나 찾아와 권하는 바람에 출마, 학생위원장이 되었다.

"고대를 나와도 고대를 잘 모른다"고 할 만큼 대학 생활에 충실하지 않았던 그는 학생위원장을 하려고 한 것도 아니었다면서 "자신의 운명은 그 후 그런 일이 굉장히 많다"고 한다.

그는 '엄격하고 절대 남의 신세를 안 지려는' 아버지의 영향을 많이 받았다. 그의 부친은 "임종할 때 이미 말문이 막혔는데, 자꾸 문갑 쪽에 신경을 써 문갑 속에 든 세금 목록과 돈을 꺼내 보여드렸더니, 고개를 끄덕이고는 이내 눈을 감을 만큼 철저했다"고 한다. 그도 그런 성격을 닮아서인지 "이기택 측근이 되면 출세 못 한다"는 말이 있을 정도로 인사나 청탁 문제에는 퍽 철저한 편이다.

그는 잘 알려진 대로 고려대 4·18데모를 주동한 인물이다. 3·15 부정선거를 앞두고 장이욱 선생이 대표로 있던 '공명선거추진위원회' 학생특별분과위원장을 맡았다가 4·18 고려대 데모를 주도하게 되었다. 5·16후에는 민주당 부산시당 청년부장을 지낸 후, 태광산업 분공장 공장장직을 맡았다가 고려대 총장을 지낸 신민당 당수 유지오씨가 불러 스물아홉 살의 나이로 전국구 국회의원이 되었다.

"한번은 현민 선생이 서울로 올라오라고 해서 찾아뵈었더니, 자네 국회의원 한 번 해볼 생각이 없는가? 내가 자네를 선택할 테니 한 번 해보게 하고 말씀하십디다. 저는 정계에 나설 마음을 먹고 있었으나 그렇게 빨리 나설 수 있으리라고는 생각 안 하고 있었습니다. 아마 현민 선생은 당을 맡으면서 제자 중에 한 사람을 정치인으로 발탁할 마음을 먹으신 것 같았으며, 대상자 10여명을 선정, 이미 그 뒷조사를 다 해놓은 터였습니다. 저를 선택하신 건 아마 제가 4·19 대표니까 그랬던 것 같습니다."

6선의원에 부총재 네 번

그는 처음 국회의원이 된 뒤 3선개헌 파동을 겪었으며, 그때 유진오씨와 찍은 사진 한 장을 애지중지하고 있다.

"그때는 그분도 정계 처음이고 저도 처음이었는데, 3선개헌 파동으로 야당이 국회를 점거 농성할 때입니다. 그때 현민 선생이 파이프 담배를 피우면서 이런 얘기를 하셨어요. '국가가 이래서는 안 되는데. 대화와 타협과 토론의 자리가 돼야 하는데. 군사정권의 속성이 민주주의를 파괴시키는 거구나. 내가 학자로서 정계에 투신한 것은 군사정권을 종식시키기 위해선데, 우리가 3선개헌을 저지 못 시키면 어떡하나. 자네들이 앞으로 더욱 나이를 먹고 정치적 경륜이 쌓였을 때쯤이면 민주시대가 와야 하는데.' 하신 말씀이 아직도 잊혀지지 않습니다."

그는 처음 국회의원이 된 뒤 "국민을 대표하는 사람은 인격을 갖추어야 한다. 가난한 국민과 더불어 살아야 한다는 생각을 해 왔으나 아직 인격자는 반도 못 되었다"고 고백한다. 다만 겨울이면 집에 불을 안 때 정치적 식객들조차 찾아오지 않을 정도로 근검한 생활을 해왔었다고 한다.

그는 71년 8대국회의원선거 때에는 부산 동래을구 지역구로 출마, 무난히 재선의원이 되었으며, 그 뒤 6선의원에다가 야당부총재를 네 번이나 역임하는 '고속성장'을 거듭해 왔다. 5 · 17 때는 정치 규제에 묶여 두문불출하다가 「한국야당사」를 써 보기로 작정하고 자료수집을 한 뒤 미국 펜실바니아 대학 객원연구원으로 1년 남짓 지낸 적도 있다.

"그때 '국보위'에서 혹시 정치규제가 부당하다고 생각하는 사람은 재심청구하라고 1주일 기간을 줬으나 저는 안 했습니다. 그때 재심청구를 안 했다가는 불경죄에 속하는, 어떤 보복을 당할지도 모를 듯한 그런 분위기였는데, 저는 우리 야당 정치인들은 절대로 재심청구를 하면 안 된다고 주장했습니다. 그 뒤 야당이 분열됨으로써 5 · 17을 가져오게 한 죄책감과 부끄러움으로 그냥 집에 틀어박혀 있다가 이대로 허송 세월을 보내서는 안 되겠다 싶어 김영삼 총재한테 투쟁의 깃발이 오르는 그날 다시 돌아오겠습니다 하고 미국으로 건너갔습니다. 미국에서는 혼자 밥 끓여 먹으며 「한국야당사」를 쓸 자료를 정리하고 영어 공부도 좀 하고 지냈습니다."

그러다가 어느 날, 그는 김영삼씨가 죽음을 각오한 단식투쟁을 한다는 소식을 듣고, 투쟁이 시작되면 돌아오겠다는 그 약속을 지키기 위해 '그날로 가방 하나만 달랑 들고' 서울로 달려왔다.

여기서 이씨의 정치 일정의 동반자인 이경희 여사와의 만남과 내조를 더듬어본다. 이여사는 5남매의 맏이로, 태어난 곳은 경기도 용인이나 부모 따라 서울에서 자란 그녀는 이화여대 생활미술학과를 다녔다. 그러나 졸업장은 없다. 4학년의 과정을 모두 마치고 다음해 2월 졸업장만 타면 되는데, 이 졸업장을 받기 전 이부총재와의 결혼이 전격적으로 진행돼 식을 올리게 됨으로써, '결혼한 사람에게는 졸업장을 주지 않는다'는 이화여대의 오랜 전통 때문에 받지 못했다는 것. 그래도 동창회에는 나가 졸업생 노릇을 한다고.

"사실 저는 졸업식을 가진 후 결혼식을 올리자고 했는데, 이 양반이 '그까짓 졸업장 무슨 상관이 있느냐. 다음에 다른 학교에 편입시켜 졸업장을 받게 해 주겠다'고 해서 졸업을 포기하게 된 것이에요. 그런데 지금까지도 그 약속을 지켜주지 않으셔요."

두 사람이 처음 만난 것은 1968년 12월 5일, 명동에 있는 유네스코 회관 13층의 레스토랑에서였다.

당시 이씨는 31세의 촉망받던 현역 국회의원이었다. 국회의원도 되고 했으니 늙은 총각 짝지워 주어야겠다고 친구들이 주선해서 선을 보게 된 것이다. 그리고 23일 후인 12월 28일 시민회관 소강당(지금 세종문화회관 자리)에서 결혼식을 올렸으니 그야말로 초스피드의 결혼이었다고 할 수 있다.

"한 달 뒤의 졸업식도 못하게 하고 식을 올렸으니 바쁘신 것입니까, 규수가 미인이어서 놓치지 않으려고 다그치신 것입니까?"고 물었더니, "국회의원이 홀아비 생활 하자니 보통 불편한 게 아니어서 서두르게 된 것"이라고 대답하는 것이었다.

이어서 처음 만난 장소를 기억하겠느냐고 물었다. 기억을 더듬는 듯하더니 되살려내지 못했다. 그러나 이여사만은 정확하게 기억하고 있었다. 역시 여인은 자기 운명이 뒤바뀌어질지도 모르는 첫만남의 추억을 잊어버릴 수 없었을 것임에 분명하다.

뒤에 국회의원이 된 4명의 함잡이들

또한 결혼식 전날 함을 지고 연희동의 신부집에 간 사람은 민자당의 최형우 의원, 김현규 민주당 부총재, 박관용, 서석재 의원이었다고 한다. 신랑은 국회의원이었지만 이 함잡이들은 모두 원외에 있는 풋나기 정치 지망생들이었다. 뒤에 이들은 모두 국회의원이 되어 오늘의 정계 중진으로 성장하게 된다.

키도 크고 미남형의 고대 학생회장으로 4·19를 주도한 유명 인사였던데다 부잣집 아들에 국회의원이기도 한 그에게 그 동안 여자가 없었다면 어딘가 아귀가 맞지 않은 것 같았다.

"따르는 여자가 없었던 것은 아니지만 꼭 집어 연애했던 그런 여자는 없었습니다. 제가 너무 유명(?)해 버려 그런지도 모르죠. 사실 제가

총각으로 국회의원이 되었을 때 여자 관계를 집중적으로 추적한 기자
도 있었습니다. 아무것도 드러나지 않으니까 결혼 못할 사람이 아닌가
의심하기도 했다더군요. 허허."

이기택씨는 경북 영일군 청하면 필하리에서 머슴 서너 명을 두는
중농 집안의 4남매 중 막내로 태어났다.

해방 후 부친이 부산으로 나와 고무신 공장을 차리게 됨에 따라 6·
25의 전화도 피하게 되고 부산을 고향으로 삼게 되었다.

그의 오늘을 있게 한 것은 고려대 진학에서 비롯되는 것.

4학년 때 고려대 총학생회장에 당선되고 그해 4월 18일 신입생 환영
회를 구실로 3·15부정선거 규탄 시위를 주도하게 된다. 이 데모대는
당시 국회의사당까지 진출했다가 귀교 도중 정치 깡패들의 습격을 받게
됨으로써 4·19로 이어지게 돼 역사의 한 시대를 장식하게 되었다는
것은 이미 잘 알려진 일이다.

그는 이 같은 큰 일을 벌이는 주역으로 등장해 세인의 각광을 받게
되고, 뒤에 은사인 유진오 박사가 신민당수가 되면서 전국구 국회의원
(7대)이 된다. 29세의 총각 시절이었다.

그래서 그에게는 항시 '4·19주역'이라는 레텔이 떨어질 수 없게 되어
있다. 이 때문에 해마다 4월이 오면 인터뷰다 대담이다 하고 불려나가는
일이 많아진다.

"요즘 4·19주역들이 실리를 찾아간 사람이 많아 그 정신이 굉장히
퇴색한 느낌"이라고 했더니, "꼭 그렇지만은 않지요. 각자 자기 소신과
입장에 따라 길을 가는 것이니까요. 그리고 그들도 그 실리 안에서
4·19정신을 펼치려고 상당히 힘쓰고 있을 것"이라고 우회해서 말하는
것이었다. 그리고 "4·19에 앞장섰다는 사실이 지금도 큰 의미를 지닐

것인가"에 대한 본인의 말은 이렇다.

"우선 저 개인을 위해서도 잘한 일이라고 생각합니다. 저는 야당 정치를 하면서 항상 4·19의 멍에를 지고 정치를 해야 한다고 느끼거든요. 야당 정치가 어려울 때도 '나는 4·19세대다. 그러므로 4·19에 오점을 남기는 일은 안 해야겠다'는 것을 항시 염두에 두고 행동하고 있습니다."

그러면서 그는 4·19에 대한 역사적 의의는 참된 민주화가 이루어졌을 때 제대로 내려질 수 있다고 말한다.

"3·1운동은 외세에서 벗어나 자주성을 회복하자는 것이었습니다. 그렇다면 일제로부터 나라를 다시 찾은 그 광복의 순간부터 일단 달성했다고 볼 수 있습니다. 그러나 4·19 정신은 적어도 군사정권이 종식되고 헌법이 민주적으로 개정되어 선거다운 선거, 정치다운 정치가 이루어질 때까지는 계승되어야 한다고 믿습니다. 그러니까 우리나라가 참된 민주사회를 이루어 이만하면 되겠구나 할 때까지 4·19 정신은 계승되어 그 밑거름을 이루어줘야 한다고 생각합니다."

역시 4·19 주도세대다운 말이다. 어쨌든 4·19하면 이기택, 이기택하면 4·19를 연상케 되어 있음은 분명하다.

7대의 최연소 국회의원

그는 또 그 공로로 최연소 국회의원이 되어 그의 앞길이 창창하게 열리게 된다. 그래서 이여사와의 결혼도 자신만만하게 밀고 나갔었는데 난데없이 반대의 벽에 부딪히게 된다. 이유는 오히려 국회의원이라는데 있었다.

　독실한 기독교 집안인 이여사의 부모와 외조부가 반대했던 것. 오랫동안 영락교회 장로로 봉사해 온 외조부는 부산에서 두 번이나 국회의원에 출마했다가 떨어진 정치지망 실패생이었다.

　선거운동하느라 가산도 탕진하고 집안 식구들의 정신적·육체적 피로도 겹쳐 '국회의원을 해서는 아니 된다'는 어떤 터부 같은 것이 잠재되어 있었기 때문이다.

　그러나 '동경심' 없지 않아 약간 주춤거렸을 뿐 예정대로 진행되어 성혼되기에 이른다.

　이기택씨는 전국구인 7대에 이어 8대부터 10대까지 신민당 공천을 받아 부산 동래구에서 당선되고 진민당 정무위원, 사무총장을 거쳐 42세의 젊은 나이로 부총재에 선출된다.

　11대 때는 정치 규제에 묶여 쉬고, 12대 때는 자기의 절친한 친구이자 보좌관을 했던 박관용 의원에게 선거구를 물려주고 해운대 남구에서 출마하여 당선된 후 세번째 부총재직을 맡게 된다.

　이기택 대표에 대한 평가는 두 갈래가 있다. 강직하고 성실 근면한 정치인이라는 극찬이 있는가 하면, 87년 신한민주당이 분당되고 통일민주당이 창당될 무렵 이기택씨가 무소속으로 남았으며, 민자당 3당 합당 때 김영삼씨를 따르지 않고 민주당을 창당한 사건 등을 들어 그를 시기하고 상처를 입히려는 세력들은 '기회주의자'라고 혹평하기도 한다.

　이처럼 "이기택 총재는 왜 기회주의자라는 말을 듣는가"하는 의문에 대해 접근해 보지 않고서는 그에 대한 연구가 큰 설득력을 지니기 어렵다는 생각도 들었다. 또 이 문제에 대한 접근이야말로 이기택 대표를 연구하는 지름길로 여겨지기도 했다. 그래서 필자는 그의 측근이거나 그의 반대 입장에 있는 이들에게 "이기택 대표는 왜 그런 말을 듣는가"

하는 질문을 나름대로 던져보았다.

그 질문에 대한 답은, 첫째 그의 성격적 특질, 둘째 한국 야당의 시대적 특질, 셋째 정치 변혁기에 일어난 구체적 사건에 대한 대응 등 세 가지로 나눌 수 있었다.

양 김씨 칼날 위에서 살아온 사람

먼저 이기택씨의 성격적 특질을 살펴보면 "매사에 무척 조심스럽고 깊게 생각하며 무리하지 않고 위험한 승부를 잘 걸지 않고 온건 신중하다"고 할 수 있다. 예를 들어 민자당 김영삼 대표최고위원과 비교해보면 이렇다. 김영삼씨는 한 가지 사태에 대해 긍정적 측면과 부정적 측면이 51대 49일 때, 그 51을 100으로 믿고 행동하는 성격이라면, 이기택씨는 그렇지 않은 편이다.

그는 긍정적 측면과 부정적 측면이 70대 30일 때 그 70을 보고 행동을 하더라도 사장시킨 나머지 30의 가능성을 끊임없이 생각하고 걱정하는 사람이다. 그의 그런 성격을 부정적 시각으로 보면 우유부단하고 선명성이 없다고 볼 수 있다. 특히 흑백 논리로 양분된 극한대립의 시대, 카리스마적인 지도자가 필요한 시대에서는 그의 신중하고 합리적인 성격이 기회적인 모습으로 비쳐질 수도 있을 것 같았다.

그러나 그의 그런 성격을 기회주의적이라고 보지 않을 수도 있다. "혹시 타산적이라는 용어를 사용한다면 모를까 기회주의라는 말에는 긍정하기 어렵다"고 지적하는 사람도 있다. "그는 매사에 장고파(長考派)다. 아무리 급박한 상황이라도 일단은 예상되는 후일의 이해득실을 따질 만큼 전후좌우를 살펴보는 형이다. 장고형은 원래 그런 오해를 받기 쉽다"는 것이 그 이유다.

"돌다리도 두드리고 건너가는 성실한 사람"이란 소리를 듣기도 하고, 또 통이 좁아 "중소기업체 사장 했으면 딱 좋겠다"는 비난의 소리를 듣기도 한다.

다음 두번째로는 한국 야당사의 특질을 총체적으로 바라보는 시각에서 그 문제를 생각해 보아야 한다는 의견이 있었다. "70년 이후의 한국 야당 20여년은 양 김씨라는 두 사람의 독보적 존재에 의해 형성돼 왔다"는 사실을 기본 전제로 깔지 않고서는 그를 이야기할 수 없다는 의견이었다.

즉 이기택씨는 한 마디로 양 김씨의 칼날 위에서 살아온 사람이라는 것이다. 그는 양 김씨의 칼날을 양쪽 옆구리에 대인 상태에서 운신을 해왔으며, 조금만 한쪽으로 치우치면 곧바로 상대방 쪽의 칼날이 날아 들어오는 그런 상태였다는 것이다. 따라서 그 칼날에 베이지 않기 위해서 가능한 한 어느 한쪽으로 치우치지 않으려고 한 그의 모습이 남들이 보기엔 기회주의적인 모습으로 비치기도 했을 것이라는 이야기다.

양 김씨에 대해 부정적인 시각을 가지고 있으면서도 그 안에 들어가야만 살 수 있었던, 일단 정치적 생존에 대한 위기의 바람이 불어닥치면 그 안으로 쑥 들어가 버리는 일반적인 형태에서는 더욱 그러하다는 것이다.

특히 양 김씨가 야당을 독점해 온 20년 가까운 세월의 형국은, 그들이 정권을 잡기에는 시간이 너무 먼 데다, 밑의 후배들은 점차 커 나오는 그런 형국이었으며, 그 후배들 중엔 추종과 순종보다는 도전적 형태를 띠는 이들도 있어 양 김씨는 그런 새로운 도전자들을 견제하려는 심리가 농후했다는 것이다.

그런 형국 속에서 특히 이기택씨는 그 도전 세력의 대표적 인물이라는 주장이다. 독자 조직으로 경선에 나서기도 해 양 김씨의 견제를 받기도 했으며, 그를 보고 기회주의 운운하는 것은 그 견제에서 생긴 흠집 중의 하나라는 것이다.

또 하나 빠트릴 수 없는 것은 지난 날의 시대적 측면에서 그를 생각해 봐야 한다는 점이다. 양 김씨를 따르고 지향하는 세력은 민주화와 선명성이 두드러진 세력이고, 양 김씨를 따르지 않는 세력은 이합적이고 기회적이며 불선명한 세력이라고 규정짓던, 군사독재정치에 항거하던 지난 시대에서는 그런 인식을 받기가 쉽다는 주장이었다.

무소속 선택으로 비난도 받아

다음 세 번째, 정치적 변혁기에 일어난 구체적인 사건에 대한 대응으로는 87년 신한민주당이 분당되고 통일민주당이 창당될 무렵, 이기택씨가 양 김씨를 따라가지 않고 무소속으로 남은 사건이 손꼽혔다. 그는 "무소속을 선택한 그때 이후부터 그런 소리를 듣게 되었다"는 것이다.

그 무렵 김대중·김영삼씨가 권력층에 의해 거세될 것이라는 소문이 있는 판에 그가 무소속을 선택하자, 그때부터 정계에서는 "이기택은 기회주의자다"하는 말이 나돌았다고 한다. 그것은 양 김씨가 거세당하고 나면 5공 초기 때처럼 공작정치에 의해 권력층에 잘 보인 사람이 야당 당수가 될 것이 아닌가. 이기택은 그걸 노리고 무소속으로 남았다고 하는 이유 때문이었다.

그때 이기택씨는 멀쩡한 당을 양 김씨가 나서서 왜 깨느냐고 반발했다. 두 김씨가 무엇인데 당도 마음대로 깰 수 있고 또 마음대로 만들

수 있느냐 하는 불만과 울분이 있었다. 그는 양 김씨에 대한 도전 세력으로서 곧 다가오는 전당대회에 총재 후보로 나설 생각을 가지고 있던 참이었다. 그런데 양 김씨가 자신들의 추종 세력들만 가지고 '헤쳐 모여' 하니 그로서는 당연히 반발할 수밖에 없었다. 특히 '이민우 구상'이 나왔을 때 양 김씨는 각기 따로 서명을 받았다. 통일민주당 창당에 동조를 하지만 어느 편이냐, 누구 편이냐를 분명히 하라는 서명이었다.

이기택씨는 당시 자신의 계보 조직 '민사회(민주사상연구회)' 의원들끼리만 이민우 구상에 반대한다는 서명을 했으나 그게 양 김씨에게는 먹혀들어가지 않았다. 이때가 이기택씨로서는 가장 괴로운 때였으며, 결국 무소속을 선택하자 기회주의자라는 비난을 받게 되었다.

국민들은 당시 반독재 투쟁이 절정에 달했을 때인데, "왜 이기택씨는 양 김씨와 함께 민주화 투쟁의 선명한 길로 나서지 않고 무소속으로 남아 피해 가는가"하는 생각을 가진 것이다. 그 이후 그에 대한 그런 인식을 마치 확인이라도 한 듯한 일이 일어난 것이 바로 3당통합 직후의 일이다. 적어도 일부 국민들은 당시 그가 민자당 합당에 동참하려다가 도중하차한 것이 아닌가 하는 의구심을 가진 것이다.

'나는 억울한 상처가 많은 사람'

이기택 총재는 자신에 대한 그런 말들에 대해 강한 반발감 내지는 그 어떤 '컴플렉스'를 지니고 있을지도 모른다. 어쩌면 그런 말들이 그의 심경을 후벼파는 말처럼 들릴지도 모른다. 그러나 이제는 새 시대를 향한 한 정당의 대표가 되었으므로 그러한 문제를 일단 짚고 넘어가는 일이 옳을 것이다.

"제 자신은 지금까지 한 사람의 정치인으로 살아오면서 억울하게 느껴지는 일이 참 많았습니다. 과거 정치 세력간에 흑색선전, 마타도어, 그런 일들이 많았는데 저는 거기서 늘 본의 아니게 상처를 많이 입어온 사람입니다. 솔직히 제가 제일 억울하다고 생각하고 듣기 싫어하는 말이 바로 기회주의자라는 말입니다. 제가 지금까지 정치를 해 온 과정을 살펴보면 저는 한 번도 그런 적이 없는 것 같은데 그런 말들을 합니다."

그는 자신의 성격상 도저히 그런 행동을 할 수 없다고 했다. 그러면서 자신의 관상을 한 번 보라고 했다. 원래 얼굴이 시꺼먼 사람들은 고집이 좀 센 편인데, 자신은 "눈썹도 시꺼멓고 얼굴 피부도 시꺼멓다"고 했다.

"오늘날까지 두 김씨의 핵우산 밑에 속하지 않은 야당 정치인이 건재한 모습을 제대로 본 적이 있습니까. 양 김씨의 권위주의 체제 사이에서 저만큼 뼈저린 설움을 받아오면서 독자적인 길을 걸어온 사람도 없을 것입니다. 두 김씨의 핵우산 밑에 있지 않았다고 그 동안 오해를 받아왔으나, 저는 묵묵히 참고 제 할일을 해왔다고 자부할 수 있습니다."

그는 지금까지 "상도동계·동교동계라고 해 본 적이 없으며, 그 두 분과 더불어 정당을 해 오면서 민주화의 대열을 한 번도 이탈해 본 적이 없다."고 했다. "김영삼씨와 당의 노선을 함께 했으나 그 분의 세력 산하에 있어 본 적은 없었다"는 것이다.

"또 이야기하는 거지만, 저는 고려대 학생위원장으로서 부모님한테 유서까지 써놓고 고대 4·18데모를 계획하고 진행시켰던 사람입니다. 4·19의 선봉장이었기에 4·19대표로 국회에 들어온 사람입니

다. 지금까지 4·19 정신을 한시도 잊어본 적이 없는, 그래서 4·19
가 오히려 피할 수 없는 정치적 멍에가 되는 그런 사람입니다.”

6·3데모 때도 “3선개헌반대 범청년민족투쟁위원회를 조직, 국회의
사당 앞에서 ‘자킷 데모’를 벌이면서까지 3선개헌 저지 투쟁에 나서기도
한 사람입니다.”

이제 양 김씨 중 YS는 여당의 대권주자로 DJ는 역시 야당의 대표격
으로 차기 대선에 출마하게 됐다. 그러나 다음 대권주자는 여당이든
야당이든 이기택씨의 차례가 근접하고 있다는 게 정치 전문가들의 공통
된 견해이다.

◇ 朴哲彦

차세대의 대권주자 박철언 의원은 상대방도
없는 '새도 복싱'에 열중하고 있다. 박의원은
"기성 정치권이 국민에게 실망을 주고 있다는
사실을 확인하는 경우가 많다"고 개혁정치의
기수, 통일시대의 새 일꾼 박철언은 강조한다.

朴哲彦

政治九段의 시대는 가고

"정치9단들의 시대는 가고 박철언 시대가 열리고 있다." "그가 한국 정치의 고삐를 휘어잡았다." "이제 박장관의 향방을 놓치면 한국 정치의 흐름을 볼 수 없다."

금년 51세의 박철언 의원. 그에 대한 정치 평론가들의 시각은 대충 이런 것들이었다. 그는 지금 벌어지고 있는 정계 개편의 주역 중 주역이다. '정치9단'으로 회자되어 온 3김씨도 이제는 싫든 좋든 정계 개편으로 구획 정리된 입지 위에서 행마를 할 수밖에 없다. 그는 거대 보수 신당에서 최대 계보를 부리는 강자로 떠오르고 있다. 현역 의원 30여명 등을 중심으로 구성된 박철언씨의 월계수회는 소속 의원 60여명 규모의 노대통령 직계인 박철언계로 배증하겠다는 움직임이다.

원내 의석 2백16석의 보수 신당에서 민정계(1백27석)는 박철언계 이외에 이종찬계와 이한동계, 김윤환계 등 3, 4개 계보로 분화되고, 이

3, 4개 계보는 박태준씨가 조정역을 맡아 필요한 경우 범주류로서 민주계 및 공화계에 대처한다는 구상이다. 그렇다면 박철언씨는 민정계의 '황태자'인 셈이다. 이 같은 풍향에 따라 박철언계의 세 흡인력은 갈수록 가속화할 낌새다. 그런 박장관의 힘은 어디에서 연유되는 것인가.

민정당 대표위원 시절의 노태우씨는 '박철언'이라는 심복의 도움이 없었다면, 후계자가 용납되지 않는 권위주의적 정치 풍토 속에서 일찌감치 패배자가 되었을지 모른다. 전두환 시대의 노태우씨는 명목상 집권당의 대표위원이었을 뿐 그가 가진 실질 권한은 결코 '대표'답지 못했다. 노대표에게는 당내 인사권은 물론 재정권도 주어지지 않았다. 그 시절 파워 랭킹 2위였던 장세동 안기부장은 그 스스로가 '후계자'임을 시사하기도 했다.

당시 민정당의 고위 당직자들도 노태우씨의 대권 승계를 믿지 않았다. 오직 한 사람, 박철언씨만이 노태우 시대를 준비했다. 5공 시절의 박철언씨는 청와대 정무제1비선관과 법률특보, 장세동 안기부장의 특별보좌관으로 재임하면서 고급 정보에 목마른 노태우 대표의 '갈증'을 풀어주었다. 당시 노대표와 박철언씨는 1주일에도 몇 번씩 극비로 만났던 것으로 전해진다. 박철언씨에 대해 전두환 당시 대통령은 자신과 노대표가 '공유한 사람' 정도로 생각한 듯하지만 그것은 오해였다.

박철언씨는 측근들만 모인 사석에서 "나는 전두환씨가 대통령이 된 그 시점부터 노태우씨를 차기 대통령으로 만들기 위해 준비한 사람"이라고 말한 것으로 알려졌다. 그래서 5공헌법의 유지를 골자로 한 87년의 4·13선언의 기안에 참여한 박씨는 그 내용에 원안엔 없었던 전두환 대통령의 단임 실천 부분을 삽입, 당시 안기부장 장세동씨로부터 '질타'를 받았다고도 한다.

노태우씨가 그의 시대를 열게 된 데는 그 자신의 조심스러운 처신에도 힘입은 바 크지만, '박철언'이란 심복을 내밀하게 둘 수 있었다는 점을 결코 간과할 수 없다. 그것은 박정희 시대의 잠재적 후계자였던 김종필씨가 대권에 다가가지 못한 이유가 권력 핵심부에 그의 '사람'이 없었다는 점과 대비해 보면 흥미있는 대목이다.

여권 권력 암투의 최종 승자

3당 합당으로 노대통령은 본격 통치기를 개막시킨 박철언씨에게 감히 그의 발목을 잡을 만한 사람은 이제 핵심부 안에는 없다. 그는 88년 4·26총선에 앞서 민정당대표위원을 지낸 권익현씨 등 현역 의원 30여명을 공천에서 제외시키는 일에 참여했다. 이에 대해 그의 정적들은 "박철언씨가 차기를 겨냥, 자기와 경쟁 상대가 될 만한 중진 의원들을 모조리 제거한 것"이라고 풀이했다.

이어 그는 당시 청와대 정무수석 최병렬씨 등을 앞세워 연희동 사저로 돌아간 전두환 전대통령을 백담사로 '유배'시켰다. "그 시나리오의 배후는 박철언씨"라는 것이 전씨 측근들의 시각이다. 그는 노대통령과 김대중 총재의 '밀월'로 89년 3월 '중간평가'를 공약화하는 데 '연결 고리'의 역할을 했다. 그 대신 광주사태 당시 특전사령관이었던 정호용씨가 공직에서 추방되었다. 이를 정씨 측근들은 "TK의 실세를 장악하려는 세력의 장난"이라고 본다.

그래서 정호용씨는 그의 의원직 사퇴에 앞서 30여년 친구인 노대통령에게 '친인척의 배제'를 권유했지만 헛수고였다. 정씨를 지지한 '서명파' 의원들이 박철언씨가 주도하는 사조직의 해산을 집단 건의했지만 노대통령은 "그건 내가 시킨 일"이라고 말한 것으로 전해진다. 한때 박철언씨가 정호용씨계 등의 반격과 여권 증진들의 포위 공격으로 곤경에 처했으나 김대중 총재가 박철언씨를 '예의바른 사람'이라고 추켜세우는 등 측면 지원을 했다.

그럴 무렵에 김대중 총재는 민정·평민의 축으로 정국을 주도하면서 대권에 다가선다는 구상이었던 듯하다. 그래서 김총재는 여권 내부에서 6공파와 5공파의 암투가 전개될 때마다 일관되게 6공파를 지지한 것이다. 당시 김대중 총재가 권력 심부의 은밀한 움직임을 잘못 읽게 하는 데에는 노대통령의 처남인 김복동씨의 '조연'에도 영향을 받은 것 같다. 차기를 향해 다양한 활동을 벌여온 김복동씨는 영남·호남의 연합으로 집권, 권력을 나누는 구도에 매달리고 있었다.

김복동씨는 30여년의 친구인 정호용 의원을 치는 데도 나섰고, 김대중·김복동 밀약설도 뿌렸다. 서울대, 고대, 연대의 최고경영자과정 총동창회장이라는 '감투'를 한꺼번에 쓰는가 하면, "김복동씨가 집권자가 된다"는 것을 노골적으로 암시하는 책자가 난데없이 튀어나오기도 했다. 그런 직후 그 책의 저자와 김복동씨의 측근들이 모처에 연행되었고 이어 그의 기세도 꺾었다.

박철언씨는 평민당을 따돌린 3당 합당의 주역이었으면서도 한편으로는 김대중 총재를 향한 창구도 계속 열고 있었다. 김대중 총재는 89년 12월 31일 전두환씨의 형식적인 국회 증언으로 '5공청산'에 사실상 합의해 주었다. 김대중 총재는 그가 정국 운용의 지렛대로 구사할 수 있는 광주 사태의 진상 규명 등 '무기'를 너무 쉽게 내던진 셈이다. '당대의 지모'로 손꼽혀온 김대중 총재로선 그가 눈치조차 채지 못했던 3당 합당이야말로 배신감을 짙게 느낄 만한 대목이다.

박철언씨가 주도한 정계 개편으로 '정치9단'들은 운신과 선택의 폭이 좁아졌다. 여소야대 구도 하의 제1야당 당수로서 한국 정치의 고삐를 잡았는가 하면 4당 구조에서 단결된 지지표로 차기를 겨냥했던 김대중 총재에게는 대권의 길이 한 걸음 멀어졌다. 전통 야당의 '적자'를 포기한 김영삼씨는 이제는 보수 신당이 실패하더라도 되돌아갈 고토가 없어졌다. '일수불퇴'의 도박을 하고 있는 김영삼씨로서는 다소의 불이익이 있더라도 보수 신당에 정치적 명운을 걸어야 할 판이다. 김종필씨에게도 정치적 지분 확보를 위해서는 이제 보수 신당 이외의 선택은 별로 없다.

보수 신당의 출현으로 가장 큰 타격을 받은 사람은 전두환씨일 수밖에 없다. 누가 뭐라 해도 민정당은 전두환씨가 만든 당이며, 그 자신 또는 그의 측근들이 재기하려면 민정당이 바로 정치적 발판인 것이다. 민정당의 간판이 내려졌다는 것은 그들에게 결정타를 가한 것이다. 김영삼씨계의 황락주 의원 같은 이는 "민정당의 해산이야말로 똑 떨어지는 5공 청산"이라는 의미 있는 분석을 했다.

정계 개편은 여권 내에서 대권을 겨냥했던 이종찬, 김복동씨 등에게 몹시 실망스런 것이었고 3김 이후를 노렸던 이기택씨 등 야권의 제2세대들에게도 정치적 행보에 차질을 빚게 했다. 그렇다면 몇몇 사람 이외엔 그 누구도 눈치채지 못했던 보수 신당 창당 시나리오는 언제부터 시도된 것일까?

이에 대해 김영삼씨는 89년 6월 소련 방문 직후 청와대에서 노대통령에게 보수 신당을 제의했다는 주목할 만한 발언을 했다. 김영삼씨는 소련 방문 후 귀로에 들러 미국무부, 국방부 요인들과 만났다. 특히 김영삼씨는 펜타곤엔 수행원 없이 혼자 들어가 브리핑을 받았다. 김영삼씨의 방미 직후엔 김종필씨가 미국을 다녀온 뒤 노대통령을 만났다. 두 김총재에 앞서 박철언씨는 89년 5월 2주간 미국을 방문했다.

보수 신당 창당의 주역들이 거의 비슷한 시기에 미국을 방문한 것은 우연의 일치일까? 바로 그 무렵, 당시 청와대 정책보좌관실에서 모 언론인을 만난 박철언씨는 당시 1시간 30분간의 인터뷰를 했다. 그러나 당시로서는 3당 합당이란 기상천외의 시나리오를 점칠 수 없었음은 물론이다. 다만 이런 질문을 했다.

"6공화국의 양다 정책 기조는 북방정책과 보수대연합의 추진인 것으로 알고 있다…… 이번에 김영삼 총재가 소련을 방문하고 모스크바에서는 허담과 회동했다는데, 이에 대해 어떻게 평가하는가?"

이렇게 물었던 것은 김영삼 총재가 대북 창구인 박철언씨의 양해 없이 북의 조국평화통일위원장 허담과 만날 수 없었을 것이란 생각 때문이었다. 그렇다면 튼튼한 김영삼·박철언 파이프 라인이 있었다는 이야기다. 그런 계산을 바닥에 깐 질문에 박철언 보좌관은 다음과 같이 답변했다.

"우리는 김영삼 총재의 활동을 매우 긍정적으로 평가한다. 김총재는 사전에 우리와 긴밀하게 협의해 주었고, 소련과 미국 체류 중에 국가 이익과 우리의 정책 기조를 바탕으로 해서 한 목소리로 그쪽과 접촉해 주었다."

이때 박철언 보좌관의 발언 중에서 주목되는 부분은 김영삼 총재가 소련뿐 아니라 미국 체류 중에도 '우리의 정책 기조'를 바탕으로 해서 '한 목소리'로 접촉했다는 대목이다.

박보좌관은 기자에게 '힌트'만 주고 "더 궁금한 것은 민주당 쪽에서 알아보라. 내가 여기서 길게 이야기하는 것은 부적절하다"면서 기자들의 추가 질문을 막아버렸다.

김영삼씨가 최근 슬쩍 흘린 보수 신당을 구상했던 '시점' 그리고 박철 언씨가 기자들에게 주었던 '힌트' 등을 종합해 보면 보수 신당 주역들은 적어도 7, 8개월 이전에 벌써 정치 구도의 밑그림을 그려두고 있었다는 이야기다.

그럼에도 보수 신당의 주역들은 3당 합당의 신나리오를 감춰두고 내각책임제로 개헌문제를 슬쩍 흘리고 있었다. 내각제 개헌에는 김대중 총재까지도 긍정적으로 검토해 보겠다는 상황이었다. 그래서 박씨에게 "노대통령 이후의 바람직한 권력 구조는 무엇이냐"는 질문을 했는데 이런 답변이 나왔다.

"지난 대통령 선거와 같이 사생결단식의 직선제는 문제가 많아 걱정 스럽다. 우리에게 맞는 헌정 구조와 국민이 원하는 제도기 같이야 하는데, 이 시점에서 단정할 수 있는 간단한 문제는 아니다. 그러나 인적 인연을 바탕으로 한 정당 제제로 극한 대결을 벌이는 것보다 색깔을 분명히 한 정당이 그 노선에 따라 정책 경쟁을 하는 것이 의회 정치의 올바른 방향이라고 생각한다."

여기서 주목되는 부분은 박철언씨도 김종필씨와 거의 비슷한 시기에 '색깔론'을 거론했다는 점이다. 그런 박보좌관의 의미 있는 시사가 있었 는데도 그날 인터뷰의 질문은 그가 주도하는 북방정책과 그의 방미와 관련된 것에 초점이 모아졌다. 박철언씨의 방미는 그가 원해서가 아니라 미국 정부측의 희망과 박동진 주미대사가 권유한 것으로 알려졌었다. 또 그의 미국 체류시 고위관리와의 면담 기회가 주어지지 않고 실무급 들만 접촉했다는 소식이었다.

미CIA에 가서는 그가 무려 4시간 동안이나 '브리핑'을 받았다는 보도도 있었다. 외신은 그와 미국 관리들이 '솔직한' 의견 교환을 했다고 전했다. 외교 용어로 '솔직한 의견 교환'은 '이견'을 포함한 '의견' 교환이다. 북방정책을 주도하던 대통령 정책보좌관 시절의 박철언씨는 일부러 주한 미국대사 등이 베푸는 파티엔 얼굴을 내밀지 않는 처신을 해왔었다.

정책보좌관 시절의 박철언씨는 안기부장, 외무부장관, 국토통일원장관을 제치고 북방외교를 주도했고 대북한 파이프 라인이었다.

북방외교의 첫 결실은 헝가리와의 국교 수립이었다. 그때의 역할로 박철언씨는 '박신저'라는 별명을 얻었다.

88년 7월 6일 박철언씨를 단장으로 한 우리 대표단 6명은 헝가리의 수도 부다페스트에 들어갔다. 2명씩 3개 소조가 일반 여행객을 가장하여 잠입한 것이다. 그때의 작전명이 '푸른 다뉴브강'이었다. 그로부터 10여 차례의 마라톤 교섭 끝에 박철언씨가 그로스 당시 수상과 담판을 했다고 한다.

88년 8월 중순엔 그로스 수상의 전권 특사가 방한, 박보좌관 등과 8, 9차례 비밀회담을 했고 문서화했다. 이때 박철언씨는 우리 대표단의 고문 자격이었다. 8월 26일 양국은 상주 대표부 설치에 관한 협정에 조인하고 9월 13일 동시 발표했다.

발표 하루 전인 9월 12일 우리 정부는 미·일에, 헝가리측은 북한 등에 사전 통고했다. 북한은 헝가리 대사인 김평일(김일성의 차남)을 소환, 불만을 표시했다.

박철언씨는 대북한 밀사 역할도 했다. 그는 89년 1월 24일 싱가포르에서 북한 외교부 부부장 한시해와 비밀접촉을 한 것으로 세계일보가 특종보도했다. 이수정 청와대 대변인은 즉각 부인 논평을 했지만, 이때

박보좌관은 한시해에게 우리측의 '체제연합통일안'을 설명한 것으로
전해진다.

북방정책 주도하는 '박신저'

89년 봄엔 현대그룹 명예회장 정주영씨(현 국민당 총재)가 북한에
들어가 '금강산 붐'을 일으켰다. 정회장은 금강산 개발뿐 아니라 시베리
아 진출의 청사진도 갖고 있었다. 청사진은 시베리아에 대규모 댐과
발전소를 건설, 그 전력으로 시베리아 원시림을 벌채, 펄프를 만들어
세계 종이시장을 석권한다는 등의 거창한 것이다.

북한에서 깜짝 뉴스를 만들어놓고 김포 공항으로 들어온 정주영 명예
회장은 공항에서 대기 중이던 안기부 요원의 안기부행 권유도 뿌리치고
청와대 정책보좌관실로 직행한다. 그래서 정회장의 북행은 '박철언씨의
작품'이란 것이 정설화되었으며 북방정책의 주역이 누구라는 것도 증명
했다.

그래서 박철언씨는 당시의 안기부장 박세직씨와는 불편한 관계였다.
안기부뿐만 아니라 외무부, 국토통일원 등 관계 부처 모두와의 사이에서
불협화음이 새어나왔다. "백면서생이 독주한다"는 불만이 쏟아졌다.
이에 대해 박철언씨는 기자들에게 이렇게 털어놓았다.

"국내에는 북방정책에 관해 전문적으로 연구, 분석, 전망해 온 팀이
없었다. 나는 일선 법률가로서 민족 분단에서 기인된 비극적 사건을
다루면서 민족통합을 위해 무언가 헌신해야겠다는 각오를 가졌다.
그러다 정부의 북방정책을 다루는 팀장(주 : 안기부장 특별보좌관)
으로 이 문제를 집중적으로 분석, 연구해 왔다. 공산권과도 공개외교

를 해야 한다는 비판을 하지만 그것은 그들과 관계 개선을 하지 말자는 이야기다. 분단 상태의 장기화로 국내에는 사회주의 국가들과의 관계 개선을 바라지 않는 세력이 엄존하고 있다. 상대국에서도 초기엔 공개 외교로는 접촉을 않겠다는 입장이었다.”

일에 대한 집념이라는 면에서는 당시 안기부장 박세직씨도 결코 박철 언시에게 앞자리를 양보할 수 없는 인물이었다. 박부장은 북방정책은 당연히 안기부가 주관해야 한다는 입장이었다. 그런 만큼 둘 사이는 갈수록 벌어졌고, 박철언씨는 H씨를 안기부장으로 밀고 있다는 이야기도 나돌았다. 후임 안기부장 H씨는 아니었지만 아무튼 박세직씨가 물러났다. 반면 박철언씨는 그가 다음 포스트로 희망했던 대로 국회와 행정부의 가교 역할을 하는 정무장관으로 올랐다.

청와대 정책보좌관 시절 박철언씨는 ‘노대통령 인사의 최종 협의자’이며 ‘중간평가 불실시의 막후’였다. 그는 대통령의 보좌관에 불과했지만 민정당, 내각, 안기부의 대표 등이 참석하는 중요 정책 결정회의에 으레 청와대 대표로 참석했다.

당시의 한 장관은 “대통령이 너무 그의 말만 듣는 것 같다”고 했고, 한 여당 의원은 “그가 관여 안 하는 것이 없다. 심지어 여당을 관리하려 드는 것 같다”고 말했다.

그런 박철언씨가 정무장관으로 민정당의 일에 관여하자 당내의 반발도 상당했다. 그도 민감한 발언을 자주 했다. “현재와 같은 4당 구조는 국민화합 차원에서 매우 부자연스러운 것으로 정계가 한 차례 정리되어야 한다” “다음 선거에서 민정당이 단독 집권하는 것이 최선책이지만 어렵다면 차선책으로 색깔이 비슷한 정파끼리 모일 수도 있다.”

3당 합당 결정 6개월 전에 이렇게 정계 개편의 필요성과 그 방향을 거론했는가 하면 노정권의 3단계 통치 구도론까지 밝히기도 했다. 그것은 ▲ 1년 6개월 간의 정권 인수 및 5공 청산기, ▲ 2년 간의 본격 활동기, ▲ 나머지 1년 6개월 간의 차기 집권 준비기 등을 내용으로 한 것이었다.

공안정국으로 궁지에 몰렸던 시기

박철언 의원은 장관 시절 선배 당직자들에 대한 평가도 서슴지 않았다. "박준규 대표위원은 대화와 자유스런 분위기 등으로 당을 잘 이끌고 있다." "이종찬 사무총장의 취임으로 당이 활력을 찾았다." "김윤환 원내총무는 여러 어려운 상황에서도 5공청산 문제의 해결을 위해 혼신의 힘을 다하고 있다."

박장관의 인물평은 언뜻 덕담으로 들릴 수도 있었지만 후배에게 이런 '칭찬'을 받은 선배로선 결코 유쾌할 수 없었다. 그래서 당시의 핵심 당직자들은 박장관에 대해 '교만' '다재 부덕'이라는 어휘를 구사하면서 "월권적 행동은 당연히 문제삼아야 한다"고 발끈했다.

박철언씨는 그의 세력을 확산시킨 만큼이나 반대파를 양산했다. 김용갑씨의 총무처장관직 사직, 민병돈 육사교장의 졸업식 치사 파동 등에 이은 문익환씨와·서경원 의원의 밀입북 사건이 잇달아 터져나와 한때 박철언씨는 사면초가의 상황에 처했다. 김용갑씨는 좌익 세력의 확산, 민병돈 장군은 "적과 우방을 구별 못 하는 정책"에 불만을 갖고 파동을 일으켰다. 그런 가운데 여권 내부의 권력 암투가 더욱 엄혹해진 모습을 보였다.

서의원 밀입북 사건에 대해 북방정책 추진 세력은 사건은 사건으로 다루되 정치권에 대한 충격파만은 최소화하려는 몸짓을 보였다. 서의원이 소속된 평민당도 처음엔 정치적 협상을 통한 해결에 기대를 건 듯한 '대단히 온건한' 대응 자세를 엿보였다. 그런데 89년 7월에 들어서자마자 임수경양의 밀입북, 평축 참가란 돌발 사건이 또다시 발생했다.

여권의 강경 세력은 "잇따른 밀입북 사건이 북한의 사주를 받은 국제 조직과 연계된 것"으로 파악하고 모든 좌경 조직을 일망타진하라고 요구했다.

이 무렵 민정당 고위 당직자가 군부의 회식에 초청받고 갔다가 잇단 밀입북 사건에 대한 정치권의 온건 대응과 관련, 질타를 받았던 것으로 알려졌다. 이런 강경 세력의 총공세로 '공안 정국'이 펼쳐졌다.

공안 정국 속에서 치러진 영등포 을구 보궐선거 기간 박철언 장관도 밀입북, 평양 축제에 참석했다는 폭로가 터져나왔다. 폭로자는 '재야 후보' 고영구씨의 선거본부장 박찬종 의원(당시 무소속, 현 신정당)이었다. 박찬종 의원은 장관급 등으로부터 입수한 정보라고 했다. 그 무렵 필자가 취재한 바로는 평양 축전에 구경하러 간 한 재미 동포가 로열 박스 쪽에 앉아 있던 박철언 장관을 발견했고 그런 사실이 국내에 전해졌다는 것이다.

박찬종 의원은 폭로 하루 전 기자들과 만난 자리에서 "노정권의 신뢰성에 타격을 가해 고영구씨를 1등 당선시킬 방법이 있다"고 장담했다. 그럼에도 박찬종 의원의 폭로는 큰 역할을 못했다. 선거 결과는 고영구 후보의 4등 낙선이었다.

박장관의 평축 참관설이 큰 파문을 일으켰을 때 묘한 것은 김대중, 김영삼, 김종필 총재가 파문을 축소, 덮어주는 쪽으로 움직였다는 점이다. "왜교 교섭은 비밀을 지키는 것이 예의"라는 박장관의 논리를 인정해서일까?

그 무렵 박장관의 정부, 여당 인사에 대한 예상이 빗나가는 경우가 더러 있었다. 박장관은 야당 쪽에서 조금만 흔들어도 '나무 위'에서 떨어질 위기에 있었던 것으로 보였다. 그럼에도 그는 권력 내부의 파워 게임에선 '상승장군'이었다. 그의 진로가 곧 집권세력의 노선이 되었다. 그렇다면 그는 도대체 누구인가? 우선 성장 배경부터 살펴볼 필요가 있다.

담임 선생 겁 안낸 키작은 소년

박철언씨는 1942년 8월 15일 박태형씨(81년 작고)와 김당한씨(76세)의 아들 여섯 중 둘째로 태어났다. 소년 시절의 철언군은 아버지가 경영하던 염색공장이 그런 대로 잘 돌아가 비교적 유복한 가정 환경 속에서 자랐다. 박태형씨는 해방 후 남한에서 '가장 큰 염색공장'의 경영주였던 그의 고모부에게서 일을 배워 독립했다.

철언군은 49년 대구국민학교에 입학했다. 또래들보다 키와 몸집이 작았지만 발표력이 뛰어나 1학년 1반의 반장이 됐다. 2학년 때 6·25가 터져 학교 건물이 미군에 징발당해 철언 소년은 그 시절의 다른 아이들처럼 담임 선생집 마당, 대구 근교의 '기왓골' 같은 데서 수업을 받았다. 이렇게 야외 수업을 받은 것은 미처 가교사도 마련하지 못했기 때문이다. 3학년 때의 급우였던 최용교씨(정신신경외과 전문의)는 철언 소년의 모습을 이렇게 전한다.

"그 시절 아이들은 선생님 앞에 서면 모두 주눅이 들어 할 말도 제대로 못했는데, 반장을 맡았던 철언이만은 전혀 겁도 없이 당당했죠. 재치도 있었어요. 하루는 철언 등 몇몇 아이들과 '방천'이라는 곳에

먹감으러 갔습니다. 한참 물장난을 하다가 냇가로 올라와 보니 벗어둔 우리 모두의 검정 고무신이 감쪽같이 사라져 버렸습니다. 물자 부족 시대라 검정 고무신도 떨어지면 기워 신을 땝니다. 집에 돌아오면 어머니에게 꾸중 들을 것도 걱정이지만 당장은 그 먼 길을 맨발로 돌아갈 일이 난감했지요. 거지처럼 맨발로 걷는 것도 창피하고요. 그런데 철언이가 금방 아이디어를 냅디다. '우리 마라톤하듯 달려가 자'는 것이었지요. 그 시절 아이들에게 인기 있던 마라톤 연습을 할 때면 으레 고무신을 벗어 옆구리에 차고 맨발로 뛰었거든요. 고무신에 땀이 차면 발바닥이 미끄러워 달릴 수 없었으니까요. 그래서 우리들은 철언이가 하자는 대로 대오를 이뤄 맨발로 뛰어 돌아왔습니다."

그 후 대구국민학교는 경북중학교 뒤편에 가교사를 지어 그런 대로 정상 수업을 했다. 경북중학교 건물도 미군에 징발당했는데, 그곳의 미군들은 벽이 없는 야전 변소를 학교 외곽 곳곳에 설치, 그들이 방뇨하 는 모습이 아이들에게 그대로 노출되었다고 한다. 그래서 여성들은 피해 다니고 아이들은 킬킬거리며 구경했다. 당연히 아이들의 눈에 비친 GI 들은 별게 아니었다.

철언군이 6학년 때 대구국민학교는 미군이 학교 건물을 비워 주어 본교사로 되돌아왔다. 급우였던 이양무씨(외환은행 지점장)는 그 시절 의 철언군을 이렇게 전한다.

"그때 우리 반에서 점심을 싸오는 아이들은 3분의 1정도였지요. 도시 락을 갖고 오지 못한 아이들은 우물물을 퍼먹고 허기를 채우기도 했습니다. 반장을 했던 철언이는 그런 아이들과 밥을 나눠 먹자고 제의합디다. 철언군의 어머니는 도시락을 푸짐하게 싸갖고 자주 학교 로 찾아오셨지요. 그리고 당시엔 학급에서 필통, 연필을 훔치는 아이가 있었는데, 철언군은 학용품을 잃어버린 아이들에게 '내 것을 대신 쓰라'고 주기도 합다. 정 모는 당시 중학 3학년 정도의 체격을 지닌 싸움꾼으로 아이들을 자주 때리다가 제법 큰 상처를 내어 말썽이 났는데, 철언이는 끝까지 담임 선생에게 알리지 않고 수습했어요. 정 모도 그 후론 애들을 때리지 않더군요."

이 같은 어릴 적 친구들의 '덕담'에 "박장관의 나쁜 점은 없느냐"고 물었다. 이양무씨는 "박장관이 무슨 일에든 철저해서 차가운 인상을 주지만 알고 보면 통도 크고 의리와 정직을 중시하며 남을 해꼬지하는 사람이 아니다"고 주장했다. 최용교씨는 박장관을 '변함없는 사람'이라며 이렇게 말한다.

"내가 레지던트를 할 때 박장관이 서울지검 검사로 올라와서 서로 어울려 포커도 하고 술도 자주 마셨습니다. 박장관은 담배를 하지 않지만, 그 시절 술이 얼큰하면 '38선의 봄' '갈대의 순정'이 18번이었죠. 그런데 몇달 전에 한번 만나 통음을 했더니 그때 그 시절의 18번을 그대로 불러요. 북한과 밀사외교를 하는 박장관이 소시적부터 '38선의 봄'을 애창했으니 그의 운명은 그 시절에 벌써 결정되어진 것 같기도 합니다."

    "너도 이런 짓 하느냐"

철언군은 경북중학교를 3등으로 입학했다. 철언군은 형제, 친구들과 어울려 탁구, 송구, 캐치볼(야구)을 많이 했다. 박장관의 동생 길언씨(섬유회사 경영)에 따르면 "아버지는 새벽 4시면 어김없이 아들들을 깨워 운동부터 시켰다"는 것이다. 철언군은 대지 1백60평의 방이 많은 큰 집에서 살았다. 교육에 남다른 열성을 보였던 철언군의 부모는 6형제를 위해 문학, 교양서적 등을 갖춘 서재도 꾸며 주었다. 박장관 형제들의 현재 직업을 보면 첫째가 건설회사 경영, 둘째 박장관, 셋째가 현대건설 재직, 넷째가 섬유회사 경영, 다섯째가 의사, 여섯째고 광고업 등이다.

경북중 졸업에 이어 경북고등학교에 진학한 철언군은 동기생 10명으로 '청맥'이라는 서클을 만들어 동명의 동인지 「청맥」을 발간했다. 등사판으로 인쇄한 60~70쪽짜리 동인지엔 고교생들로서는 다소 거창하게도 '한국경제자립의 길'이라는 논단 같은 것도 실었다고 한다. 「청맥」은 철언군의 졸업 후에도 후배들이 계승, 매년 봄·가을 두번씩 13, 4집까지 발간되었다는 것이다.

60년 한국 정치의 실세 TK(대구, 경북) 중에서도 '성골'로 치는 경북고를 졸업(41회)한 철언군은 한번의 낙방을 거쳐 61년 서울대 법대에 진학했다.

대학 시절의 그는 '공부 열심히 하는 대학생'이었다. 그러면서도 철언군은 학생 운동으로 경찰에 쫓기던 당시 법대 학생회장 정정길군(현재 서울대 행정대학원 교수, 정치학)을 그의 대구 본가에 한동안 숨겨주기도 한 것으로 전해진다.

박의원의 모친 김당한 여사(77)도 차남인 박철언 장관에 대한 학창 시절 기억은 8형제가 모두 공부를 잘했지만 특히 박장관이 공부를 제일 잘했다는 것이다. 그러나 박장관의 또 다른 면은 그가 공부만 아는 학생이 아니라, 운동에도 상당한 소질이 있어 경북중학교 때 야구 선수도 했었다고 들려준다. 아울러 박장관이 체육청소년부 장관을 역임한 것도 학창 시절에 운동을 좋아했기 때문이 아니겠냐는 농담도 건넨다.

박장관은 친구들 사귀는 것도 좋아해, 경북고 시절 하루가 멀다 하고 친구들을 집으로 데리고 와 김여사는 친구들 밥해 주느라 정신이 없을 정도였다고 기억한다.

"박장관의 성격이 아버지보다는 저를 더 많이 닮았지요. 생긴 모습도 저를 더 닮았고요. 경북고 시절, 청맥회라는 서클을 만들어 공부도 함께 하고 무슨 토론도 열심히 벌이고 그러더군요. 그러다 보니 친구들이 한두 명 오는 것이 아니고 어떤 때는 우르르 나타날 때도 있었어요. 집이 바로 학교와 얼마 떨어져 있지 않았기 때문에 모두들 별 어려움 없이 드나들었던 것 같습니다. 박장관은 어려운 동료 학생이 있으면 자신의 옷을 입혀서 보내곤 하는 것을 보면 학창 시절부터 정이 참으로 많은 사람이었는데, 왜들 언론에서 박장관보고 차갑다고 하는지 모르겠습니다. 깊게 사귀고 보면 속 좋은 사람인데 말입니다."

박장관 및 형제들의 우애와 부모에 대한 효성은 그들을 알고 있는 사람들에겐 널리 알려져 있다. 대구에서 지내고 있는 김여사의 건강을 위해 형제들이 번갈아가며 안부 전화를 한다. 며느리들도 김여사가 입을 웃가지며 반찬거리를 직접 시어머니한테 보내 오는 등, 김여사 집안에선 고부간의 갈등이란 것을 생각할 수 없을 정도이다.

김여사는 자식 자랑을 할 것이 없다면서도 아들들이 대구에 내려오면 자신이 있는 대구 아파트보다 먼저 청도에 있는 아버지 묘를 찾는다며 대견스러워한다. 박장관도 바쁜 정치 일정 속에서도 한 달이면 몇번씩 모친인 김여사에게 건강을 물어온다. 대구에 직접 내려올 때도 있으나 워낙 시간에 쫓기다 보니 많은 이야기를 나누지 못한다.

어머니와 장관인 아들이 만나 나누는 대화는 정치 이야기가 아닌 일상적인 것으로, 특히 박장관은 어머니 건강에 무척 신경을 씀은 물론 시간 나는 대로 놀러 다니라는 당부를 많이 한다.

박철언씨는 65년 서울대 법대를 수석으로 졸업했으나 그가 목표했던 사법고시엔 67년에 합격했다. 그 시절, 그는 김철수 교수(서울대법대, 헌법학)의 권유로 잠시 조교에 재직하기도 했으나 사설 독서실, 절, 대구 본가를 왔다갔다 하며 사법시험 준비를 했다.

조교 시절의 박철언씨는 김철수 교수의 소개로 현경자양을 만나 결혼에 이르게 된다. 김교수는 그 시절의 박철언씨를 묻는 필자의 질문에 조교 재직, 중매 사실만 인정했을 뿐 더 이상 취재에 응하지 않았다. 박장관의 동기생들에 따르면 그 무렵의 박철언씨는 친구들의 결혼식장에서 사회를 자주 맡았다고 한다.

사법시험 합격(8회)을 거쳐 육군법무관으로 재직하던 시절, 박철언 중위는 현역 3성장군의 동생을 구속하는 등 기가 센 편이었다고 한다. 군에서 제대한 72년 그는 부산지검 검사로 초임되었고, 이어 74년 서울지검 검사로 전보되었다. 그 시절 박철언씨의 모습에 대해 그의 고교 동기동창이며 서울대법대를 함께 다닌 이종욱씨(언론인)는 이렇게 말한다.

"75년 동아 사태 당시의 어느 날 동아일보사에서 쫓겨난 기자들이 회사 사옥 앞에서 출근 투쟁을 벌이고 있는데, 마침 철언이가 거길 지나치다 나를 보고는 '너도 이런 짓 하느냐'고 묻습디다. 학창 시절 그 친구와는 별로 가깝게 지낼 기회가 없어서 잘은 모르지만 철언이는 평범한 학생이었죠. 그런데 그 후 그 친구 고교 동기회 같은 델 가면 헤드테이블에 잘 앉았는데, 79년 연말 동기회인가에 갔더니 '김대중씨와는 가깝게 지내지 말라'는 얘기도 합디다. 그때 그와 나는 서로 다른 길을 걷고 있다고 느꼈습니다."

그는 79년 남민전 사건의 담당 검사였다. 남민전 사건 관련자들은 박정희 유신체제의 '마지막 희생양'이라는 주장도 있다. 이 같은 공안 사건을 처리한 검사 출신답게 지금도 박장관은 인물을 천거받으면 "그 사람의 국가관은 어때?"라는 질문부터 하는 것으로 전해진다. 박장관이 사람을 보는 척도는 그 사람의 '국가관' 그리고 '아카데미즘'이라고 측근들은 말한다. 당시 박검사는 직속 상관인 정해창씨(87년 법무부장관 역임)로부터 "글재주가 뛰어난 검사" "보고서 작성이 완벽한 검사"라는 평가를 받았다.

여기서 박철언 의원 가정에 대한 몇 가지 단면을 살펴보면서 그의 면모를 또다른 각도에서 추적해 본다.

91년 12월 9일 서울 이태원의 하이야트 호텔 그랜드볼룸에서는 박씨의 부인 현경자씨가 자원 봉사자 대표로 있는 연세대의대 영동 세브란스 병원 근육병 클리닉 주관의 근육병 환자 돕기 자선 디너쇼가 열렸다. 행사 30분 전에 도착한 박의원은 미리 나와 있는 아내에게 악수를 하며 맏딸 지영양(이화여대 체육과 3학년)과 함께 한 가족이 나란히 다른 자원 봉사자들과 1천여명의 손님들에게 인사, 참석자들의 눈길을 끌었다.

치료비가 없는 어린 근육병 환자를 도와주기 위해 자원 봉사자 모임이 주축이 되어 해마다 개최하는 이 자선 디너쇼에 박의원 부부가 부부 동반으로 참가한다는 것은 이미 병원 관계자들에게는 널리 알려진 사실로, 이들은 벌써 5년째 참가해 오고 있다.

"생각해 보면 저는 참으로 복 받은 사람입니다. 그래서 내가 누리고 있는 행복을 주위의 그늘진 곳에 있는 분과 나누고 싶다는 소박한 심정에서, 10년 전부터 아이들 아빠가 관심을 갖고 돕고 있는 전과 출소자들의 갱생 보호 활동에 함께 참여하는 한편, 나자로 마을을 찾기 시작했고, 근육병 환자를 돕는 일에도 차여하게 되었어요."

40대 중반이라고 보기엔 믿기지 않을 정도로 젊음과 아름다운 용모, 세련된 몸가짐과 옷차림이 돋보이는 현경자씨는 이날 행사 준비로 다소 피곤해하면서도 보람 있는 일을 하는 사람 특유의 뿌듯한 감정을 굳이 감추려 하지 않았다.

그러고 보면 그의 말처럼 갖출 것 모두 갖춘 여성도 그리 흔치 않을 것 같았다. 부산에서 무역업을 하는 아버지 슬하에서 현재 의사로 활동하고 있는 형제 등 4남매의 둘째딸로 유복하게 자란 그녀는 69년 이화여대 사학과 졸업반 때 박철언 의원의 서울대 법대 은사인 김철수 교수 소개로 남편을 만나 7개월 남짓 교제 끝에 혼인했다.

22년간의 결혼 생활 동안 바빠서 가족과 함께 하는 시간이 적다는 점을 빼면 흠 잡을 곳 없다고 그녀 스스로 자랑하는 남편과 지영, 상영 (미국 유학중, 성악 전공) 등 두 딸과 아들 종현군(고1)이 건강하고 바르게 자라주고 있고, 그 자신 대학 졸업 후 20여년만에 대학원(연세대)에 적을 두고 늦공부를 하면서 자기 성취를 위해 노력하고 있으니, 스스로를 돌아보아도 '복받은 사람'이란 생각에 누군가에게 감사하고 싶어진다고 한다.

이들 부부의 생활은 보통 아침 6시 30분부터 시작된다. 박의원이 장관으로 있던 91년 12월 중순까지는 조찬 모임이 있는 날을 빼고는 남편은 광화문에 있는 정부종합청사 15층에 있는 체육청소년부 장관실로 출근했고, 자녀들은 아침 식사를 하고 학교로 떠난다. 그러고 나면 여느 주부처럼 현씨는 시장도 보고, 지난 80년 시아버님 박태형옹이 작고한 후 막내시동생과 대구에 사는 시어머니 김당한 여사도 가끔씩 찾아뵙는다.

장을 볼 때는 쇼핑 센터나 백화점보다는 주로 재래식 시장을 즐겨 찾는다는 그녀는 "재래 시장 특유의 편안함과 다양함이 좋고, 또 백화점보다 주위 사람들을 의식하지 않아도 좋기 때문"이라고 한다.

유명 정치인의 아내로서 때론 유명세 때문인지 '근거 없는' 소문이 나돌 때는 곤혹스럽고 가슴 아픈 일도 있지만, 남편을 깊이 신뢰하기 때문에 지금까지 가정에서 문제가 된 적은 한번도 없었다는 그녀는 스스로를 일컬어 "정치인의 아내로 정치에 대해 아무것도 모르는 사람"이라고 자평한다.

"개인적으로 저는 다른 주부들처럼 가족들이 모두 건강하고 각자 하고 있는 일이 잘 되기를 바라는 평범한 주부입니다. 아이들 아빠가 중요한 일 때문에 밤잠을 못 잔다거나 수면 시간이 부속해 피곤해하는 것을 보면 가슴 아프고, 볼 일이 있어 지방에 갔다 와도 아이들이 걱정되어 허둥지둥 밤에라도 집에 돌아와 아이들을 돌봐야 마음이 놓이는, 그저 다른 집 아내나 어머니와 똑같지요."

특히 시댁이 엄부자모(嚴父慈母)의 가풍이어서 시아버님에게는 신의와 성실 그리고 검약과 봉사를 가르침받았고 시어머니에게는 자애로움을 배워 자녀들에게도 건강한 몸과 곧은 마음으로 자신이 좋아하는 분야를 잘할 수 있도록 노력하게끔 가르치고 있다고 한다.

권력 중심부로 진입하기까지

박철언씨가 권력의 중심부로 진입하게 된 계기는 박정희 대통령이 암살된 79년 10·26사태 때다. 그는 대통령 피살 사건의 수사 검사로 이종남(당시 검찰총장), 정경식(당시 대검 공안부장), 이건개(당시 법무 연수원 기획부장)씨 등과 함께 합동수사본부에 차출되었던 것이다. 이어 80년 그는 '파견 근무' 형식으로 청와대 정무 제1비서관, 국보위 비상입법회의 사법위원, 대통령 법률특별보좌관 등 요직을 맡았다.

그는 '면도칼' 같은 정세 분석력과 기획력 때문에 당시 전두환 대통령으로부터 인정을 받았다. 그는 5공 헌법 기초에 참여했고 초기 개혁작업의 핵심 멤버였다. 5공의 정식 출범 직전인 80년 5월의 시점에서 벌써 일본의 '한국 정치통'인 고도 다카오씨는 박철언씨를 '대한민국을 움직이는 다섯 사람' 중의 하나로 지목했다.

그같이 박철언씨가 급성장하게 된 데에는 10·26후의 신군부와 그가 인맥으로 엮여 있었기 때문이기도 했다. 박철언씨는 학창 시절에 벌써 신군부의 주역인 '하나회' 멤버들에게 잘 알려진 청년이었다. 61년 5·16 당시 초급 장교에 불과했던 대구 출신의 전두환, 노태우, 정호용, 김복동 대위 등은 박정희 대통령, 박종규 경호실장의 총애를 받으면서 '하나회'를 조직, 친위 세력을 형성했었다.

박철언씨는 하나회의 주역이었던 노대통령, 김복동씨와 인척간이다. 박철언씨의 모친과 김복동씨의 부친은 남매간, 노대통령과 김복동씨는 처남 매부 사이, 그러니까 노대통령의 부인 김옥숙 여사가 박철언씨의 외종사촌 누나가 되는 것이다.

4년제 정규 육사 첫 졸업생들(11기생)의 선두 주자로 사람들을 모아 리더가 되는 것을 유달리 좋아했던 전두환씨는 박철언씨를 일찌감치 눈여겨보아 두었던 듯하다. 그래서 10·26후 권력의 진공 상태에서 박철언씨가 '유일한 비군복'으로 자연스럽게 전두환씨의 대권 장악 과정에 참여한 것으로 풀이되고 있다.

신군부의 주역들과 지연, 혈맥이 닿은 박철언씨는 '유능한 참모'로 지목되면서 고속 승진했다. 85년 2월 청와대 경호실장 장세동씨가 안기부장으로 옮기면서 당시 전두환 대통령에게 요청한 것은 '박철언 특보를 달라'는 것으로 전해진다. 안기부장 특별보좌관으로 파견 근무할 무렵, 박철언씨는 초임 후 14년만에 '검찰의 별'이라는 검사장급(법무부연수원 연구위원)으로 올랐다. 그와 함께 임관한 동기들보다 무려 5, 6단계의 상위 계급이어서 검찰의 위계 질서와 관련, 한때 논란을 낳기도 했다.

안기부 파견 근무 중이던 85년 9월 박철언씨는 허담의 남행에 앞서 극비리에 평양을 방문한 것으로 외신은 보도했다. 그는 이를 확인해 주지 않았다. '얼굴 없는 실력자'이던 그가 정치 현장으로 등장한 것은 87년 대통령 선거전에서 노태우 후보의 사조직을 총지휘하면서부터다.

이제는 민정계 최대 파벌로 탈바꿈했지만 결성 당시에는 40대 중소기업인들을 주축으로 한 월계수회, 노태우 대통령의 실제를 얼굴로 조직한 태림회, 경북고교 동창들과 조직된 '주식회사 경맥'과 경신회, 학자들 중심의 미래민족문제연구소와 북방정책연구소, 대구 출신 명사들 중심의 팔공회, 호남권 지지 기반의 확보를 위한 박철언씨의 부인 현경자씨 주도의 청목회 등 회원 1백만에 달하는 이들 사조직을 총괄한 박철언씨는 '박회장'이라 호칭되었다. 대통령 선거 당시 공조직 자금은 이춘구씨가 관장했고, 사조직의 자금 파이프 라인은 박철언씨였다.

박철언계의 영토확장 기세

박철언씨는 그의 사조직 관리에 열성적이다. 대통령 선거 후에도 그의 사조직은 계속 확대되었다. 북방정책연구소가 6·3회로 개편되었고,

그의 측근 및 각 부처 엘리트들로 구성된 통일 산악회를 조직했다. 그는 민정당의 공조직으로 편입된 청년자원봉사단의 실질적인 보스다. 청자봉은 지방자치제에 대비한 전국적 조직이며 강재섭 의원은 그의 심복이다. 그의 사조직 확대에 대한 기자들의 질문에 그는 이렇게 답했다.

"개인적인 목표를 위해 사조직을 운영한 적은 없다. 대통령 선거 때 노후보를 지지했던 모임을 선거가 끝났다고 팽개쳐 버리는 것은 적절치 않다고 생각하여 친목단체로 이어져 오고 있다. 나는 그런 모임의 심부름이나 해주고 있다."

이런 그의 해명에도 불구하고 많은 사람들은 그의 사조직을 그의 '꿈'과 연결시키기도 한다. 그의 꿈은 '너무 크다'고 한다. 이런 일화도 있다.

박철언씨는 89년 3월 10일 노태우·김대중 단독 회담에서 중간평가 불실시를 합의하기 전, 월계수회를 동원, 국민투표에 대비한 지지 기반 확대에 적극적이었다. 그 무렵 핵심 조직원 2천여명을 강남의 코엑스로 집결시켜 단합대회를 개최, 세를 과시했다.

이 단합대회에서 기념품으로 돌린 팔목시계가 바로 박철언씨의 '꿈'과 관련, 관심을 모았다. 팔목시계의 '박철언'이란 성명 3자가 월계수잎 무늬에 둘러싸여 새겨져 있었다. 그의 정적들은 '월계수잎 무늬'를 대통령의 문장(봉황새 무늬)이라고 그를 매도했다. 그리고는 "박보좌관이 전국구 초선 의원이며 대통령의 일개 참모(당시)에 불과한데, 너무 폭넓게 인맥을 만들고 있다"고 비판했다.

반박 세력의 지적처럼 박철언씨는 분명히 전국구 초선 의원이지만, 그는 13대 총선 당시 민정당 공천심사의 주역으로 정치 신인들을 대거 등용시키고 기라성 같은 다선 의원들을 자신의 휘하에 끌어두고 있다.

그런 의미에서 13대 총선 실시 시점은 박철언씨에게 몹시 중요했다. 13대 총선의 실시 시점과 관련하여 당시 전두환 대통령 진영은 그의 임기 종료 전인 88년 2월을, 노태우 대통령 당선자 진영은 4월을 주장하여 날카로운 신경전을 벌였었다. 양 진영의 힘 겨루기에서 결국 6공측이 승리했다.

88년 2월 25일 노태우 정부가 들어서자 박철언씨는 대통령 정책보좌관이라는 '위인설관'을 했고 4·26 총선에서는 원내로 진출(전국구 17번)하는 전무후무의 겸직을 했다. 그는 4·26총선에 앞선 당공천에서 5공파 등 30여명을 탈락시키는 '금요일의 대학살'을 주도하는 한편 그의 '부대'를 대거 발탁한 것이다.

월계수회의 회원은 일부를 제외하고는 비밀에 붙여져 전모가 밝혀지지 않았으며 현역 의원만 30여명에 이르는 것으로 알려진다. 월계수회 회원으로 알려진 사람은 강재섭, 나창주, 이재황, 이긍규, 박승재, 김정길, 이상회, 이영문, 김인영, 조영장, 전용원, 김진영, 이덕호, 서상묵, 권달수, 김동인, 신영순, 양경자, 김장숙 의원 등. 이정무, 김한규, 박지원, 한승수, 황성균, 박진구, 김길홍, 홍세기, 이성호 의원 등도 박장관과 가깝다. 이들 초선 및 전국구 의원 이외에 정동성(전민정당 원내총무), 김중권(청와대 정무비서관), 박희태(전 대변인), 이자헌, 정창화, 박정수 의원 등 당직자 및 다선 의원 상당수가 월계수회 회원으로 주장되고 있다.

박철언씨는 3당 통합 주도 기세, 14대 총선 공천에서의 영향력 등을 앞세워 조직 확대에 기선을 잡고 있다. 최근 언론에서 월계수회 회원으로 분류된 4선의 L의원 같은 이는 타계보와의 오랜 인간 관계 때문에 계보 선택을 놓고 몹시 고민하고 있는 것으로 알려졌다. 그의 측근은 그가 월계수회 회원이 아니라면서도 그것이 언론에 보도되는 것을 원하지 않았다. 그만큼 월계수회는 흡인력이 강하다. 박철언계는 지난 2월 5일 서울 강남의 한 호텔에서 자파 의원 30명 정도가 참석한 단합대회를 가진 것으로 전해진다.

박철언씨가 노리는 시점

박철언씨계의 영토 확장에 가장 민감한 반응을 보였던 중진들은 이춘구, 이종찬, 이한동, 김윤환 의원 등 4인이다. 이들 4인은 모두 사무총장, 원내총무를 역임하거나 중임했던 6공의 실세들이나 3당 합당 과정에서는 소외되었다는 공통점을 지니고 있다. 이들 4인이 반박 연합전선을 펴려는 움직임을 보이자, 박태준 대표가 진화 작업을 벌이는가 하면 노대통령은 이들을 청와대로 불러 협조를 당부한 것으로 전해진다.

3당 합당 작업에 소외된 데 대해 가장 크게 반발했던 이춘구 사무총장은 87년 대통령 선거 때 노후보를 위한 공조직의 자금 관리자였으며, 정호용씨의 공직 추방 때는 노정권의 안정을 위해 인정을 끊고 '칼자루'를 잡았던 사람이다. 그는 3당 합당 기습 발표 후 충격과 분노 때문에 한동안 잠적하기도 했다.

노대통령의 고교 동기동창(경북고 32회)인 김윤환 전원내총무도 대야 창구로서 야당의 거센 요구를 수용, 역시 고교 동기동창이며 40년 친구인 정호용 의원의 정치 생명을 희생시키는 데 '기획'을 맡았다. 그는 정호용씨와 담도 없는 한 울타리 속에 집 두 채를 짓고 나란히 살아 왔으나 이제는 정호용씨 잔류파들의 공격 목표가 되어 있다. 그는 전두환 전대통령의 마지막 비서실장으로 정권 인수인계 과정에서도 한 몫을 한 6공의 1등 공신이다.

이종찬, 이한동씨는 민정당의 사무총장과 원내총무를 두루 섭렵했고 일찌감치 독자 세력을 형성, 민자당에 대한 일정 지분을 요구할 수 있을 만한 실세인데 눈치도 못 챈 가운데 민정당의 간판이 내려졌다. 그들로 서는 공든 탑이 무너지고 정치무상이 되새겨지는 심정일 수밖에 없다. 그래서 3당 통합체인 민자당에서 전개될 그들 4인의 궤적이 주목을 끌기도 했다.

그야 어쨌든 박철언씨는 민자당의 출범 준비에서도 헤게모니를 잡았다. 15인 통합추진위원회의 그 하위 기구 실무 대책반이 그에 의해 주도되었다. 박철언씨의 스태프(40명)들이 기초한 정강정책, 당헌, 당규가 통추위에서 독해되어 자구수정 정도의 절차를 거쳐 최종안으로 확정되는 식이었다.

이로써 박철언씨는 6공의 양대 정책기조인 북방정책과 보수대연합의 '성과'를 가시화시켰다. 이제는 그의 반대파들도 그의 참모로서의 능력에 대해서만은 낮은 점수를 주지 않는다. 그러나 이제부터 그가 놓은 포석은 궁극적으로 무엇을 향한 것인지 짐작된다. 참모가 아닌 지휘관으로서의 그의 능력은 아직 미지수다. 그는 초임 검사 이후 이때까지 대부분의 기간 '참모'로 일해 왔다. 물론 명참모가 명지휘관이 된다는 등식은 없다.

박철언씨와 그의 계파 주력부대는 아직 '야전'(지역구 선거전)을 겪지 않은 '백면서생'(전국구)들이다. 그래서 그는 89년 연말 '계산된' 실언을 하고 민정당 대표위원직에서 물러난 산전수전의 테크니션 박준규씨를 정치적으로 영입, 정치 게임의 묘를 터득하려는 것으로 알려진다. 박준규씨는 그해 5월 국회 개편에서 의장으로 당선된 바 있다.

날카로운 눈맨, 주름살이 없는 까무잡잡한 얼굴색, 빈틈없는 차가운 인상, 1백74㎝ 정도의 키, 군살이 붙지 않은 날렵한 몸매의 박철언씨 ──이제 그는 '장막 속의 참모'가 아닌 '야전의 지휘관'으로 변신하려 하고 있다.

보수 신당의 집권자 결정 방식이 일본 자민당의 그것을 모방한다면 '노태우 대통령 이후'는 김영삼, 김종필 최고의원 등 제1세대의 실력 순으로 결정되기 쉽다. 보수 신당을 엮어낸 '끈'도 바로 그러한 묵계의 양해였다는 것이 일반적인 관측이다. 그러나 변화무쌍하고 비정한 정치 의 세계다.

그 동안 '질주해 온' 박철언씨가 이제는 느긋한 도보로 보폭을 줄일 것인가, 아니면 제1세대를 앞지르거나 그들의 시대가 짧게 끝나도록 흔들 것인가? 이것은 그의 선택의 문제일 것이다.

그가 거대 여당 안에서 김영삼, 김종필 최고위원, 밖으로는 김대중 총재 등 정치9단들과 어떤 형태의 야전과 새 경쟁을 벌일지 주목된다.

문제는 '노태우 대통령 이후' 그의 위상, '노대통령의 울타리'가 없는 시대에도 그가 강자로 남는 홀로서기에 성공할 수 있느냐는 것이다. 이제부터 그는 그런 날에 대비한 시험기에 들어가고 있다.

지난 14대 총선에선 그를 내놓아주고 길러준 고향인 대구에서 출마, 압도적인 표차로 당선됐다. 민의에 의한 심판에서 처음으로 국회의원으 로 진출한 것이다.

또 이번 민자당의 대통령 경선 출마에선 민정계의 이종찬 의원에게 양보하고 자신은 차기 대권 도전으로 물러앉았다.

이처럼 한 템포를 늦춰 차기로 미룬 것은 그의 정치 대부격인 노태우 대통령의 충고도 크게 작용했겠지만 무모 도전, 실패를 자인하면서도 연습 게임으로는 왕좌를 향해 도전하지 않는다는 그의 심사숙고한 사려에서 비롯된 것이란 게 주위 사람들의 평이다.

이제 5년 후 대권 도전의 기회는 올 것인가. 그가 어떤 양상으로 제7공화국에서의 정치 행보를 계속할 것인가는 역시 전 국민의 주목거리인 것이 분명하다.

대통령가의 사람들   값 5,000원

1992년 6월 10일   제 1 판제 1 쇄인쇄
1992년 6월 15일   제 1 판제 1 쇄발행

지은이   吳   炅   煥
펴낸이   朴   明   浩

펴낸곳   **명   지   사**

서울특별시   동대문구   장안동 369 — 1
등   록 : 1978. 6. 8. 제 5 — 28 호
전   화 : 243 — 6686 · FAX 249 — 1253
사 서 함 : 서울청량우체국사서함 제 154호
대체구좌 : 010983 — 31 — 1742329
지로번호 : 3   0   3   3   3   1   7

ISBN 89-7125-016-X 33300   ※ 잘못된 책은 바꾸어 드립니다.